DEN SORGLÖSE HEMSAMARITEN

Mikael Bergstrand

Den sorglöse hemsamariten

pirat
FÖRLAGET

Läs mer om Piratförlagets böcker och författare på
www.piratforlaget.se

”Barnatro”
Text och musik: Gunnar Dahl
© Universal Elkan & Schildknecht AB. Tryckt med tillstånd
av Gehrmans Musikförlag AB.

”Ovan där”
Text och musik: C A Tindley, svensk text: Ivar Lindestad
© Notlinjen musikförlag Stockholm AB. Publicerad med tillstånd.

”Låt oss alla en gång mötas”
Text och musik: trad., svensk text: Ingamay Hörnberg
© Verbum AB. Publicerad med tillstånd.

ISBN 978-91-642-0568-1

Utgiven av Piratförlaget
Omslag: Eric Thunfors
Omslagsbild: Eric Thunfors/Shutterstock
Tryckt hos Nørhaven i Danmark, 2018

MIX
Papper från
ansvarsfulla källor
FSC® C104608

Torremolinos maj 2016

1

Tänk om hon är en sjöjungfru?

VAR DET HONOM hon hade i sikte när hon frigjorde sig ur vågornas svall? Vad skulle hända sedan? Tänkte hon vandra fram över den ännu ljumma sanden, sakta, sakta, och stanna alldeles intill honom, så nära att han kunde känna värmen från hennes andedräkt som en smekande fläkt mot bröstkorgen?

Han tittade ut mot det mjukt böljande havet och följde förväntansfullt hennes gungande överkropp och armarnas koncentrerade balansakt för att parera vågorna. Vattnet stod henne fortfarande upp till midjan.

Tänk om hon är en sjöjungfru?

Lika plötsligt som bilden målades upp i hans inre, lika snabbt insåg han att den var rakt igenom befängd. Men som idé hade den fått fäste i hjärnbarken och krävde därför en utvikning som snart fyllde honom med obehag. Sjöjungfrur var väl om sanningen skulle fram, bortom det där romantiserade HC Andersenska sagoskimret, lite otäcka och farliga?

Han blundade och höll andan. När han försiktigt öppnade ögonen igen noterade han att kvinnan i solnedgången nu befann sig bara några meter från strandkanten och att hon tveklöst var utrustad med två ben. Man såg knäskålarna ovanför ytan. Han pustade ut, tillgjort men med eftertryck. En riktigt dålig fantasi kräver lite teaterkonst för att fungera, slog han fast när en pockande röst avbröt hans tankar.

"Pausen är slut! Vi starter med en gang!"

Typiskt. Där satt han i den ännu ljumma sanden och kisade mot en vackert sjunkande sol och en ännu vackrare kvinna mitt i en stranddröm. Och så gjorde sig den där norske gaphalsen Vegard hörd igen. För vilken evinnerlig gång i ordningen?

Han stack ner handen i shortsfickan och fiskade upp sin splitternya Iphone av senaste modell. Den var minimalistiskt vacker. Med snygg blank yta och raka linjer. Han bestämde sig för att simulera ett telefonsamtal. Det var fortfarande oöverträffat som metod för att se upptagen ut. Lika simpelt som effektivt. Han hade nästan glömt bort hur han gjorde innan mobiltelefonernas tid, och då hade han ändå alltid varit en mästare i att se just upptagen ut när han egentligen inte var det.

Han sneglade bort mot Vegard som stod med händerna stödda mot sina höfter i en ytterligt irriterande och krävande pose. Från gatan ovanför stenmuren som avgränsade stranden hördes den intensiva rusningstrafiken. Signalhornens brölande blandades med någon sorts musik som kom från en bar med ett tak av skimrande plastfransar. Det lät som en svårsmält blandning av techno och spansk schlager. Två blonderade kvinnor i för små bikinis strosade förbi och lämnade ett doftstråk av kokos efter sig. Det väckte minnen från tidigt åttiotal. Eriksdalsbadet i Stockholm. Hawaiian Tropic. Insmorda kroppar. Drömmar och förhoppningar. Och katastrofer.

Kvinnorna var i trettiofemårsåldern och hade båda tatueringar i svanken. Lite överviktiga. Trots att solen var på väg ner tycktes sololjan puttra likt stekflott på deras rödflammiga hud. Det finns något vackert även i det, tänkte Matz Zern med två z:an.

Det hände att han alltjämt presenterade sig så: "Matz Zern med två z:an". Namnet var en frukt av hans kortlivade men uttalade vurm för David Bowies fiktiva alter ego Ziggy Stardust i kombination med övertygelsen om att den man som vill göra avtryck i världen inte kan heta Mats Andersson. Det hade kostat honom 219 kronor, inklusive expeditionsavgift, på Skatteverket och även om det på den tiden var en avsevärd summa för en nybakad student hade det varit värt det.

Han viftade avvärjande med handen åt gaphalsen Vegard och reste sig makligt upp. Försökte anlägga ett ansiktsuttryck av att vara djupt involverad i ett oerhört viktigt samtal. Den uppknäppta vita linneskjortan fladdrade till i vinden så att hans brunbrända mage blottades. Inte lika vältrimmad som förr, rutorna syntes knappt längre och en antydan till kärlekshandtag hade bullat upp sig på sidorna. För mycket vällevnad och för lite tid i gymmet. Eller kanske bara åldrandets oundvikliga förfall. Matz Zern visste att han ändå såg bra ut fortfarande. Det hände alltjämt att kvinnor kastade lystna blickar efter honom. Men han hade sällan koketterat med sitt klädsamma yttre, mest haft det som ett skyddande hölje att vila sitt innanmäte i. Tryggt förvissad om att lite vackrare människor i regel har lite lättare att komma undan sina plikter än andra.

"Matz, kom da for faan!"

Men tydligen inte nu. Och då hade Dressmann ändå inte betalat honom lika mycket som förra gången. Det började bli tuffa tider även för mogna manliga modeller. Speciellt för dem som inte längre kunde jobba i bar överkropp.

Han pratade i korta, avhuggna satser samtidigt som han följde den vackra kvinnan från havet med blicken under sina teatralt rynkade ögonbryn.

"Hmmm ... ja, det är jag ... absolut ... jaha, vad menar du med ...?"

"Kom da, Matz!"

Gaphalsen gav sig inte. Matz tryckte mobilen mot bröstet och skrek högt till Vegard, för att överrösta vinden: "Det här är viktigt! Ge mig en sekund bara!"

Vegard replikerade genast, med våldsam kraft:

"Nå har det gått over ett sekund! Nå kommer du hit med en gang! Solen går ned når som helst!"

Matz suckade och såg på kvinnan. Den väldigt vackra kvinnan.

Så fort gick det inte, det visste han. Solen gick inte ner så hastigt ens i Torremolinos.

"Nu ber jag dig snällt! Vänta en liten, liten stund!" skrek han tillbaka.

"Hva er det som er så jävla viktigt?!" vrålade Vegard med

en färgton i ansiktet som började likna kulören på de kokosinsmorda blondinernas solstekta hud.

Matz Zern tänkte efter ett par sekunder innan han svarade:

”Slutet, jag måste se hur det här slutar!”

Nu hade den vackra kvinnan äntligen kommit upp på stranden. Hon gick verkligen över den ännu ljumma sanden. Hon hade ingen simhud mellan tårna och inga gälar. Hon var ingen sjöjungfru. Hon var helt enkelt bara en oemotståndligt vacker kvinna. Och det var alldeles tydligt att hon hade siktet inställt på honom.

Stockholm november 1982

2

”Har du hört att Brezjnev är död?”

UR DE DANSKA Jamohögtalarna i jakaranda (som tillsammans med en splitterny brödrost av märket Rowenta, utrustad med den senaste finessen löstagbar smulbricka, var hans enda bidrag till det gemensamma hushållet) strömmade ”Physical” med Olivia Newton John. Den bleka vintersolen hade lyckats sega sig upp ovan hustaken och kastade sitt matta ljus in över parkettgolvet. Det var ett alldeles perfekt setup. Det kunde nästan inte ha varit bättre.

Trettio sekunder senare skulle emellertid hans nya liv som sambo på Östermalm i Stockholm få en dramatisk vändning. Det var då hans flickvän Birgitta helt oannonserat och totalt överraskande steg in i rummet. Som en försmådd kvinna i en sängkammarfars på Chinateatern. Det tog ytterligare ett tiotal sekunder innan Matz Zern förstod att det var hon som stod där, mitt på blanka dan då hon egentligen skulle sitta böjd över lagtexterna på universitetsbiblioteket ute vid Frescati. Birgitta hade ställt sig vid sänggaveln med vidöppen mun. Hon tittade först på honom och sedan på hans händer som omslöt två bröst. Hennes från början blott häpna min fick snart ett inslag av sorg över sig och i just det tillståndet, innan harmen och vreden skulle förmörka hennes drag, var hon så sårbart vacker att han fick lust att omfamna henne. Men det var inte läge, det insåg till och med en yngling som Matz Zern. Istället började hans hjärna febrilt leta efter en lämplig ursäkt. Den prekära situationen begränsade handlingsutrymmet, så långt var han med. Eftersom hans händer fortfarande omslöt de två brösten kändes det också fel att abrupt avlägsna dem. Det skulle ju vara liktydigt med ett skamset erkännande. Fanns det inte någon omständighet då det faktiskt var tillåtet för en tjugofyraårig man att inför ögonen på sin flickvän hålla om en annan jämnårig kvinnas bröst utan att det uppfattades som en sexuell handling?

Matz Zern tänkte så att det knakade samtidigt som hans handsvettiga grepp om brösten tilltog, eftersom han märkte att deras ägarinna försökte dra sig undan. Till slut gled de honom ur händerna vilket orsakade ett kort men, i den tystnad som i övrigt rådde, mycket distinkt ljud. Som när en propp dras upp ur diskhon. Där och då borde Matz Zern ha insett att loppet var kört. Han borde snabbt ha fått iväg den andra flickan från lägenheten innan han kastade sig ner vid fötterna på Birgitta, började hulka och böna och be om förlåtelse och lova henne att det här var hans livs största misstag som han aldrig, aldrig någonsin skulle upprepa om hon bara kunde förlåta honom.

Men Matz Zern närde fortfarande en dåraktig förhoppning om att komma undan med hedern i behåll. Han behövde bara några sekunders respit, och i väntan på att snilleblixten skulle slå ner i skallen drogs hans mungipor upp i ett brett leende. Det var inte planerat, utan en nervös reaktion så malplacerad att de båda unga kvinnorna som befann sig i rummet tillsammans med honom tvingades kasta en förvirrad blick på varandra för att övertyga sig själva om att de hade sett rätt. Under tiden letade Matz efter en räddningsplanka i den närmaste omgivningen och efter att ha vandrat med blicken runt i rummet fastnade ögonen på Dagens Nyheter som låg på nattduksbordet intill sängen, med förstasidans rubrik synlig. Därefter uttalade han följande ord:

”Har du hört att Brezjnev är död?”

Som avledningsmanöver kan det ha varit en av världshistoriens genom tiderna sämsta. Sovjetunionens buttre diktator hade dött i en hjärtattack och att det på något sätt skulle kunna förmå en försmådd juridikstuderande och självständig ung kvinna med ett skarpt intellekt att känna sig något mindre bedragen, eller åtminstone ge sin bedragande pojkvän lite andrum, var naturligtvis en fullständigt bisarr tanke.

”Du är fan den sjukaste kille jag har mött. Stick! Och ta soporna med dig när du går”, väste Birgitta med en blick som kunde döda och en nick mot den andra flickan, som kände sig så pinsamt berörd att hon inte kom sig för att besvara elakheten.

Birgitta gick in i köket och när hon kom tillbaka hade hon brödrosten av märket Rowenta i sina händer. Men blott för en kort stund innan hon kastade den med full kraft mot Matz som träffades på smalbenet, varvid blodvite uppstod.

”Ditt vidriga lilla äckel!” vrålade Birgitta. ”Det sista jag behöver är en knullande pajas i mitt eget sovrum!”

Den andra flickan, som var pudelpermanentad och blond, till skillnad från Birgitta som hade en stram, mörkbrun pagefrisyr, hade i all hast fått på sig sina haremsbyxor och en blus med paljetter på som skulle ha kunnat betraktas som het om det inte vore för att det stod ”Disco girl” på den. Det är helt enkelt lite för mycket sjuttiotal över den, tyckte Matz.

”Birgitta ...”

Mer än så sa han inte eftersom han insåg att det där och då inte fanns något mer att säga.

En kvart senare befann sig Matz Zern under svampen vid Stureplan med sin resväska i mörkbrun läderimitation med inbrutna manchesterremsor i högra handen och en gul Ikeakasse slängd över vänster axel, innehållande två danska Jamohögtalare i jakaranda samt en brödrost av märket Rowenta med en vid det här laget något defekt smulbricka. Vid hans sida stod den pudelpermanentade flickan som han i förvirringen hade glömt namnet på. Hon tände en Right och blåste ut röken genom ena mungipan.

”Varför sa du inte att du hade en tjej?” frågade hon en aning irriterat, men inte mer än att Matz Zern kunde leva med det. Bara det faktum att hon erbjöd sig att bära hans resväska talade till hans fördel.

”Jag hade tänkt göra slut med henne ändå. Vi har växt ifrån varandra.”

Det som han fick till att låta som en långsamt vittrande relation var i själva verket ett tre månader långt förhållande på distans mellan Malmö och Stockholm som övergått i ett knappt tre veckor kort samboförhållande i Birgittas lägenhet på Östermalm, och som nu alltså var oåterkalleligen slut. Det förstod till och med Matz Zern. Vidare ledsen över det var han emellertid inte. Han hade flyttat upp från Skåne till huvudstaden med drömmen om att på något sätt slå världen med häpnad, övertygad om att det var den enda plats i Sverige där man kunde göra det. I väntan på detta monumentala genombrott ingick inledningsvis inga andra strategier än att ligga så mycket som möjligt och arbeta så lite som möjligt. Och även om han för tillfället var bostadslös och fattig hade han fortfarande kvar sitt viktigaste kapital: den magnifika dragningskraften på det motsatta könet. Looken som nästan aldrig svek honom. Ljusbrunt axellångt hår med naturligt fall, förföriskt djupblåa ögon, höga kindben, en subtil liten böj på näsan som gav honom den där manliga karaktären som är så viktig och en senigt muskulös kropp som signalerade både styrka och sensibilitet. Den här dagen bar han en mörkblå duffel och ett par svarta stuprörsjeans, men det spelade egentligen ingen roll vad Matz Zern tog på sig. Allting klär som bekant en skönhet och så länge han kunde minnas hade han haft väldigt lätt för att skaffa tjejer. Just nu var kikarsiktet inställt på en pudelpermanentad solariesalongsmedarbetare med en midjejacka vars stora axelvaddar och leopardmönstrade fuskpälskrage var så väl tilltagna att klädseln stack ut till och med i tidens kontext.

”Kul att vi träffades. Det finns nog en mening med allting”, sa Matz och drog försiktigt sin högerhand genom flickans hår innan han lät den fortsätta bakåt och stryka hennes nacke.

Han log ett klädsamt och inte alltför påträngande leende,

som hon genast besvarade. De hade träffats på solariesalongen Maggie Sunshine på Hantverkargatan strax efter lunch dagen innan. Matz hade varit ute på en av sina orienteringspromenader i Stockholm, den här gången med avsikt att beta av Kungsholmen, när den fuktiga kylan och anslaget i fönstret som det stod ”NYA RÖR!” på hade lockat in honom i salongen. Den pudelpermanentade flickan var ensam bakom disken och Matz Zern var den enda kunden vid tillfället. Resten kunde en dåre räkna ut.

I ljuset av det senaste dygnets utveckling var det någonting som Matz nu kunde dra nytta av där de stod och kurade i skydd undan det snöblandade regnet under Stureplanssvampen.

”Tror du att jag kan sova över hos dig några dagar, tills saker och ting löser sig?”

Hon gav honom en puss på kinden och nickade i samma stund som en alldeles för hastigt framförd taxi prickade den pöl av snömodd som bredde ut sig i rännstenen intill dem. Trots att såväl Matz Zern som den pudelpermanentade tjejen blev våta in på bara kroppen, och trots att de båda två måste ha varit medvetna om att deras relation därmed påbörjats som en strulig svensk komedi med typ Björn Skifs i huvudrollen, höll de masken, ja rent av skrattade åt eländet.

Efter en blöt promenad uppför Kungsgatan och vidare längs med Sveavägen nådde de Sergels torg. Matz Zern noterade storögt den rika förekomsten av slitna existenser med jagad pundarblick. I detta deprimerande betonghjärta av Stockholm, på källarnivå under en mycket märklig fallossymbol i glas, fick han också stifta bekantskap med en för honom tidigare okänd sångfågel. Mitt bland abstinenta narkomaner och vanliga stressade storstadsbor på väg till T-centralen satt hon vid sin orgel. En äldre kvinna med böljande, lätt grånat hår och en frapperande hes och påträngande röst som sjöng kristna frikyrkosånger.

"ORKAR DU LEVA? VÅGAR DU DÖ UTAN JESUS?" undrade ett av de handtextade anslagen som var fäst på orgeln.

Matz Zern hemföll åt en kort stund av kontemplation över denna frågeställning innan hans pudelpermanentade sällskap väckte honom.

"Det är Maria på Plattan. Hon är här varje dag. Sjunger hellre än bra."

Informationen hade en närmast messiansk effekt på Matz Zern. Som en skänk från ovan. Maria, det var ju precis det hans nya flickvän hette, mindes han nu!

"Det är inte fy skam att dela namn med en Herrens förkunnare", sa han på sin storstadsmodellerade skånska och log ironiskt samtidigt som Maria på Plattan sjöng "Hela vägen vill jag följa frälsaren".

"Du är tokig", skrattade Maria den pudelpermanentade. "Och det räcker om du följer mig till Fruängen."

Strax därpå satt Matz och Maria tätt intill varandra i en av tunnelbanevagnarna på den röda linjen mot just Fruängen. I höjd med Hägerstensåsen tog Maria upp det senaste numret av Gula Tidningen ur sin väska och bläddrade fram till ett uppslag där hon redan ringat in en annons.

"Jag har ingen säng, bara en madrass. Är det okej för dig

om vi stannar till på vägen hem och kollar den här? Det ligger bara hundra meter från min lägenhet", sa hon och pekade på annonsen.

Rottingsäng med resårmadrass. 195:-

"Alltså, jag skulle ändå titta på den, det har ingenting med dig att göra."

Det fanns en dramaturgiskt kittlande linje mellan det svettiga knullet i solarierörens sken ett dygn tidigare till den begagnade sängen i rotting som Matz Zern inte kunde värja sig emot. Så när han hämtat sig från den chockerande insikten att Fruängens centrum nästan hade lika hög bunkerfaktor som hemorten Dalbys dito var han mer än villig att tillsammans med Maria bära hem sängen med den odefinierbara fläcken på bäddmadrassen. Från Fruängsgatan 47 till Fruängsgatan 51, där Maria sedan två månader tillbaka bodde på andra våningen, i en trea som med den bästa mäklarviljan i världen möjligen skulle kunna beskrivas som "charmigt dammig".

"Det är min mormors", berättade Maria. "Hon ligger på sjukhus med hela magen full av cancer. Jag får bo här gratis så länge. Fan vet om hon någonsin kommer hem igen."

Mörkret hade hunnit sänka sig över den stockholmska söderförorten när Maria frågade Matz om han gillade ugnsbakad falukorv med smält ost, krossade tomater och pulvermos.

"Det är min livrätt", ljög han.

3

Love is the drug

HON HADE ALLTID haft svårt för män som var förälskade i sin egen röst. Extra smärtsamt var det att behöva lyssna på den typen av män när man själv hade satsat både tid och pengar på att försöka interagera med omgivningen. Inte för att Carina Carlsson längtade efter uppmärksamhet, inte alls, men om hon skulle få ut någonting av gruppterapin i den gamla våningen på Hornsbruksgatan var hon ju tvungen att emellanåt få göra sin egen röst hörd. Trots att det här var hennes tredje session hade hon hittills inte yttrat ett ord, och det berodde inte enbart på blygsel. Det berodde minst lika mycket på den där uppblåsta figuren.

”Det är inte bara bögar som har det jobbigt med sin läggning. Det gäller också oss som tänder på mogna kvinnor. Tänk om mina arbetskamrater i videobutiken skulle få reda på det? De skulle skratta ihjäl sig. Allt det här är så jävla skämmigt och hämmar mig totalt. Och det värsta är ändå att aldrig våga ta steget fullt ut, trots att jag knappt kan tänka på annat. Så sjukt, att vilja men inte våga och hela tiden gå omkring och vara rädd.”

Innan någon av de övriga i gruppen hunnit svara fortsatte Håkan. Han hette så, den babblande unge mannen med det fettglänsande ansiktet och de blonda slingorna i sitt tunna hår.

"Alltså, jag har egentligen inte särskilt svårt för att ragga tjejer i min egen ålder. Två unga brudar på jobbet dansade med mig på den senaste firmafesten. Ost och Bryan Ferry."

"Vad menar du med ..."

Mer syl i vädret än så fick inte den medelålders och ständigt snuviga kvinnliga terapeuten, med glansig blick bakom sina stora rundade glasögonbågar, innan Håkan förklarade.

"Vi hade firmafest hemma hon Arne, chefen alltså. Alla tog med sig en ost och en vinare och så dukade vi upp ett stort buffébord med alla ostar och pain riche och vindruvor som Arne hade köpt. Sen såg vi på musikvideor från amerikanska MTV, såna man inte kan få tag på i Sverige, och lyssnade på Roxy Music. 'Avalon' är ett jävligt bra album men 'Love is the drug' är ändå Bryans bästa låt genom tiderna. Jag hade med mig en norsk gammelost. Den är så jävla äcklig, luktar gödsel."

Håkan fnittrade till och lät blicken förväntansfullt vandra runt bland de andra i gruppen, som satt i varsin fåtölj i en vid ring. När ingen reagerade harklade han sig och fortsatte:

"Det är någonting jävligt smärtsamt som händer i mig när jag tänker på mogna nakna kvinnor. Som om jag bär på en skuld på något sätt. Samtidigt kan jag inte sluta tänka på dem. Det är som en livsfarlig drog. Love is the drug."

Carina rös inombords och nöp sig själv på handryggen. Hon hade redan flera små irriterade sårskorpor där sedan tidigare. Vad fan hade Bryan Ferry med nakna mogna kvinnor att göra?

"För mig är det inget konstigt alls med en naken kvinna. Jag ser henne som en häst bara. En naken häst."

Mannen som avbröt Håkans monolog med den djupsinniga reflektionen hette Sven-Gunnar och pratade en göteborgska utan minsta spår av klämkäckhet. Han var säkert över sextio. Med fårat magert ansikte och håglösa ögon. Hade ett förflutet som travkusk på Åby, vilket han regelmässigt återkom till.

"Jag har suttit bakom den där häströven i tusentals lopp och fått skit sprutat rakt i ansiktet. Kvinnor är precis som hästar. Sprider en massa skit omkring sig!"

Sedan följde en lång harang om hur fruktansvärt det var för honom att ha blivit lämnad av sin fru för drygt tre år sedan.

"Jag gav henne allt. Kärlek, omsorg och en superfin villa i Älvsjö. Och så stack hon bara, med en fjant till mäklare. Samma jävla lallare som sålde huset till oss. Jag har aldrig känt mig så kränkt och sviken som då. Fattar ni?"

Sven-Gunnars fråga hängde kvar i luften, förstärkt av hans ansträngda andning. Carina hade god lust att säga till honom att hon mycket väl förstod hans förra fru. Med en så patetisk och självömkande man måste ju vilket partnerbyte som helst vara en uppgradering. Kunde han inte bara ta en lång promenad och låta tiden läka såren? Och varför satt den andre clownen där i fåtöljen bredvid och exponerade sina sexuella preferenser som om de vore någonting som behövde bearbetas? På sin höjd är det kanske lite kinky att han tänder på äldre kvinnor, men vi befinner oss trots allt inte i medeltiden utan i Stockholm i början av åttiotalet. Varför gör han inte bara slag i saken och lever ut sin fantasi? tänkte en alltmer irriterad Carina Carlsson.

En av kvinnorna i gruppen, lite över trettio år kanske, hade nu lyckats tränga igenom den manliga svadan. Hon hade spikrakt brunt hår och talade i stackato, med ryckiga avhuggna satser, och var på vippen att förlora sitt mödosamt erövrade ord i en liten paus då Håkan tydligen ansåg att de tre minuter han suttit tyst var en evighet som nu krävde sitt slut.

”Jag har också den där ångesten som du pratar om. Det är så jävla smärtsamt ...”

”Vänta lite, Håkan. Nu tycker jag att vi låter Elisabeth tala till punkt”, insköt terapeuten med en för henne förvånansvärt tydlig skärpa i rösten.

Håkan blev paff och tystnade. Elisabeth blev minst lika paff. Hon behövde ytterligare en halvminut innan hennes bräckliga stämma förmådde frammana några rumphuggna meningar till.

”Det är värst i tunnelbanan. När någon tittar på mig ... jag blir alldeles kallsvettig ... vill fly därifrån direkt hem och gömma mig ...”

Elisabeths panna glimmade till av små svettpärlor i det svaga ljuset från den dammiga rislampan i taket. Hennes kinder glödde röda mot det i övrigt bleka ansiktet. Som en tomatsås på toppen av en tallrik överkokt skolmatsspagetti. Terapeuten såg på henne med deltagande min innan hon plötsligt vände sig mot Carina.

”Vad säger du? Finns det saker i Elisabeths upplevelser som du känner igen dig i?”

Carinas hals snörptes ihop. Men samtidigt var det någonting i henne som skrek efter att få komma ut. Om hon inte kunde visa sin osäkerhet och nervositet här, vad fanns det då för mening med att överhuvudtaget komma hit? Hon koncentrerade sig på att försöka sänka sin egen puls och tala så lugnt som möjligt.

”Jag tycker att Elisabeth är modig som vågar prata om sina ångestattacker. Och jag skulle själv vilja ...”

Den långa och ettriga signalen från en äggklocka avbröt henne. Terapeuten log mot först Carina och sedan Elisabeth innan hon slog ihop kollegieblocket som hon gjort spridda anteckningar i under sessionen.

”Då är det slut för idag. Till nästa vecka vill jag att du utvecklar tankarna du precis började på, Carina. Jag tror att du har någonting viktigt att berätta.”

Det var som att sno syrgastuben från en djuphavsdykare nere på botten. När hon nu äntligen fick tillfälle att säga något blev hon avbruten direkt. Av en äggklocka. Carinas lungor pressades ihop och hon kände ett desperat behov av att få komma ut i den kalla decemberluften för att andas. Men först var hon tvingad att lyssna på Håkan som slog följe med henne nerför trapporna.

”Du pratar inte så mycket”, sa han och fortsatte utan att invänta hennes reaktion. ”Du är kanske en sån där tjej som tycker bättre om att kolla på en bra film?”

För ett ögonblick befarade hon att Håkan påbörjat ett raggningsförsök, men så tänkte hon på hans eviga trauma och insåg att hon inte tillhörde målgruppen.

”Om du gillar film är det här en grej för dig”, sa Håkan

och höll upp en fyrkantig svart väska i hårdplast. ”En moviebox”, fortsatte han. ”Eller du kanske redan har en videobandspelare?”

Carina skakade lätt på huvudet.

”Men då ska du hyra en sån här! Movieboxen har egentligen inte kommit ut på marknaden än men vi som jobbar med videouthyrning har redan fått tillgång till den för att testa.”

Håkans min blev med ens viktig, som ett tecken på att han tillhörde en privilegierad liten skara med access till sådant som vanligt folk bara kunde drömma om.

”Samtidigt som du hyr en videofilm så hyr du boxen. Den fungerar som en videoapparat vid uppspelning. Kommer att bli världens pryl! Titta in i vår butik vid Hornstull någon gång i början på nästa år så ska du få ett bra introduktionspris.”

Håkan pendlade mödosamt med den svarta lådan i en armrörelse som förmodligen var tänkt som en avskedshälsning och försvann som en vålnad i det täta snöfallet. Carina tog ett djupt andetag och tittade upp i skyn genom flimret av snöflingor. Det hade blivit vinter i Stockholm, och vore det inte för att det med stor sannolikhet skulle resultera i lokaltrafikens obligatoriska sammanbrott hade hon välkomnat omslaget i vädret. Det fanns någonting tilltalande med ett ordentligt snöfall som lade sig som en porös vit matta över allting och dolde alla brister och skavanker.

Hon gick nerför Hornsbruksgatan där den begränsade sikten fick henne att krocka med en man som klev ut genom en dörr med svartmålad panel.

”Förlåt”, sa han med något skamset i både rösten och blicken innan han hastade därifrån. På en orange neonskylt med flämtande ljus som hängde ovanför dörren stod det ”FILM & BASTU” med svart text. Hon hade hört talas om bastuklubbarna där homosexuella män träffades för tillfälliga förbindelser. Carina kunde inte se något fel i det, tvärtom. Var och en blev väl salig på sin tro? Hellre bögar som ägnade sig åt anonyma engångsknull i bås än straighta män som aldrig fick till det och istället tröttade ut sina terapikamrater med självcentrerade litanior.

Småbutikerna runt Hornstull hade alla redan skyltat upp inför julhandeln med glitter, ljus och tomtar. Men i fönstret till Kafé Tjoget hängde bara en ensam ålderdomlig adventsstjärna med sprucken söm, som en deklaration över att den annalkande högtiden inte nämnvärt ändrade på sakernas tillstånd bland dem som frekventerade stället. Två gubbar, av vilka den ene bar keps och den andre ett långt grågult skägg och en sådan där gammal bandymössa med en liten rund tofs upptill, satt vid ett bord lutade över varsin öl som två relikter från femtiotalet. Det är väl bara en tidsfråga innan det också försvinner för att bana väg för den nya, progressiva tiden, tänkte Carina.

Hon gillade inte den nya, progressiva tiden. Hade aldrig gjort det. Ibland önskade hon att hon vore född för hundra år sedan, långt innan movieboxar, mikrovågsugnar och syntmusik fanns. Det var en ovanlig önskan för en tjugofemårig kvinna, det var hon väl medveten om. Men den var icke desto mindre sann.

Vid den lilla bron som ledde ut till Reimersholme låg en gammal läckande träbåt förtöjd, en liten inombordare med ett trasigt blått kapell. Den hade legat där i ett par månader nu utan att någon gjort anspråk på den och sjunkit alltmer för varje vecka som gått. Inbäddad i snö fick den ändå någonting stolt och trotsigt över sig. Som om den skrudat sig vacker en sista gång och med stödet från det frusna vattnet runt relingen tänkte stanna kvar ett litet tag till.

Hon satte nyckeln i lägenhetsdörren på andra våningen på Anders Reimers väg 18 och öppnade försiktigt. Den välbekanta, instängda lukten av rök, gammalt vidbränt kaffe och ostädad fågelbur slog emot henne. Från köket hördes ett ansträngt rosslande följt av den sårade och samtidigt krävande rösten som fick henne att uppfyllas av lika delar dåligt samvete som irritation.

”Varför kommer du så sent, Carina? Jag trodde att du hade glömt bort mig helt.”

4

"Game, set and match Olof Palme."

ATT TVINGAS FLYTTA från en lägenhet på Östermalm till en i Fruängen skulle tveklöst ha betraktats som ett rejält nedköp av den stora majoriteten stockholmare. Men Matz Zern var skåning och ville inte förstöra sitt goda humör. Han trivdes riktigt bra i Marias mormors lägenhet, där han brukade tillbringa förmiddagarna i sällskap med en kanna kaffe, en back LP-plattor och hans egna två danska Jamohögtalare i jakaranda, som han hade kopplat ihop med Marias skivspelare och förstärkare, samt de tre cigaretter som hon alltid lämnade kvar till honom när hon vid halvniotiden på morgonen gav sig iväg till sitt jobb i solariesalongen på Kungsholmen.

Marias LP-samling hade en spännvidd som inte var alldeles lätt att förstå sig på, med allt från Thorleifs till Clash. Men inte heller i fråga om musiksmak tillhörde Matz Zern de strikt bokstavstrogna. I mångt och mycket påminde han snarare om en kameleont. Allt enligt devisen att ju fler genrer och stilar man var mottaglig för, desto fler chanser skulle man också få att någon gång slå igenom i musikbranschen.

Om det nu var där som genombrottet skulle ske. Att anpassa sig till rätt sound och stil vid rätt tillfälle krävde ett öppet sinnelag och en bred repertoar. Och även om hans intresse för Maria hade börjat svalna betänkligt efter tre veckor tillsammans med henne såg han relationen som en investering för framtiden. Han hade gratis mat och husrum, all tid i världen att lyssna på musik samt fortsätta utforska huvudstaden på egen hand. På eftermiddagarna brukade han ta tunnelbanan in till Gamla stan eller T-centralen och därifrån ge sig ut på sina expeditioner. Men eftersom han hade slarvat bort sitt hundrakort bestämde han sig för att just denna eftermiddag utforska sin nya hemort Fruängen lite mer ingående.

Det var bara två veckor kvar till julafton, men någon julstämning märktes då rakt inte av i förortens betongcentrum. Några småkillar åkte skateboard i den tunnellika och snöfria affärsgången så att det smattrade mot stenläggningen och utanför Pressbyrån vid tunnelbanestationen stod en grupp rökande tonåringar och skrattade och spottade tillsammans. Som om den gemensamma salivavsöndringen förenade dem i en egen hemlig klubb av något slag. En magerlagd man med en kort brun täckjacka och en mörk fläck i grenen på sina ljusgråa gabardinbyxor vinglade ut från Systembolaget med en kasse i ena handen. Trots sitt onyktra tillstånd bar han den med en försiktighet som om han istället stigit ut ur en djuraffär med en nyinköpt guldhamster i påsen. Först när han hade anslutit sig till sina huttrande kompisar på en parkbänk intill den snöhöljda fontänen mitt på torget sjönk hans spända axlar ner. Matz Zern betraktade vardagsscenen med en ambivalent känsla av vemod och respekt. Visst fanns det något tragiskt i att en grupp alkisar stod och skakade och drack Rosita utomhus mitt i den smällkalla vintern, men om man tog på sig sina vidsynta glasögon gick det också att skönja värmen och skönheten i den broderliga uppdelningen av det billiga dessertvinet. För ett ögonblick funderade han på om han skulle ansluta sig till gruppen och försöka snacka till sig en klunk. I rent studiesyfte, naturligtvis.

Men så letade sig den bistra decembervinden in i glipan mellan duffeln och halsduken så att nackhåren reste sig i protest. Och eftersom han samtidigt genom fönstret in till restaurang Karlavagnen fick korn på en kvinna som satt ensam vid ett bord och läppjade på ett värmande glas Irish coffee bytte han genast fokus.

Matz Zern rotade i fickorna och plockade fram sina samlade tillgångar: tvåhundratjugoåtta kronor och sjuttiofem öre samt ett tillknycklat paket Right innehållande en lätt böjd men fullt rökbar cigarett. Han överlade med sig själv några sekunder innan han gick in i den dunkelt belysta och rökiga lokalen med murriga tapeter och försiktigt närmade sig kvinnan vid fönsterbordet.

”Är det ledigt här?” frågade han med den där märkliga naturligheten i rösten som bara han var kapabel till att frambringa på ett ställe med massor av tomma bord.

Kvinnan, en lätt bedagad skönhet i femtioårsåldern med ett hårt sminkat ansikte och en mörk mittbena i sitt annars blonderade hår, såg på honom med en lite spefull blick innan hon nickade kort. Matz Zern slog sig ner mittemot henne.

”Du får ursäkta min framfusighet men jag är ny här i

Stockholm. Försöker lära känna både staden och dess människor."

"Är du skåning?" sa kvinnan på utpräglad stockholmska men utan det där retsamma leendet som annars brukade följa den typen av frågor på de här breddgraderna.

"Ja, jag kommer från Dalby. En riktig håla, om du frågar mig."

"Men det ligger väl inte så långt från Malmö?"

"Nej, tyvärr. Malmö är bara en något större håla än Dalby", sa Matz.

Under sin korta tid i huvudstaden hade han lagt sig till med ett taktiskt självförakt mot sitt skånska ursprung. Stockholmarna brukade nämligen bli på gott humör då, hade han noterat. När de fick spela storasyskon och göra sig lustiga över lillbrorsan från landet och hans fula men roliga dialekt. Men kvinnan inne på Karlavagnen log inte. Tvärtom anlade hon en bister uppsyn, som förstärktes av hennes skarpa makeup.

"Malmö är väl ingen håla? Det var för fan där allting började!"

Matz fann sig snabbt.

"Ja, det har du såklart rätt i", sa han utan den blekaste aning om vilket "allting" det var som hade börjat i Malmö.

Kvinnan med den mörka mittbenan slickade bort vispgrädden som lagt sig som en vit mustasch på hennes överläpp och tände en röd Prince.

"Hade det inte varit för August och Per Albin så hade arbetarna i det här landet fortfarande slavat för svältlöner."

Hon drog ett djupt bloss på sin cigarett och blåste ut

röken i ett moln ovanför huvudet på Matz Zern, som försökte hitta en association till namnen hon precis slängt ur sig.

”August och Per Albin, ja”, sa han trevande.

”Är du sosse?” frågade hon.

Det fanns en tydlig förväntan i hennes undran som fick Matz att koppla på sin intuitiva autopilot.

”Självklart är jag sosse”, sa han.

Sesam öppnade sig. Kvinnan log och förklarade att hon alltid hade haft höga tankar om Malmö och Skåne, som hade fostrat två sådana socialdemokratiska giganter som August Palm och Per Albin Hansson.

”Vad hade Sverige varit utan sossarna idag?” frågade hon retoriskt.

”Nej, precis”, sa Matz och nickade eftertänksamt.

”Det är en jävla tur att Palme är tillbaka vid rodret igen. Se bara så mycket borgarsvinen hann rasera under deras korta tid vid makten.”

Politik hörde inte till Matz Zerns intressen. Hans föräldrar var båda folkpartister, det visste han, men själv pendlade han vilt mellan olika ideologiska inriktningar beroende på vad som bäst passade hans syfte vid det just då aktuella tillfället. Således hade han utan någon som helst tvekan klätt sig i islandströja med matchande Palestinasjal och burit en pin med texten ”Glöm aldrig Ådalen 31” när han stötte på en kommunisttjej från Örebro på en av Folkfesterna i Pildammsparken för några år sedan. Under samma tidsperiod och med samma lätthet hade han burit en pikétröja från Lacoste och ett par Dexterskor med pennymynt i skornas plös då han raggade tjejer i skotskrutiga veckade kjolar och lammullströjor på Moderata Ungdomsförbundets blöta fester i Malmö. Och just nu var han alltså socialdemokrat av den enkla anledningen att han hade börjat finna den lätt bedagade socialdemokratiska kvinnan riktigt attraktiv.

”Palme är fan Sveriges enda riktiga stjärna idag”, sa hon.

”Ja, tillsammans med Björn Borg och Ingemar Stenmark”, log Matz.

Hon skrattade till och skakade på huvudet.

”Du, de där sportkillarna är ingenting jämfört med Palme. Game, set and match Olof Palme, alla dagar i veckan!”

Hon torkade bort en skrattår ur ögonvrån och sträckte fram sin högerhand över bordet för att hälsa. Matz tog den och slogs av hur varm och behaglig den kändes.

”Jag heter Fatima men kallas för Tina”, sa hon. ”Hansson i efternamn, precis som Per Albin.”

”Och jag heter Mats”, sa Matz. ”Andersson i efternamn.”

Det kändes mest taktiskt riktigt så.

En butter kypare med buskiga ögonbryn och en air av dålig herrparfym omkring sig dök upp vid deras bord och ställde ner en korg med popcorn mellan dem.

”Vad ska du dricka?” frågade han uppfordrande.

”Vill du ha en sån här?” frågade Tina och höll upp sitt tomma Irish coffee-glas. ”Jag bjuder.”

Matz Zern tog på sig ett generat leende.

”Men inte ska väl du …”

”Det ska jag visst! Vi är väl för fan jämställda i det här landet”, avbröt Tina och nickade mot kyparen. ”Två Irish till! Med mycket vispgrädde!”

Att dricka Irish coffee och äta popcorn tillsammans med en lätt bedagad men fortfarande attraktiv kvinna i femtioårsåldern en tisdagseftermiddag inne på restaurang Karlavagnen i Fruängen var en helt ny men angenäm upplevelse för Matz Zern.

”Vad gör du? Pluggar du?” frågade Tina.

”Nej, jag söker jobb”, ljög han.

”Du ska inte skämmas för att du är arbetslös. Men vänta bara så ska du se att du snart får ett kneg, nu när Palme har kommit tillbaka.”

”Vad gör du själv?” frågade Matz.

”Jobbar på Clock vid Medborgarplatsen. Teamledare. Håller koll på ungdomarna när de steker hamburgare och friterar pommes. Det är ett skitjobb med oregelbundna tider men det är i alla fall ett jobb. Och med staten som arbetsgivare. Lite bättre lön och villkor än hos de kapitalistiska utsugarna Big Burger och McDonalds.”

Matz försökte se intresserad ut.

”Du är gullig”, sa Tina plötsligt och lade sin hand på hans. ”Var bor du?”

Hennes raka puckar tilltalade honom. Han hade aldrig tidigare varit tillsammans med en donna i hennes ålder, men det berodde enbart på att tillfället aldrig hade yppat sig på ett naturligt sätt. Matz Zern var en fördomsfri allätare när det kom till kvinnor.

”Jag bor tillfälligt hos en kompis på Söder”, ljög han. ”Måste flytta ut nu för hans tjej har kommit hem från en resa.”

”Du kan kvarta hos mig tills du hittar något annat”, sa Tina. ”Jag bor i Västertorp.”

Hon skrev ner sin adress på en lapp och gav till Matz.

”Ska bara handla lite mat och en vinare på Systemet. Du kan väl hämta dina prylar hos polaren och komma hem till mig efter klockan fem någon gång.”

Därav kom det sig att Matz Zern, efter det att han först hade skrivit ett kort avskedsbrev till Maria och lagt det på hennes köksbord tillsammans med nycklarna, flyttade in hos Tina Hansson i hennes lägenhet på Störtloppsvägen 4 i Västertorp, tillsammans med sin bruna resväska i imiterat läder, sina två danska Jamohögtalare i jakarande och sin brödrost av märket Rowenta med den något defekta smulbrickan.

Efter en rejält tilltagen portion Flygande Jacob med extra mycket bananer och jordnötter samt två glas ljummen Tirnave fortsatte äventyret tillsammans med Tina Hansson. Hela natten lång i hennes varma och gungande vattensäng.

5

"Day-O!"

"FAN I HELVETE!"

Hon satt vid köksbordet med glasögonen längst ut på nästippen, lutad över ett till hälften löst korsord. En rykande cigarett balanserade på kanten till det fimpfyllda askfatet. Hennes långa bruna hästsvans med gråa stänk i svajade till och lade sig som en uppretad katts svans över ena axeln när hon med ett spastiskt ryck vred på huvudet. Trots de mörka ringarna under ögonen fanns det något nästan flickaktigt i hennes uppsyn. Den vänstra mungipan som hängde ner lite gav ansiktet ett barnsligt truligt utseende som fortfarande kunde lura Carina. Fast bara för en sekund.

"Jag har inte fått någonting i magen på snart fyra timmar", sa hon anklagande med ilsken blick. "Fan i helvete!"

"Men matlådan från hemtjänsten är ju här. Varför har du inte ätit av den?" frågade Carina och höll upp folieformen med obrutet lock som stod på diskbänken.

"Jag var inte hungrig när de lämnade lådan och sen när jag blev det var maten kall. Du tycker väl inte att jag ska äta kall mat? Jag trodde du skulle komma mycket tidigare. Du vet hur jobbigt det är för mig att sitta och vänta på dig. Fan, fan i helvete!”

Carina himlade med ögonen, kort men ändå tillräckligt länge för att modern skulle upptäcka det. Synen var det i alla fall inget fel på.

”Varför tar du på dig den där minen?!”

”För att jag tycker att du ibland gör livet onödigt svårt både för dig själv och för mig, mor”, sa Carina och log överslätande.

Hon kallade sin mamma för mor när hon inte bara sa Birgit till henne. Hon hade alltid gjort det, trots att pappa var pappa när han levde. Det fanns en inbyggd distans i *mor*, som hjärnskrynklarna brukade tända på. Hennes förra psykolog, från tiden då hon gick i individuell terapi, hade ägnat timmar åt att få henne att reflektera över den kylslagna klangen i ordet. Löjligt mycket tid som kostat henne löjligt mycket pengar. Det var därför hon till sist hade slutat gå till honom.

”Men du har ju bryggt kaffe”, sa Carina och pekade på den igenkalkade kaffebryggaren med det garvsyrade kaffet i kannan. ”Då är de väl inte svårare att värma lite mat i mikrovågsugnen?”

Det blixtrade till i moderns ögon innan de blev fuktiga och vädjande. Snart rann tårarna nerför hennes kinder och hon började hosta och hulka om vartannat.

”Du har rätt, gumman. Förlåt”, snörvlade hon. ”Du vet att det är min hjärna som ställer till det. Jag är bara till besvär för dig, förlåt.”

Det var nog det som Carina hade svårast för, de ständiga

humörsvängningarna och pendlandet mellan anklagelser och ursäkter. De okontrollerade utbrotten. Oförutsägbarheten. De tvära kasten mellan förstånd och galenskap. Det hade blivit ännu tydligare efter hennes andra stroke för snart ett år sedan, som dessutom resulterat i den halvsidesförlamning som gjort att vänstra ansiktshalvan hängde ner som en uttorkad disktrasa och att hon behövde krycka för att ta sig fram för egen maskin. På ett sätt hade det varit enklare om Birgit bara varit rakt igenom elak, tänkte Carina. Då hade hon kunnat klippa banden helt och hållet och gått vidare med sitt eget liv. Nu tyckte hon synd om modern, trots de ständiga påhoppen. Hon var ju sjuk.

"Du vet att jag försöker komma hit så ofta som möjligt, men jag måste ju sköta mina studier också."

Birgit hade slutat gråta och torkade kinden med en solkig näsduk som hon lyckats lirka upp ur fickan i de pösiga träningsoverallsbyxorna. Hon var inte äldre än femtioåtta år men allting hos henne hade sjangserat. Klädseln, ansiktsfärgen, den personliga hygienen och hushållet. Dessutom hade hon utöver vredesutbrotten lagt sig till med en ovana som var väldigt besvärande i sociala sammanhang: Hon kunde plötsligt börja skrika. Ibland bara märkliga läten men ibland svordomar och i de allra värsta fallen könsord. Läkaren hade sagt att det berodde på skadorna som stroken hade åsamkat hennes hjärna.

"Fan i helvete!"

Carina lät det passera utan att reagera. Modern kunde ju inte själv rå för vad som for över hennes läppar.

"Kuk, fitta, kuk!" hojtade Birgit.

Fast nu började det bli riktigt jobbigt.

En pappa som dog knall och fall i hjärtinfarkt när han var femtio år och en mor som gradvis hade transformerats till en person som inte gick att känna igen. Hur höga var oddsen för det? Carina hade inte precis haft turen på sin sida i den delen av livets lotteri.

Trerumslägenheten, som när modern var frisk alltid varit ren och välstädad, hade sakta men säkert förvandlats till något som mest liknade en slarvigt skött lumpbod med högar av kläder slängda på stolarna och i sängen, pappkartonger fyllda med gamla prylar lite varstans, drivor av tidningar och reklamblad i hallen och i köket samt en ständigt växande koloni av dammråttor. Det enda som saknades var tombuteljer. För drack gjorde hon i alla fall inte.

”Ska jag inte städa undan lite?” frågade Carina och började plocka ihop tidningarna som låg utslängda i ett virrvarr på köksbordet.

”Låt dem vara!” protesterade Birgit. ”Det finns korsord i dem!”

Det var alltid de där korsorden som skulle sparas när Carina ville röja. Korsorden som Birgit i sitt friska liv hade varit en fena på att klura ut men som numera aldrig fylldes i mer än till max hälften och alltid med fler fel än rätt i. Men bra för hjärnan var det, enligt läkarna.

Carina släppte ner tidningarna på bordet igen med en demonstrativ duns och övergick istället åt att göra rent i Puttes bur. Birgit tyckte verkligen om sin lilla gula undulat och såg till att den alltid hade fågelfrö och vatten i sina skålar. Men sanden i den utdragbara bottenbaljan kom hon sig aldrig för att byta. Det var som om hon inte såg oordningen och smutsen själv, blodpropparna i hjärnan hade berövat henne den förmågan. Å andra sidan var hon trots sin begränsade rörlighet en hejare på att stöka till och grisa ner. Carina besökte henne ett par gånger i veckan och försökte städa undan och ställa tillrätta så mycket som möjligt i lägenheten. Problemet var bara att Birgit oftast blev irriterad då.

”Du flyttar runt på allting så att jag till slut inte hittar det!” klagade hon.

”Men jag försöker ju bara hjälpa till”, sa Carina.

”Jag är inget kolli, jag kan faktiskt själv!”

Och så tårarna på det, de där krävande och kvävande tårarna som stod Carina upp i halsen.

”Förlåt gumman, förlåt.”

Birgit tände en ny cigarett och drog ett bloss som följdes av en hostattack som följdes av ett ”Fan!”.

Det fanns inget mönster i moderns tankar och beteende längre. Den ena stunden kunde hon klaga på ensamheten för att i nästa hävda sin rätt att slippa ha ”en massa främmande människor springande i lägenheten” innan hon avslutade med att skrika ut ett könsord. Och lika svårt som hon hade för att resa sig upp från köksstolen och värma lite mat i mikron, lika enkelt var det för henne att ta hissen ner till markplan och stappla bort till den lilla tobaksaffären runt hörnet när cigaretterna var slut. Och sedan flåsa sig tillbaka hem till lägenheten igen, som en vingbruten anka.

Carina skämdes ibland över Birgit inför andra människor, men inte mer än att hon insåg att modern behövde omfattande hjälp från hemtjänsten. Om Birgit inte gick med på det tvivlade Carina på att hon själv skulle orka fortsätta såhär mycket längre till. Det stressade sönder henne. Dränerade henne på all energi.

Birgit hade efter lång övertalning sagt ja till att få sin lunch levererad av hemtjänsten varje dag. Carina hade gett henne en mikrovågsugn i födelsedagspresent, så att hon lätt skulle kunna värma maten när hon ville, men modern var inte alls vän med denna nymodighet. Hon klagade över att mikron gav maten en "radioaktiv eftersmak", att det inte gick att ställa in folieformarna direkt i den och att man var tvungen att vara minst civilingenjör för att manövrera den.

"Jag värmer upp det åt dig", sa Carina och slevade över den svampiga pannbiffen med sås, potatis och de kokta grönsakstärningarna och ärtorna på en tallrik som hon gav två minuter i mikron.

Birgit åt utan invändningar. Hon var verkligen hungrig. Under tiden tömde Carina askfatet och knöt ihop den illaluktande soppåsen som stod på diskbänken och slängde ner den i sopnedkastet ute i trapphuset. Men när hon öppnade ett av fönstren med neddragna persienner i vardagsrummet för att vädra ut röken tog det inte mer än en halv minut innan modern protesterade.

"Det drar kallt! Stäng!" ropade hon från köket.

"Jag släpper bara in lite frisk luft."

"Du släpper ut all värme!"

"Ta på dig en kofta."

Birgit muttrade något ohörbart innan hon höjde rösten igen, nu med en plötslig ton av förväntan.

”Hur länge stannar du? Vi kan kanske se Fleksnes tillsammans. Det börjar om en halvtimme på tvåan.”

Carina låtsades som om hon inte hörde det sista och stannade kvar i vardagsrummet. Hon sjönk ner i en av de pösiga läderfåtöljerna och blundade. När hon öppnade ögonen igen föll hennes blick på fotografierna som stod uppradade i den mahognyfärgade bokhyllan. Bilden på föräldrarna när de var nygifta och såg så hoppfulla och glada ut. Och så fotot på henne själv som tonåring med leende mun och fönat hår. Vad hände egentligen?

Huvudvärken gjorde sig påmind igen. Plötsligt stod Birgit i dörröppningen, stödd på sin krycka. Hon hade en märklig förmåga att förflytta sig ljudlöst i lägenheten trots att det vänstra benet släpade efter en aning när hon gick.

”Sover du? Jag trodde vi skulle umgås.”

”Kom och sätt dig i soffan.”

Birgit gjorde som dottern sa, under grimaser och stönanden.

”Det gör så ont”, klagade hon.

”Äter du dina smärtstillande?” frågade Carina och tänkte att hon själv skulle behöva en värktablett.

Modern nickade.

”Fast de hjälper inte särskilt. Det är värst i armbågen, den får ta hela tyngden när jag går med kryckan. Jag får så vansinnigt ont då och smärtan kan sitta kvar i flera timmar.”

Carina sträckte på ryggen och mötte Birgits blick.

”Vi kan inte ha det såhär längre. Du måste få mer hjälp, mor.”

”Ja tack, gärna! Du är välkommen hit när som helst.”

”Du vet att jag inte kan komma varje dag. Jag måste sköta studierna.”

Birgit fnös till.

”Men vad är det för nytta med de där studierna? Att sitta och läsa en massa gamla böcker får man väl inget jobb av?”

”Jag inte bara läser romanerna, jag analyserar dem också. Sätter in dem i ett litteraturhistoriskt perspektiv.”

Carina hörde själv hur pretentiösa hennes ord lät. Men hon orkade inte fortsätta gnabbas, orkade inte ta diskussionen en gång till med modern om hur viktigt det var att hon snart skaffade sig ett riktigt jobb istället för arbetet i den där konstnärsbutiken, eller en riktig utbildning som ledde till en riktig titel. Hon var trött på att försöka resonera med Birgit, som själv aldrig hade kommit längre i sin karriär än till jobbet som lågavlönat butiksbiträde i en skoaffär.

”Fan i helvete. Fan, fan, fan i helvete!” ropade modern.

”Men nu handlade det om dig, mor. Ska vi inte se om vi kan få lite mer hjälp av hemtjänsten med matlagning och städning? Det skulle bli mycket skönare för dig.”

”Och så kunde du sluta helt och hållet med att komma hit? Är det dit du vill komma?”

Carina skakade uppgivet på huvudet och snodde en cigg ur mammans Commercepaket som låg på bordet i vardagsrummet och tände den.

”Har du börjat röka?” frågade Birgit anklagande.

Carina kunde inte låta bli att skratta till.

”Bara när jag måste. Som nu.”

Hon kastade ett öga på sitt armbandsur och nickade kort.

”Okej, jag stannar och ser Fleksnes.”

”Day-O!” ropade Birgit.

Marve Fleksnes optimistiska stridsrop.

Det kom så överraskande. Som en isbrytare. Ett visserligen galet men ändå glatt vrål signerat den norske evige ungkarlen i Rolv Wesenlunds tolkning. Carina spratt till och tittade på Birgit som spruckit upp i kvällens första äkta leende.

”Day-O!” upprepade modern.

6

Signad jul

JULEN HADE KOMMIT som en räddare i penningnöden för Matz Zern. När andra grävde djupa hål i sina plånböcker för att kunna köpa all mat och alla julklappar som hörde högtiden till hade han cashat in. Rejält dessutom.

Insatsen var låg: tre stearinljus till mormor Siv, ett par kalsonger till pappa Bengt respektive storebror Staffan, en påse badsalt till mamma Lena, en LP-skiva med Lustans Lakejer till lillasyster Monica (deras självbetitlade debutalbum från 1981 på rea), ett par maskinstickade sockor till farmor Inga samt en målad gipstomte med asiatiska ansiktsdrag till farfar Kurt. Made in Hong Kong. Matz hade rest med lätt bagage ner till Skåne och lämnat kvar sina danska Jamohögtalare i jakaranda och sin brödrost av märket Rowenta med den något defekta smulbrickan som bostadsankring hemma i Tinas lägenhet i Västertorp. Eftersom föräldrarna hade betalat tågbiljetterna och eftersom han bara hade önskat sig och tillika fått julklappar i form av kontanter kunde Matz efter debet och kredit räkna in en vinst på hela 2 902 kronor. Bara mormor Siv hade bidragit med en tusenlapp. Ovikt.

Dessutom hade han kunnat äta upp sig ordentligt och umgås lite med sin försummade familj samt däremellan legat och läst vältummade Agent X9-tidningar och lyssnat på blandkassettband i sitt gamla pojkrum. Han njöt av denna paus i sin strävan efter att slå världen med häpnad. Till och med möglet i källaren kändes rogivande med sin hemtama lukt.

Utan några alltför stora krumbukter lyckades han också parera de misstänksamma frågor som dök upp om vad han egentligen gjorde i Stockholm som var så viktigt att han hade bosatt sig där.

"Jag har ett skivkontrakt på gång. Kommer nog snart att bli signad", påstod han när pappa Bengt undrade hur han försörjde sig.

"Är det sant?!" utbrast lillasyster Monica varpå Matz visade henne ett foto från en kväll på Ritz vid Medborgarplatsen där han och Lustans Lakejers sångare och låtskrivare Johan Kinde poserade tillsammans. Kinde hade en rosatonad kostym i silkigt material medan Matz bar en svart smoking som han hade köpt mycket billigt i en secondhandbutik och kompletterat med ett skärp och en fluga från Hennes & Mauritz i blå pastellfärg. Bilden hade tagits mot svart bakgrund, eftersom det var den enda bakgrund som fanns inne på Ritz, med en Polaroidkamera av en tjej som från början nog varit ute efter någon av killarna i Lustans Lakejer men som Matz med sin charm och sitt rymliga samvete lyckades lägga vantarna på. Trots att han bara hade dykt på Kinde utan att känna honom sedan tidigare och trots att han ännu inte kontaktat något skivbolag (av den mycket enkla anledningen att han inte hade så mycket som ett begynnande ackord till en demotejp) lurade Matz i tjejen, som hette Erika, att Polar tänkte lansera honom som Sveriges nya syntstjärna. På riktig svenska var det naturligtvis en ren och skär lögn, men det ville Matz inte medge ens för sig själv. Det gällde att fokusera på potentialen och att våga tänka lite stort framåt. Han hade ju looken som en popstjärna, lite åt Bryan Ferrys håll, fast ljusare och yngre, och lika lätt för att skaffa groupies. Den lilla detaljen ”skivkontrakt” låg i den så kallade pipelinen. Det var bara en tidsfråga innan chansen dök upp.

”Fan, jag skulle ju ha bett Kinde signera LP:n till dig, syrran. Men du kan få min autograf sen när jag själv är signad”, log Matz.

”Om vi skulle försöka fira lite signad jul istället”, vädjade mamma Lena med lätt irriterad röst mellan Kalle Anka och julbordet.

Därefter hade ämnet inte kommit upp till diskussion fler gånger, vilket i huvudsak berodde på att Matz Zerns luttrade familj hade hört den förlorade sonens fantasifulla berättelser så många gånger att de inte fann dem särskilt intressanta längre. Det hade börjat så oskyldigt och gulligt när Matz som femåring hade lärt sig säga ”kommunikationsminister” och svarade med detta ord varje gång någon frågade honom vad han skulle bli när han blev stor. Sedan fortsatte det över pojkdrömmarna ”fotbollsproffs” och ”stuntman” till det något otippade ”John Pohlman”, innan han vid arton års ålder slog fast att han ämnade bli ”popstjärna”. Det var under hans korta men intensiva David Bowie-period, då han bytte sitt efternamn från Andersson till Zern. Ziggy Zern ville han egentligen heta, men det hade Skatteverket sagt nej till.

Det fanns få musikaliska traditioner i familjen Andersson och vilken typ av popstjärna Matz Zern ämnade bli hade han aldrig preciserat.

”Ska du inte lära dig spela först?” hade pappa Bengt en gång frågat och gett honom sin egen gamla gitarr som legat och samlat damm i garaget i decennier.

Matz hade blivit glad för både tipset och instrumentet och inhandlat en stämgaffel, ett plektrum samt en bok som lärde ut gitarrspel för nybörjare. Det kan ha varit hans bristande erfarenhet av att stämma gitarrer eller kanske fuktskadan som fått gitarrens kropp att skeva en aning som gjorde att Matz aldrig kom längre än till en högst medioker version av ”House of the Rising Sun” innan han återbördade instrumentet till garagehyllan. Men mer troligt berodde det på hans kroniska lättja.

”Jag ska ändå bli sångare”, sa han.

De hårt prövade föräldrarna hyste trots allt hopp om att det skulle bli lite ordning på Matz när han tjugo år gammal kom in som reserv på Lärarhögskolan i Malmö. Nu skulle han fortsätta i deras fotspår. Pojken var ju ingen dumskalle och hade gått ut gymnasiet med hyfsade betyg, beaktat den ringa tid han ägnat åt skolarbetet.

Men som så ofta förr tröt hans tålamod, och den gången redan efter en halv termin.

”Det var helt enkelt inte min grej”, motiverade han sitt avhopp och sedan den dagen hade mamma Lena och pappa

Bengt, båda gymnasielärare och båda folkpartister, lovat varandra att sluta hoppas. Deras kärlek till Matz hade prövats till bristningsgränsen och några gånger till och med passerat den. Han var förvisso deras son men han var tvеklöst också familjens svarta får. Efter alla misslyckanden och svikna löften hade det uppstått en lite kylig distans, som låg som ett känslomässigt filter mellan dem.

”Han knarkar i alla fall inte”, tröstade sig mamma Lena, lyckligt ovetande om att sonen rökte på när det enligt honom ”kändes naturligt”, som på socialistiska folkfester och utanför vänsterhak som jazzklubben Pilgården i Malmö. Det som säkert hade lugnat föräldrarna om de hade vetat att han provat hasch var att han i likhet med så mycket annat som korsade hans väg tröttnade även på detta. Hans verkliga missbruk omfattade endast kvinnor. Han tröttnade förvisso ganska snart på dem han fick ihop det med men aldrig på *alla dem han ännu inte hade fått ihop det med.* Följaktligen ägnade han under sin tågresa tillbaka till Stockholm efter julhelgen i Skåne hela sträckan mellan Lund och Linköping åt att bearbeta den söta lite bibliotekarielika tjej med små hornbågade glasögon som satt i samma kupé som han och försökte läsa ”Döda själar” av Nikolaj Gogol. Efter en liten mellanlandning i restaurangvagnen, där de delade på en flaska René Barbier, avlutades deras korta bekantskap inne på den trånga toaletten i vagn 4, strax efter Norrköping. Han tackade för sällskapet, fick hennes telefonnummer och gav i sin tur henne ett telefonnummer som han hittade på.

Hemma hos Tina ”Per-Albin Hansson” Hansson var det mesta sig likt sedan han for därifrån strax före jul. Den pyntade granen stod kvar men hade förlorat hälften av sina barr medan lägenhetens ägarinna luktade precis så som hon alltid gjort, en blandning av tobaksrök och stekos spetsad med myskparfym. Matz hade tyckt om lukten när han först träffade henne inne på Karlavagnen. Men nu hade han tröttnat på både den och på Tinas ständigt återkommande erbjudande om arbete.

”Har du tänkt över det där jobbet på Clock?”

”Mmm”, mumlade Matz.

”Nå, vad säger du? Det är lön enligt kollektivavtalet.”

”Mmm”, mumlade Matz.

”Och så kan vi ju ses lite när vi arbetar också.”

”Mmm”, mumlade Matz, men inombords hade han redan fattat sitt beslut: Det var dags att se sig om efter någon annanstans att bo. Inte minst sedan Tina även hotat med att han skulle få träffa hennes utflugne son som var bara ett par år yngre än han själv.

Samma eftermiddag, när Tina gav sig iväg till jobbet på hamburgerrestaurangen, ringde Matz Erika, tjejen han hade träffat på Ritz, och frågade om han fick kvarta hos henne ett par dagar ”mellan två utlandsgigg”. Det fick han och därför skrev han en kort avskedslapp till Tina som han tillsammans med lägenhetsnycklarna lade på hennes köksbord innan han återigen kopplade loss sina Jamohögtalare i jakaranda, den här gången från Tinas förstärkare, och lade ner dem i den gula Ikeakassen tillsammans med brödrosten av märket Rowenta med den något defekta smulbrickan. Slutligen packade han ner sina kläder i sin bruna resväska i imiterat läder med inslag av manchester.

Det var lite tungt att släpa iväg med allting till tunnelbanestationen, men när han väl satt i vagnen och ännu mer när han gick av vid Midsommarkransen, där Erika bodde, uppfylldes Matz Zern av en inre tillfredsställelse. Efter den abrupta flytten från Östermalm till Fruängen var han på god väg att återerövra Stockholm. Han hade rört sig ytterligare tre stationer i riktning tillbaka mot centrum på tunnelbanans röda linje. Även om han ännu inte visste hur Erikas lägenhet såg ut kände han instinktivt att han tagit ett viktigt steg såväl geografiskt som taktiskt. De 2 902 kronorna hade efter vinaren på tåget och ett nytt hundrakort reducerats till 2 726 kronor. Men med tanke på Matz Zerns vid det här laget väl utvecklade talang för att hålla nere kostnaderna för mat och logi var det fortfarande en mindre förmögenhet.

Han kände att han var riktigt på g igen.

7

"Sturm und Drang! Bryt upp!"

DEN TUNNHÅRIGE OCH rödlätte docenten i litteraturvetenskap, som själv hade gett ut två diktsamlingar och en roman, beskådade sina studenter med ett överlägset flin.

"Innan vi börjar skulle jag vilja visa er en tidstypisk bild av svenska universitetsstudenter. Ha pennorna beredda, för det här är viktigt!"

Carina lät blicken hastigt vandra runt bland kursarna i föreläsningssalen ute på Frescati. De flesta satt likt henne med skrivdonen i högsta hugg och tittade spänt på docenten framme vid katedern när han slog på overheadprojektorn. Två satirteckningar projicerades på den vita duken. Den övre, som var betitlad "DÅ", visade en manlig lärare i skägg som knöt högernäven och i pratbubblan ropade "FNL – Solidaritet!", varpå alla hans studenter ropade detsamma i sina pratbubblor.

Den nedre satirteckningen hade rubriken "NU" och föreställde en manlig lärare utan skägg som höll upp ett pekfinger i luften och utbrast "Skriv inte efter mig — Tänk själva!", vilket resulterade i att samtliga studenter på bilden satt med tungorna till hälften ute och koncentrerat plitade ner ”S-k-r-i-v i-n-t-e e-f-t-e-r m-i-g – T-ä-n-k s-j-ä-l-v-a!”.

Strödda generade fniss studsade mot de vita väggarna. Den rödlätte litteraturdocenten, för dagen klädd i en grön yllekavaj med tillhörande väst, log ännu bredare och ännu mer självbelåtet. Carina nöp sig på handryggen så att det gjorde ont. Vad var det för fel på den här typen av män egentligen? Vad var det i deras genetiska uppsättning som gjorde att de trodde att de inte bara var Guds gåva till mänskligheten utan att de också ansåg sig ha fått carte blanche att göra sig lustiga på kvinnors bekostnad. Ja, kvinnor. För även om det fanns en handfull unga män i gruppen var de unga kvinnorna i klar majoritet.

”Sturm und Drang!” utbrast docenten med det för honom karakteristiskt läspande uttalet som fick saliven att spruta som en fin dusch ur munnen. ”Vad säger det uttrycket er?”

Adrian, rummets andra självutnämnda geni, en magerlagd litteraturstudent med maniskt stirrande ögon, igelkottsfrisyr och en något nasal röst, påkallade uppmärksamheten med en allt annat än diskret hostning.

”Det står för det som de flesta är så dåliga på. Förmågan att tänka nytt och fritt och ge fan i gamla konventioner. Modet att inte blint lyssna på auktoriteter. Våga experimentera.”

Han log sarkastiskt och kliade sig på näsryggen, till synes mycket nöjd över att vara en av få studenter som låtit pennan ligga kvar på bänken. Docenten gav honom en blick av genialt samförstånd och såg ut över resten av klassen med något lystet i ögonen. Tills han likt en rovfågel fixerade sitt offer, en lite knubbig och söt tjej med jugoslaviska rötter som hette

Iva och som jämt satt med sin röda täckjacka på, även inomhus. Hon var en av få i klassen som Carina pratade med.

”Har du något att tillägga, månntro?”

”Det är en st-st-strömning inom tysk litteratur under senare delen av sju-sjuttonhundratalet”, stammade Iva.

Docenten rynkade på ögonbrynen innan han tog på sig sitt arroganta flin igen.

”Ja, tyskt låter det ju onekligen. *Sturm und Drang!* Storm och längtan! Och tiden har du prickat in. Men vad ska vi fylla ditt svar med? Hur vill du beskriva hänförelsen? Vad var det som fick den tidens unga mäns hjärtan att svälla över av känslor, passion och till sist bottenlös sorg?”

Innan Iva hade fått en ärlig chans att svara fortsatte docenten att med storm och längtan berätta om den unge Werther och hans lidande. Hans trots och revolt mot konventionerna, hans totala hängivenhet till sin älskade Lotte och naturen och poesin och hur Werthers beslut att till sist ända sitt eget liv på grund av den olyckliga kärleken ledde till en våg av självmord bland unga män i Europa som identifierade sig med hjälten.

”En fullständig kanonad av känslor fångade genom Goethes espri!” avslutade docenten, andfådd och med lätt rodnande kinder efter sin egen känslomättade föreställning.

Carina kvävde en fnysning. Visst fanns det ett inslag av ironi i hans orerande och nog var han en underhållande föreläsare, men att han innerst inne själv ansåg sig ingå i de manliga diktarnas egen lilla snilleklubb rådde det inga tvivel om. När docenten hämtat luft kastade han ut ett nytt knippe frågor som lockbete för hugade spekulanter.

”Men nu tar ni mig väl inte på orden bara för att jag är en auktoritet? Vad läser ni in i Werthers lidande? Vad är han för typ av människa och vad skulle man kunna säga att han representerar för idé och ideal?”

”Sjä-självupptagenheten.”

Carina blev paff när hon insåg att det var Iva som kommit med den avväpnande repliken. Hon hade god lust att skratta men hejdade sig. Den rödlätte docenten såg på Iva med en road men fortfarande rovlysten blick.

”Intressant. Kan du utveckla det? Eller finns det någon annan som vill fylla i?”

Carina nöp sig på handryggen igen. Hon tittade på Iva som satt tyst men med ett förvånansvärt frankt leende på läpparna. Borde hon ge sin modiga stammande kamrat lite understöd? Ja, det borde hon. Hon borde säga till docenten att den unge Werther var en bortskämd och självupptagen slyngel som upphöjde sin egen banala kärlekslängtan till någonting speciellt, trots att den bara handlade om att bli bekräftad. Och sedan skulle hon ha fortsatt att dra en rak linje från Werther till docenten eftersom de båda hade så stora egon. Och avslutningsvis skulle hon ha sagt att Goethe var litteraturhistoriens mest överskattade författare och tillika den mest överdrivne brukaren av utropstecken och att det visserligen var roande men ändå mest patetiskt att beskåda docentens orrspelsliknande försök att återge de lidelsefulla kärleksförklaringarna när han reciterade ur ”Den unge Werthers lidande”. Men Carina vågade inte, så hon satt tyst och nöp sig på handryggen och kände sig sådär otillräcklig och arg som hon brukade göra på gruppterapin. Precis som där tog det inte heller här många sekunder förrän de självgoda hanarna fortsatte gala.

"Kaos är granne med Gud", sa Adrian och spärrade upp sina maniskt stirrande ögon.

Den rödlätte litteraturdocenten såg uppmuntrande på sin favoritstudent.

"Stagnelius", fortsatte Adrian segervisst. "Den kanske ende romantiker i Sverige av internationellt snitt. Geniet, vars diktning är sprungen ur kaos, i en samhällelig eruption av undertryckta känslor. *Sturm und Drang*, så som rörelsen utvecklades under resten av romantiken. Sorg och hänförelse som två sidor av samma mynt."

"Ja, kaos är granne med Gud", upprepade docenten.

"Och natten är dagens mor", replikerade Adrian. "Som i Lars Noréns nya pjäs."

De båda tupparna var nu så djupt involverade i putsandet av sina egna och varandras fjädrar att docenten glömde bort tiden och drog över lektionen med tio minuter. Carinas koffeinabstinens var därför svårare än vanligt när hon och Iva äntligen slog sig ner i universitetets kafeteria efter föreläsningen.

"Rätt så b-bra sagt, va? Det där om självupp-upptagenheten", sa Iva stolt och tog en tugga på en stor chokladboll med kokos.

Carina drack en klunk kaffe ur sin mugg, nickade och log uppmuntrande. Hon tyckte mycket om den rundnätta kursaren med det nyfikna ansiktet och det fuskblonda håret, som trots att hon stammade så kraftigt hade ett mod att prata och diskutera som vida översteg hennes eget.

”A-drian är det största skämtet”, fortsatte Iva. ”Han låter som ett misslyckat plagiat av Bruno K. Öijer. Bara en massa o-ord men väldigt lite tanke.”

Hon vred på nacken i riktning mot grannbordet där Adrian höll hov för sitt följe av beundrare. Just där och då skrävlade han om att han blivit antagen av ett stort bokförlag. Iva satte pekfingret för munnen.

”Lyssna p-på honom”, viskade hon.

”Jag vet inte om jag verkligen har lust att ge ut mina dikter redan”, närmast deklamerade Adrian.

”Men om de nu vill publicera dig är det väl ändå dumt att tacka nej?” invände en av tjejerna runt bordet.

”Du förstår inte. Jag ser min hittills skrivna poesi som ett embryo. Som inledningen till något större. När allt är klart ska det bli en triptyk. Ett konstverk i tre sammanhängande delar.”

Adrian rullade en cigarett och kilade fast den bakom höger öra. Till sist vågade ändå Janne Ljung, en något nördig ung man i basker med ett lite generat men intellektuellt leende, ställa den fråga som alla sällskapets författarwannabes ville ha svar på.

”Varför skickade du in dikterna till förlaget om du inte vill ha dem utgivna än?”

Adrian suckade tungt och tittade strängt på honom.

”Har du inte lärt dig någonting av det vi pratat om, Janne? *Sturm und Drang!* Bryt upp! Experimentera och våga prova. Se vad som händer ifall du testar din poesi mot ett stort förlag, men bli aldrig deras lilla hora hur mycket ära och berömmelse de än lockar dig med. Gå din egen väg och skit i auktoriteterna.”

Carina orkade inte lyssna mer. Hon skakade trött på huvudet.

"Kan vi inte gå?" frågade hon Iva.

"Okej, v-vänta bara så ska jag göra en grej först."

Iva reste sig upp och gick fram till Adrian och såg på honom med ett brett leende.

"Vad vill du?" frågade han överlägset.

Hon höll upp återstoden av sin chokladboll framför hans ansikte.

"Experimentera."

Innan Adrian fann sig hade Iva delat upp den halva chokladbollen i tre mindre bitar och lagt dem i rad på bordet framför honom. I en snabb rörelse ryckte hon sedan åt sig den handrullade cigaretten bakom hans öra.

"B-bytt, bytt", sa hon.

"Är du knäpp, eller?"

"Tr-triptyk", sa Iva. "Jag testar bara auktoriteternas rereaktion på min chokladtriptyk."

Iva tog Carina i handen och drog snabbt med henne ut ur kafeterian. Hela vägen bort till tunnelbanan småsprang de bredvid varandra kluckande av skratt. Det var länge sedan Carina känt sig så upprymd.

"Du är inte klok", sa hon till Iva när de satt i tunnelbanevagnen på väg in mot stan.

"Chokladtriptyk", sa Iva.

När Carina gick av vid Skanstull var hon fortfarande uppfylld av en bubblande och busig glädje. Hon gick in på Gunnarssons konditori och köpte ett danskt frukostbröd med vallmofrön innan hon med ovanligt lätta steg forcerade den långa, isiga trappan upp till Allhelgonagatan. Från scenskolans entré kom en grupp teaterelever emot henne i ett moln av utandningsluft, livligt diskuterande och gestikulerande som om de repeterade dagens dramatiska övningar. Eller så försökte de bara hålla värmen i den bistra kylan. En barrig gran stack upp ur snövallen utanför hennes port som en påminnelse om att julen definitivt var över. Carina hade själv inte pyntat sin lägenhet, vilket hon nöjt konstaterade besparade henne jobbet med att nu plocka ner alla ljus och dekorationer. Hon låste upp lägenhetsdörren, fick av sig sina stövlar och sin långa svarta kappa och gick direkt in i badrummet för att tappa upp ett varmt bad. Under tiden som karet fylldes och badsaltet skummade bredde hon smör och marmelad på den danska frukostbullen och bryggde sig en kopp fruktte på gasspisen. När hon äntligen låg i det heta vattnet, med mackan och teet på badkarshyllan i plast framför sig tillsammans med ett slitet exemplar av ”Den unge Werthers lidande”, njöt Carina i fulla drag av hur värmen spred sig ut i alla lemmar. Så jävla plågsamt är kanske livet inte ändå, tänkte hon.

Men så borrade sig självföraktets vassa klor in i henne igen. Varför kunde hon aldrig stå upp för sina tankar och åsikter? Så som Iva gjorde, trots att hon stammade. Så som Adrian gjorde, trots att han var vedervärdig att lyssna till. Och så som den där liderliga lidande unge Werther gjorde, i all sin patetiska prakt och med alla sina förbannade utropstecken.

Fan, fan i helvete!

Och så mor. Med korsorden som aldrig blev lösta och mikrovågsugnen som bara stod där på diskbänken och samlade damm. Nåja, lite renare hade det allt blivit i lägenheten ute på Reimersholme sedan hemtjänsten efter nyår börjat hjälpa till med städning och handling ett par gånger i veckan. Men Birgit var inte nöjd. De dagar Carina inte hann besöka henne ringde modern på kvällarna och grät i telefon över hur övergiven hon kände sig. Ensam och handikappad och bortglömd. Och när Carina då stillsamt föreslog att hon ju faktiskt kunde ta en fika med tjejen från hemtjänsten eller gå ut på en promenad med henne brusade Birgit upp. Skulle hon behöva spela vän med en människa som hon inte hade någon som helst samhörighet med och som till på köpet bara orsakade oreda i hennes hem genom att plocka undan alla grejer?

Carina tog ett djupt andetag, blundade och sjönk ner under vattenytan.

Allt blev tyst. Mörkt. Skönt.

Hon låg alldeles still och höll andan. Tänk om hon bara kunde stanna kvar där nere i sin egen lilla bubbla?

8

"Följer du med hem på ett glas Alger?"

GLÄDJEHUSET, RÖDA RUMMET, Café Opera (fast mest i kön dit än så länge), Big Brother, Chaplin, Ritz, 1984, Vickan, Mosebacke, Engelen ... Matz Zern simmade som en girig fisk mellan Stockholms alla vattenhål. Ingen nattklubb eller stil var honom främmande i sökandet efter upplevelser och bekräftelse. Efter hans magra skånska diet bestående av förutsägbara besök på KB och Etage i Malmö eller bland de tröttsamt studentikosa alternativt tröttsamt proggiga nationerna i den akademiska ankdammen Lund hade en helt ny och spännande värld öppnat sig för honom. Stockholm var förvisso långt ifrån någon internationell nöjesmetropol, men i ett svenskt perspektiv ändå mumma för den svältfödde. De enda begränsningar som plågade Matz Zern var av ekonomisk art. Det kostade att ligga på topp, även om han var en hejare på att snacka till sig gratisdrinkar. Som den där sena kvällen på Tahonga Bar då han lyckades med bedriften att helt utan egna finansiella insatser tillgodogöra sig ruset av två Piña Colada, en San Francisco och en Harvey Wallbanger i den polynesiskt inspirerade cocktailbaren ett stenkast från Centralstationen med bambu som dominerande inredningsmaterial. Ett vid den första anblicken städat par i trettiofemårsåldern stod för fiolerna och så länge de nöjde sig med att till tonerna av pianistens smäktande Burt Bacharach-covers komplimentera hans charmiga sätt och hans spännande klädsel, för aftonen en på second hand inhandlad dubbelknäppt kavaj av cirkusuniformsnitt som han hade vikt upp kragen på, var allting frid och fröjd. Det var först när det gick upp för Matz att parets generositet bottnade i en förhoppning om att få med honom hem på en trekant som det blev jobbigt.

Tack vare sitt välsmorda munläder lyckades han prata sig ur situationen med samma framgång som han lyckades prata in sig hos ett större sällskap på Riche på Birger Jarlsgatan ett par kvällar senare. Den gången hamnade han vid ett bord intill en av de kitschiga vita väggfreskerna där en ung man i kritstrecksrandig kostym och blond pottfrisyr underhöll omgivningen med sitt kreditkort och sina anekdoter om inkomstbringande konstaffärer. Han hade andelar i såväl två Picassotavlor som en av Bruno Liljefors, samt en stock lovande fastighetsaktier och en stor lägenhet på Strandvägen med utsikt över Nybroviken. Det var lite segt att behöva lyssna till allt hans skryt, men i utbyte mot det hade Matz Zern tillgång till en obegränsad mängd Moët & Chandon och ett imponerande ögongodis i form av unga vackra kvinnor med tuperade luggar, glansiga läppar och färgstarka blusar med lika breda som djupa urringningar.

”Det är en ny tid nu”, förkunnade pottfrisyren. ”De grå betongsossarna vann visserligen valet men i den riktiga och viktiga världen, där utveckling och ekonomiskt mod gäller, finns det andra segrare."

"Vilka då?" frågade Matz Zern av äkta nyfikenhet.

Pottfrisyren hällde upp lite mer champagne i sitt eget glas och log.

"Vi som vågar satsa. Vi som inte är rädda för att misslyckas. Vi som står för framtiden. Vi som inte tycker det är fult med självförverkligande. Marknaden avregleras för att det är omöjligt att stoppa vatten i rörelse. Och gråsossarna kan fortsätta vinna hur många val som helst, de är ändå hopplöst passé."

Matz Zern nickade andäktigt, som om han precis hade fått reda på en statshemlighet. Han var visserligen genuint ointresserad av Stockholmsbörsen och haussen på fastighetsmarknaden, men hyste å andra sidan ett lika genuint intresse för pengar. Och hans egna pengar började tyvärr ta slut. Han bodde fortfarande gratis hos Erika men hans samlade kapital hade trots det sjunkit från 2 726 till 513 kronor. Hur mycket Matz Zern än kunde förlita sig på sin charm och hur mycket det än talades om jämlikhet mellan könen var det en absolut sanning att även vackra unga män i de flesta fallen fick betala drinkarna för de vackra unga kvinnorna i Stockholm under vårvintern 1983.

Han tvingades därför motvilligt avstå från de allra dyraste ställena och samtidigt bunkra upp med budgetalkohol i lägenheten så att han istället för att ruinera sig i barerna hade något att locka hem sina eventuella erövringar med. Erika var på en längre utlandsresa med en kompis så han bodde tillfälligt ensam i hennes lägenhet.

Tillsammans med en nyvunnen vän som hette Martin, och som bara för att han kom från Rågsved ansåg sig ha punken i blodet, sökte han billigare jaktmarker. Martin såg ut som en sämre kopia av Joakim Thåström, med slitna jeans och en sladdrig t-shirt som det stod ”Fuck You!” på under den fodrade jeansjackan. Trots mörk kajal runt ögonen och ett manierat sätt att röra händerna på lyckades han inte i sitt uppsåt att efterlikna Ebba Gröns frontfigur. Den raspiga röst som han lagt sig till med brukade försvinna när han blev full och glömde bort sig. Och nu när Ebba Grön precis tillkännagivit att bandet upplösts var det som om luften hade gått ur den gode Martin. Av hans tidigare mål att förvandla sin lätt överviktiga kropp till en smalare och mer punkliknande sådan märktes ingenting när han efter två stora starköl inne på Prinsen en fredagskväll dövade sina hungerkänslor med en tunnbrödsrulle vid den lilla rullande korvkiosken på Birger Jarlsgatan.

”Extra räksallad och gurkmajonnäs på moset”, instruerade han korvgubben. ”Och mycket senap på korvarna.”

Matz Zern skrattade till och skakade på huvudet.

”E de ingen bonn i daj?” frågade han med överdriven dialekt.

”Betyder det bon appetit på skånska?” replikerade Martin innan han med iver högg in på den kaloristinna anrättningen.

Trots olikheterna dem emellan uppskattade Matz Martin. Han hade humor och var snäll och generös. De hade inte känt varandra i mer än två veckor, sedan en blöt kväll på Ritz då Matz bommat en cigg av honom, men redan utvecklat någonting som liknade vänskap. Martin bodde fortfarande hemma hos sin mamma i en trea i Rågsved men rörde sig hemtamt i Stockholms innerstad och var väl förtrogen med huvudstadens alla frestelser.

”Ska vi gå ner till Plattan och köpa lite brass?” frågade han innan han slukade den sista tuggan av sin tunnbrödsrulle. ”Jag pröjsar”, förtydligade han och följde upp med ett högt rap.

Matz såg ingen anledning till att avvisa förslaget. Han rökte hellre på under bar himmel än satt inne på någon klaustrofobisk toalett på Café Opera och snortade kokain från ett dasslock. Åtminstone intalade han sig det just då. Dessutom var det ju i det här fallet alldeles, alldeles underbart gratis.

Det mesta av snön var bortsmält från Stockholms gator men vinterkylan hade gjort comeback. Nere på Plattan förstärktes kölden av en virvlande vind som borrade sig in genom ben och märg. Martin gick med bestämda steg bort till en skugglik figur som stod i gångtunneln mot gallerian och stampade fötterna mot den trekantsrutiga stenbeläggningen. Den hukande langaren i huvjacka hade även Matz sett där flera gånger tidigare. Han verkade inte röra sig många meter under alla de timmar han uppehöll sig på Sergels torg.

Men det gällde i ännu högre grad den slitne och orakade man som låg i en trälåda översållad med handtextade affischer. Matz hade en vag aning om vem han var. Han kom inte ihåg hans namn men hade passerat honom vid ett par tillfällen och läst om honom i en tidningsartikel. Han erinrade sig till och med ett teveinslag om den envise demonstranten från Norrland. Mannens uppmärksammade aktion bottnade i någon form av taxitillstånd som blivit indraget, mindes Matz.

"Justitiemord!" förkunnade ett anslag på lådan som också informerade om att yrkestrafikförordningens 2 kapitel 19 § var satt ur spel genom den svenska regeringens förmyndarmentalitet. Matz närmade sig långsamt lådan med en gryende känsla av samhörighet. För om man såg det i ett lite vidare perspektiv fanns det något både imponerande och lockande i den ensamme norrlänningens agerande. Han hade blivit rikskändis enbart genom att ligga still i en trälåda mitt i den svenska huvudstadens centrum. Hur genialt var inte det? Att inte röra sig en tum och ändå kvalificera sig för tevenyheterna på prime time? Tänk bara vilken succé han skulle kunna göra om han utnyttjade sitt kändisskap till någonting annat.

"Är det kallt?" frågade Matz mannen utan att få något svar.

Norrlänningen låg på sidan i sin låda med ett par noppiga filtar över sig, till synes inslumrad. Matz rådgjorde med sitt redan berusade jag några sekunder innan han bestämde sig för att väcka den sovande aktivisten med en lätt ruskning. Efter ett par grymtningar möttes han av en sliten och nymornad blick.

"Är det kallt?" upprepade Matz.

"Lämna mig ifred", mumlade mannen.

Mer ingående än så blev inte deras meningsutbyte innan en annan och betydligt mer energisk gubbe i vit armérock med pälskrage kom rusande över torget och skrek ”Sluta!” så att det ekade vasst mot betongväggarna.

Hans dialekt var så utpräglat norrländsk att Matz för ett ögonblick trodde att det hela var riggat av Dolda kameran. Det visade sig emellertid att rösten tillhörde en bister kamrat till gubben i lådan som hade till uppgift att skydda denne från ovälkommen påhälsning av halvfulla skåningar och andra störande element. När Matz försäkrat honom om att han inte hade några onda avsikter utan bara var allmänt nyfiken på hur det verkligen kändes att sova i en trälåda mitt i den kungliga huvudstaden veknade den energiske gubben något och lät sina spända axlar sjunka ner.

”Det e så mång som försök göra narr av Folke”, sa han och skakade fram en cigarett ur ett paket John Silver utan filter.

”Folke?”

”Ja, Folke Pudas. Medborgarrättskämpe från Armasjärvi. Slåss int bara för sig själv utan för hela Norrbotten.”

Pudas livvakt drog ett djupt halsbloss på sin cigg innan han hukade sig ner för att dra en av de noppiga filtarna upp över sin väns öron.

”Han ät int längre. I protest”, fortsatte mannen allvarsamt. ”Det gör honom matt.”

Det satte aktionen i en helt annan dager.

”Respekt”, sa Matz med eftertryck och bestämde sig i samma stund för att *inte* kopiera Folke Pudas väg till berömmelse. Att ligga i en dåligt hopsnickrad låda och frysa på Sergels torg skulle man möjligen mäkta med en dag eller så, i alla fall om man hade lite trevligt sällskap. Men att göra det i flera veckor och dessutom på tom mage var en handling som fick Matz Zern att må illa bara han tänkte på den.

”Respekt”, upprepade han utan att Pudas lyfte ens ett ögonbryn.

När Martin efter sitt köpslående med langaren dök upp vid lådan triumfatoriskt leende skämdes Matz. Och när hans kompis började skrävla om brassets höga kvalitet blev det riktigt genant.

”Från Marocko. Det är så fett så att det droppar om det!”

”Förlåt”, sa Matz och tittade urskuldande på Folke Pudas som fortfarande inte lyfte ens ett ögonbryn.

Matz kände alltjämt ett sting av skam när han och Martin utan några vidare kommentarer lämnade den norrländska duon åt sitt öde nere på Plattan. Men redan när de var uppe på Drottninggatan hade Martin meckat en holk som snabbt fick Matz på andra tankar. De turades om att dra djupa halsbloss på majskolvspipan och kände snart haschruset sprida sig i deras mottagliga blod.

”Vi drar till Bistro Boheme. De har billigt öl och så brukar det vara gott om sköna brudar där”, föreslog Martin med ett lulligt leende på läpparna.

Matz hade inga invändningar. Brajan hade fäst ordentligt i honom och ytterligare förstärkt hans redan väl utvecklade uppfattning om sig själv som ett kap utöver det vanliga för just ”sköna brudar”. När de efter en kylslagen promenad uppför Drottninggatan klev in i den varma och rökiga lokalen övergick dock hans rus oroväckande hastigt till ett besvärande illamående. Marken började gunga under honom och han var tvungen att ta stöd mot en av de kulörta trästolarna med överdrivet höga ryggar som dominerade barens interiör. Matz försökte kväva olustkänslan genom att titta upp i taket, vilket gjorde att han bländades av de klotformade lamporna och såg hispiga prickar dansa ballongdansen framför sina ögon.

Först när Martin efter tio minuter hade lyckats stånga sig hela vägen fram till ölkranarna och kommit tillbaka med två stora stark släppte illamåendet något.

”Hur är det?” frågade kamraten med sitt lulliga leende intakt och stack ett av glasen i handen på Matz. ”Du är fan helt grön i fejset.”

Matz log tillkämpat och torkade bort ett par droppar svett från pannan. Det var ganska länge sedan han rökt på och det marockanska kittet hade alldeles tydligt en styrka som låg högt över hans toleransnivå.

”Det slog till som fan men nu är det lugnare. Ska bara coola ner mig.”

Han hängde av sin duffel på en stolsrygg, tog en klunk av sitt öl och provade försiktigt stegen. Marken hade slutat gunga under fötterna men i gengäld dunkade Ulf Lundells ”Oh la la Jag vill ha dig” ut ur högtalarna med en basstyrka som fick trumhinnorna att vibrera i våldsam protest. Det kan ha varit den högljudda musiken i kombination med rädslan för att må tjyvens igen som fick Matz att agera så snabbt och instinktivt. Han ville gå därifrån, ut i friska luften, men han ville inte göra det utan att först ha försökt få med sig lite kvinnligt sällskap. Då han hade fortsatt in i Bistro Bohemes stora inglasade uterum och fått syn på den svartklädda och trots sin något bistra uppsyn spännande attraktiva tjejen som satt i ett sällskap runt ett av borden slog han därför på sitt mest vägvinnande leende och gick fram till henne.

”Hej”, sa han.

Hon tittade upp på honom med en visserligen misstänksam men som han tolkade inte helt avvisande min. Det räckte för att han skulle hemfalla åt den typ av dåliga raggningsrepliker som egentligen var Matz Zern främmande, men som fick tillskrivas hans höga berusningsgrad.

”Följer du med hem på ett glas Alger?”

9

”Låt oss äntligen slippa höra din jävla dialekt!”

CARINA CARLSSON VAR ingen partypingla. Om hon fick säga det själv var hon ingen pingla alls. Efter uppbrottet från Claes för tio månader sedan, en femton år äldre och gift man som i början av deras två år långa förhållande lovat att han skulle skilja sig från sin fru men som när läget blev skarpt såklart backade ur, hade hon inte varit ute på stan en enda kväll för att roa sig. Förrän just den här fredagen. Nåja, roa sig och roa sig. I hennes fall handlade det mer om att bryta den sociala isolering som hon egentligen inte själv hade så mycket emot men som så många andra närde synpunkter om.

”D-du kan väl hänga med? Snälla Carina, det hade varit s-så kul. Och bra för dig!” hade hennes kursare Iva vädjat när någon i litteraturklassen föreslagit att de alla skulle gå ut tillsammans och ta en öl.

Carina hade inte kunnat säga nej ännu en gång och därför satt hon nu med ett glas surt rödvin av obestämbart ursprung vid bordet inne i Bistro Bohemes inglasade trädgård inklämd mellan Iva och Janne, den förra som brukligt med sin röda täckjacka på och den senare med baskern på knoppen och sitt vanliga lite blyga leende. Han var ändå gullig på något sätt, i sin bortkomna framtoning och sina omoderna kläder. Som om han kom från en annan tidsålder.

Mittemot hade Adrian parkerat sig, klassens självutnämnda geni som med lika delar frånvänd som koncentrerad min satt och skrev ner någonting på en pappersservett växelvis med att han sippade på en drink av något slag, som vore han Nils Ferlin och befann sig i Klarakvarteren. Men okej, det vilade ju något litterärt även över den här delen av Stockholms innerstad, där det fanns gott om små antikvariat och där nationalskalden och mansgrisen August Strindberg en gång bott.

Janne hade flyttat sig en tum närmare henne sedan de satte sig, vilket fått till följd att deras fötter rörde vid varandra. Carinas första instinkt hade varit att dra undan benet, men så tänkte hon att han trots allt var den trevligaste av killarna på litteraturkursen och att det faktiskt var fullt legitimt att fötter nuddade vid varandra under ett trångt bord.

”Vill du ha ett glas vin till?” frågade han.

Carina tackade vänligt ja. Iva gav henne en försiktig armbåge i sidan och log konspiratoriskt.

”S-stig-Helmer är nog kär i dig”, viskade hon.

Carina skakade generat på huvudet och tittade ut över lokalen som låg inbäddad i tobaksrök. Mina kläder och mitt hår kommer stinka askfat imorgon, konstaterade hon med avsmak. Det var ytterligare en anledning till att hon så sällan gick ut, detta konstanta bolmande på krogar och klubbar.

Hon såg ryggen på Janne innan han försvann in i dimman på väg mot baren samtidigt som musiken växlade från Culture Clubs ”Do You Really Want to Hurt Me?” till Ulf Lundells ”Oh la la Jag vill ha dig”. Det var då han dök upp, den självsäkert leende och berusade killen i fjantig cirkusjacka med uppvikt krage.

”Följer du med hem på ett glas Alger?” frågade han.

Carina mötte hans simmiga blick och fick lust att be honom dra direkt. Vem fan trodde han att han var? Jack i Lundells hypade roman med samma namn? Den som hon läst för ett par år sedan med en stigande känsla av trötthet och irritation i takt med att de bara brösten och rumporna fortsatte att gunga och dansa fram och tillbaka över boksidorna i en aldrig sinande köttkavalkad.

”Nå, vad säger du? Ska vi sticka härifrån?” fortsatte den unge mannen.

Carina skakade på huvudet och vände sig mot Iva för att markera sitt ointresse. Kamraten blinkade till och gjorde en snabb tummen upp, som Carina innerligt hoppades att killen inte såg.

”Nej tack”, fick hon fram med svag röst och förbannade än en gång sin oförmåga att ryta till.

Hon kände till typen, de där självgoda killarna som trodde att de var så snygga och busiga att inte en endaste tjej kunde motstå dem. Det fanns något patetiskt över dem, i det att de förlitade sig så mycket på sitt yttre. För Carina hade alltid det som fanns innanför skalet varit viktigast.

Killen fattade inte vinken. Istället tog han ytterligare ett steg närmare och lade dessutom en hand på Carinas axel.

Hon ryckte till av beröringen, men inte tillräckligt mycket för att Casanovan skulle förstå avspisningen.

"Vi kan ta en taxi härifrån", sa han, och vore det inte för att snubbens Lundellreferenser nu nådde direkt löjeväckande höjder skulle Carina ha avspisat honom med en riktigt mordisk blick.

"Nej tack", upprepade hon med ett spydigt leende och tyckte sig äntligen skymta ett stråk av osäkerhet i hans ögon. Eller så var det bara fyllan som gjorde honom svajig. Och han hade tydligen inte gett upp helt.

"Vad heter du?"

Carina skakade på huvudet igen samtidigt som Janne kom tillbaka från baren med två glas vin. Janne tittade osäkert och lite besviket på nykomlingen, som om han såg en övermäktig rival i honom. Men så möttes han av Carinas välkomnande leende som fick honom att samla mod och slå sig ner hos henne igen.

"Och vem är du?" frågade nykomlingen Janne med överlägsen ton i rösten. "Hennes kille?"

"Ja, tänk för att han är det."

Carina häpnade över sina egna ord. De hade bara hoppat ut ur munnen på henne likt ystra kalvar på vårens första grönbete. Janne tog försiktigt hennes hand under bordet och tryckte den lätt. Det var överrumplande för att komma från en så försiktig general. Överrumplande men inte obehagligt. Hon lät sin hand ligga kvar i hans.

All konversation runt bordet hade nu upphört och även om Ulf Lundell fortfarande ylade om att han ville dra härifrån i en taxi med någon, eller till och med sno en bil, var samtligas ögon nu riktade mot nykomlingen som Carina nobbat. Det var nästan så att hon tyckte lite synd om honom där han stod kvar vid bordsänden som en skyltdocka som någon bara placerat där. Vacker men intetsägande. Med näpna och häpna ögon. Och för dum och tom för att förstå vad klockan var slagen.

”Så du tycker alltså att jag ska gå?” frågade han i en sista desperat vädjan.

”Ja, det tycker jag verkligen!” skrek Adrian över bordet. ”Gå din väg och låt oss äntligen slippa höra din jävla dialekt!”

10

"Du är alltid välkommen till Rikets sal!"

DET VAR EN kväll och natt som Matz Zern helst av allt skulle vilja radera ur sitt minne. Han hade rökt på och krökat alldeles för mycket, han hade blivit nobbad av en tjej, han hade varit onödigt dryg mot tjejens nördige kille, han hade blivit förnedrad av någon sorts poet med stirrande blick som skrev dikter på servetter och han var den som låg ensam på soffan i vardagsrummet och tvingades lyssna till ljudet av andras älskog inifrån sovrummet. Hur hade det gått till? Från den kontemplativa stunden med Folke Pudas på Plattan till den misslyckade efterfesten? Och varför hade han inte funnit de rätta orden, som han ju brukade göra?

Det billiga vinet som Matz hamstrat var uppdrucket och det gick väl att leva med. Svårare att acceptera var det faktum att kompisen Martin, medan han själv gått lottlös, hade fått ihop det med en stammande och mycket söt liten juggetjej i röd täckjacka. Och inte nog med det, hon var till på köpet kompis med den mystiska tjejen i svart som nobbat honom. In i det sista hade Matz hoppats att hon skulle haka på när Bistro Boheme stängde och folk började sondera vilka möjligheterna var att dra vidare på efterfest, eftersom de flesta insåg att de var alldeles för fulla för att komma in på Café Opera. Men hon hade bara tagit på sig ett sarkastiskt leende, skakat på huvudet och flyttat sig ännu närmare sin kille i basker.

Vad var det med denna otidsenliga huvudbonad, egentligen? Hade baskern någonting som appellerade till mystiska vackra tjejer i svart? Killen såg ju annars inte mycket ut för världen.

Matz hade druckit en öl till och stärkt av den återvänt till bordet och frågat den stirrande poeten om han var på riktigt i all sin stockholmska viktighet. Men inte en kotte backade upp honom. Tvärtom hördes det spridda fniss och kastades retsamma blickar i riktning mot honom.

Så med svansen mellan benen hade han sagt ja till Martins förslag att fortsätta ”partyt” i lägenheten i Midsommarkransen. Så full han var fattade han kompisens strategi. Martin behövde naturligtvis en reträttplats där han kunde fortsätta sitt fraterniserande med täckjackan. Att föreslå morsans trea i Rågsved var väl inte lika lockande.

Det blev, som Matz hade trott redan från början, en ynklig tillställning. Utöver den söta juggebruden i rött hade en påtänd kille från Hökarängen och hans västtyska hippieflickvän med blommor i sitt hår (att den typen fortfarande existerade 1983!) följt med. Två timmar senare rumlade detta par ut ur lägenheten och lämnade Matz ensam kvar med turturduvorna. Klockan fem på lördagsmorgonen låg han ännu och vred sig i soffan, oförmögen att somna. Knarret och flåsandet från sängövningarna i sovrummet bredvid hade visserligen tystnat men ersatts av ett synkroniserat oljud i stereo. När det kom till snarkningar hade Martin och täckjackan definitivt äktenskapstycke.

Matz tände golvlampan intill soffan och såg sig om i rummet med en stigande känsla av panik. På glasbordet stod sex tomma vinflaskor och ett välfyllt askfat. Någon hade spillt ut rödvin på den ljusa mattan och garnerat fläcken med en mosaik av krossade chipsbitar. Estrella grillchips.

Odiskade fat och kladdiga förpackningar från diverse snabbmatsmåltider mötte blicken vart han än såg och på golvet låg LP-skivor utslängda huller om buller, i och utanför sina fodral.

Delar av det helt röda konvolutet till albumet "Making Movies" med Dire Straits hade till och med fått en svag nyans av rosa. Antagligen för att någon spillt vitt vin på det.

Från en affisch på väggen tittade Phil Lynott ner med ovanligt sträng blick under sin burriga afrolugg. Sångaren och basisten i Thin Lizzy var en av lägenhetsinnehavaren Erikas husgudar, det visste Matz. Det var nästan som om Lynott ville säga att han hade ögonen på dem.

Jag får städa innan hon kommer hem från sin resa i övermorgon, tänkte Matz och försökte intala sig att läget trots allt var någorlunda under kontroll. Till sist lyckades han somna och väcktes först vid lunchtid på lördagen av doften av nybryggt kaffe. Han masade sig mödosamt upp och gick som en zombie ut i köket där Martin och den söta juggetjejen tindrade ikapp. Hon var klädd i den pikanta kombinationen trosor och röd täckjacka och frågade honom med ett oförskämt piggt leende om han hade sovit gott.

”Inte speciellt”, svarade Matz utan att gå in på orsakerna.

Martin tog en av de odiskade kopparna som stod på diskbänken och hällde upp kaffe i den.

”Du behöver Java”, sa han bestämt och räckte koppen till Matz, som föga överraskande brände överläppen när han sörplade i sig alltför hastigt av kaffet.

Det var nämligen en sådan dag. Det var en sådan dag då huvudvärken bara växte sig starkare och starkare för varje minut som gick och det var en sådan dag då man kunde tända brasor med andedräkten och det var till och med en sådan dag då Jehovas vittnen naturligtvis passade på att avlägga visit.

”Har du tänkt på framtiden?” frågade kvinnan i marinblå jacka och fyrkantiga glasögon som Matz öppnade dörren för efter tre påträngande ringsignaler.

Hon såg ut lite som en uggla och flankerades av en tunnhårig medelålders man med lång och krokig näsa som höll fram en tidning som det stod Vakttornet på. Han såg ut lite som en gam.

Matz tinningar dunkade. Fanns det inget hejd på eländet?

”Vi tror att det här är något som kan intressera dig och kanske få dig att se på tillvaron med nya ögon”, sa gamen och log insmickrande.

Innan Matz hann säga någonting befann sig de två vittnena i hallen och var på god väg in i vardagsrummet.

”Gör det något om vi slår oss ner en stund?” frågade gamen utan att invänta svar.

Strax satt han i soffan tillsammans med ugglan, bredvid en hög kläder toppade med Matz smutsiga kalsonger. Det blev tyst, sånär som på det gurglande ljudet från kaffebryggaren i köket.

”Trevligt”, sa ugglan till sist och såg ut som om hon förväntade sig att bli bjuden på kaffe.

Det gjorde hon faktiskt rätt i, för bara sekunderna senare dök den röda täckjackan upp med kannan i hand och frågade de objudna gästerna om de ville ha varsin kopp. Hon hade fått på sig ett par jeans också, för den heliga anständighetens skull.

”Gärna!” utropade ugglan och gamen i kör och såg så saligt lyckliga ut att man skulle kunna tro att det var Jehova själv som bjudit dem på fika.

”Har du tänkt på framtiden?” upprepade ugglan och tittade på Matz med ömmande blick.

”Jag försöker leva i nuet”, svarade han med ett snett leende och en trött förvissning om att det inte skulle räcka för att snoppa av de båda missionärerna.

”Vi vill väl alla leva i nuet”, sa gamen och fuktade läpparna med tungan på ett sätt som för en kort stund fick Matz att mer tänka på en ödla. ”Men man måste samtidigt förbereda sig på det som komma skall.”

”Vill ni ha b-bullar till?” frågade röda täckjackan och höll fram en brödkorg med Pågens gifflar.

”Man tackar, man tackar”, sa gamen och slickade sig om läpparna igen.

Först en halvtimme senare lyckades Matz få iväg väckelseparet efter att dyrt och heligt ha lovat dem att han skulle läsa igenom Vakttornet ordentligt samt fundera mer över det där med sin framtid. Någon hjälp att freda sig hade han inte fått. Röda täckjackan ställde tvärtom alldeles för många och långa kritiska motfrågor, vilka med tanke på hennes stamning tog ljusår att frambringa och dessutom triggade evangelisterna ännu mer i deras mission, medan Martin det mesta av tiden stod lutad mot köksdörren med armarna i kors över sin Fuck You-t-shirt och log retsamt.

”Du är alltid välkommen till Rikets sal”, sa gamen och slickade sig för femtioelfte gången om läpparna. ”Det är många som har haft det svårt som funnit ljuset där.”

Han såg sig menande omkring i rummet, fixerade för ett par sekunder blicken på tomflaskorna och tittade sedan på Matz med deltagande min.

”Vi hjälper även personer med missbruksproblem.”

Matz var för trött och hade för ont i huvudet för att gå till motattack. Så han bara nickade och log och föste försiktigt de båda vittnena framför sig likt en vallhund tills de äntligen befann sig ute i trapphuset.

”Vi kommer gärna tillbaka!” ropade ugglan innan Matz fick igen dörren.

Han pustade ut och strök med handflatan över sin fuktiga panna.

”Två gånger i livet har jag fått besök av Jehovas vittnen och båda gångerna har jag varit bakis”, sa han. ”Hur gör de? Lyfter på brevinkasten och luktar sig till fyllon att frälsa?”

Juggetjejen skrattade till och klappade Matz på axeln innan hon gav Martin en smackande puss mitt på mun. Hon verkade trevlig och chosefri. Och energisk. Och söt. Så söt att Matz skulle ha stött på henne om det inte vore för att Martin hunnit före.

”Du får ursäkta men jag är så dålig på namn. Vad är det du heter?” sa Matz.

”I-I-Iva”, sa täckjackan. ”Fast utan de extra i:na i b-början.”

Hennes självironi var uppfriskande liksom hennes naturlighet, som dessutom hade en vällovlig smittoeffekt på Martin. Han lät inte alls som Joakim Thåström längre utan bara som en vanlig och lätt överviktig men mycket lycklig ung man från Rågsved med en ful t-shirt.

”Och jag är Matz”, sa Matz.

”D-det vet jag.”

”Alla känner apan, eller hur?”

”Nä, men d-du sa det fyra gånger igår kväll.”

Matz log lite generat och tänkte att han nog fick landa i Ivas lakoniska kommentar och slicka sina sår för att nästa dag angripa världen igen med all den charm, tillförsikt och talang som han visste rymdes i hans inre. Ett gott självförtroende bryts väl inte ner av några tillfälliga motgångar?

Där och då kunde det eländiga dygnet ha fått sitt slut. Där och då kunde han ha accepterat sitt högst överraskande men förhoppningsvis också kortvariga raggningshaveri och till och med den trista sanningen att hans samlade ekonomiska tillgångar nu inte uppgick till mer än etthundrafemtiotvå kronor och femtio öre.

Men det var en sådan där dag. Det ringde visserligen inte på ytterdörren igen. Men någon utifrån vred om låset. Och när dörren öppnades möttes Matz av lägenhetsinnehavaren Erikas leende. Ett leende som inte varade särskilt länge.

11

”Men du kanske har något annat för dig?”

DET VAR EN underlig kväll och natt. Smått surrealistisk. Carina hade släppt garden. Hon var inte säker på vad hon kände för Janne, men lik förbannat låg hon nu bredvid honom i hans säng. Han sov. Om hon gick upp försiktigt och lika försiktigt tog på sig sina kläder skulle hon kunna smyga iväg utan att han vaknade. Stegen i trä som ledde ner från sovloftet till lägenhetens enda riktiga rum var den stora utmaningen. Den knarrade mer än allt annat som ändå knarrade väldigt mycket i den lilla ettan i Gamla stan. På något sätt passar bostaden Janne perfekt, tänkte Carina med ett leende. Kulturkillen i basker och omoderna kläder bodde i en flera hundra år gammal kulturskyddad lägenhet i de mest historiska kvarteren av Stockholm. Han hyrde den i andra hand, hade han berättat. Av sin faster som inte tog ut mer än kallhyran.

Janne gav inte intryck av att vara den bortskämda typen, snarare försynt. Och rätt så söt där han låg bredvid henne med slutna ögon och sov så fridfullt på rygg. Fegt att bara dra, kanske. Hon följde rörelserna av hans bröstkorg som rytmiskt hävde sig upp och ner under täcket. Räknade andetagen och lyckades finna en sorts ro i det. En övervintrad fluga surrade mot ett fönster och den gamla klockan som hängde på väggen ovanför köksbordet tickade taktfast med sin ålderdomliga charm. Därnere bredvid den lilla allmogesoffan stod en ensam stol intill en cello och ett notställ. Det förvånade henne inte ett ögonblick att Janne spelade cello. Fattades väl bara att han hade årskort på Operan också.

Om Carina hade kunnat frysa tiden skulle hon ha gjort det precis där. Innan alla funderingar och överväganden och sociala koder skulle knacka på och förvandla den lugnt vilande scenen till ett kammarspel med påfrestande undertext. Att bara ligga kvar och titta på Janne och inte behöva göra någonting alls vore att föredra. Att inte gå härifrån men heller inte avkrävas någon egentlig närvaro.

Utan förvarning sträckte han plötsligt ut sig som en nymornad katt och öppnade sakta ögonen. Jannes blick var förvånansvärt klar med tanke på allt rödtjut de pimplat i sig på Bistro Boheme.

”Hej”, sa han och log generat.

Carina kände hur det genast hettade till i hennes kinder.

”Hej”, sa hon.

”Vill du ha frukost?”

”Ja tack, det vore jättegott.”

”Då fixar jag det”, sa Janne och kliade sig nervöst i sitt tunna ljusa hår.

Han var ingen Speedy Gonzales precis. Det tog gott och väl trekvart för honom att göra i ordning frukosten, med minimalt bistånd av Carina som mest kände sig dum och i vägen. Men då var den å andra sidan ovanligt omfångsrik för att ha blivit till i en liten etta med kokvrå. På det knarriga köksbordet i obehandlat trä fanns två sorters ost, tomater och gurka uppskuret i prydliga små bitar, rostat fullkornsbröd, apelsinjuice, yoghurt, müsli, äppleskivor, fikonmarmelad, starkt doftande kaffe från en sådan där italiensk espressokanna och en Dagens Nyheter med kultursidorna uppslagna.

Han var noggrann och tålmodig. Och fåordig till skillnad från igår. De åt under en tystnad som började bli besvärande på riktigt, som om de båda två i nyktert tillstånd inte riktigt kunde förstå att de satt och åt frukost efter en natt tillsammans.

”Gott”, sa Carina till sist och log osäkert.

”Tack”, sa Janne och log lika osäkert. ”Vill du ha en del?”

”Gärna.”

Han räckte över tidningsdelen med Stockholmsnyheterna och sporten. Carina tog emot den och började bläddra mekaniskt. Hon stannade till på ett uppslag med arbetsplatsannonser. Inte för att hon hade några som helst planer på att börja jobba igen nu när hon äntligen tagit sig tid till att plugga litteratur, utan bara för att Janne från sin plats mittemot henne skulle tro att hon var upptagen med att läsa. På så sätt behövde hon inte anstränga sig för att hitta ett ämne att prata om och kunde samtidigt ge sig själv tid att rekonstruera gårdagskvällen i skydd av tidningen. Allting hade börjat när den där självsäkre killen dök upp med sitt fåniga smil och sin dryga skånska dialekt. Hans sätt att ta allt för givet hade retat upp henne och när Janne kom tillbaka från baren slog det bara till i hennes skalle. Att hon hade svarat ja på skåningens fråga om Janne var hennes kille låg definitivt utanför manus. Hon skyllde på vinet. Det var länge sedan hon varit riktigt påverkad av alkohol och även om hon inte tyckte om att tappa kontrollen fick hon medge att berusningen hade fått henne att tillfälligt glömma bort sina egna problem. Det ständigt dåliga samvetet för sin mor. Minnet av Claes svek. Den misslyckade gruppterapin som ännu inte resulterat i minsta lilla klarhet. Ångesten som kom och gick i sina oförutsägbara skov och den där oförmågan att stå upp för sin sak. Fegheten som väckte ett sådant självförakt hos henne att det ibland blev direkt plågsamt.

Kanske var det situationen som sådan som hade kittlat Carina bortom sans och vett. Jannes svala händer som famlade tafatt efter hennes under bordet, mörkret i lokalen och den dunkande musiken, Ivas sätt att först pusha henne och sedan själv flirta vilt med skåningens kompis. Och så spänningen när de gick ut i Stockholmsnatten och hon bestämde sig för att följa med Janne hem. Hon hade inte varit tillsammans med någon sedan förhållandet med Claes tog slut. Det fanns en stark längtan i henne efter närhet och fysisk beröring. Att ge sig hän var kanske att ta i, men att i alla fall ge efter och se vart den där vattenströmmen som psykologerna brukade prata om skulle kunna föra henne. I första etappen hade den tagit henne till Jannes sovloft. Surrealistiskt men inte fel.

”Har du något för dig idag kanske?” frågade han plötsligt.

”Nej, inget speciellt”, sa Carina.

”Har du lust skulle vi kunna ta färjan ut till Djurgården, det är ju så fint väder. Vi kan ta en promenad och kanske titta in på Prins Eugens Waldemarsudde.”

Carina nickade svagt.

”Det är så vackert och rofyllt där”, fortsatte Janne. ”Och konstsamlingen är otroligt fin. Men du kanske inte har lust?”

Carina gillade hans sätt att lägga till ett ”kanske” i var och varannan mening. Han tog ingenting för givet och ansträngde sig verkligen.

”Kanske”, sa hon och kunde inte hejda ett litet leende när hon insåg vilket ord hon precis använt. ”Jag menar, det skulle vara jättekul. Jag har faktiskt inte varit där förut.”

Janne sken upp.

”Seriöst? Du kommer att älska det, det är stans bästa konstmuseum.”

Stockholm kan vara en fin stad även i slutet av februari. Åtminstone när man befinner sig ute på Djurgården en kavlugn lördag med strålande solsken. Fåglarna var väckta till vårsång och från hustaken på de gamla träkåkarna runt Gröna Lund droppade istapparna i ett tempo som om de inget hellre ville än att så kvickt som möjligt försvinna från denna plats på jorden. Lördagsflanerande stockholmare hade lockats ut i stora skaror av det vackra vädret. En liten flicka som tappat greppet om sin ballong grät förtvivlat samtidigt som hennes tafatte pappa med tomma ögon följde dess retsamma flykt högre och högre upp i den klarblå himlen, tills ballongen inte syntes längre. Först därefter försökte han trösta sin otröstliga dotter. Det gick inte särskilt bra.

Carina och Janne promenerade sida vid sida men inte med mer mellanrum än att de ibland stötte till varandra med axeln. Tunghäftan från förmiddagen hade sakta lossat och när de var framme vid Waldemarsudde och den vackert patinerade slottsbyggnaden hade de redan avhandlat ett par av sina kurskamrater. Kanske, för att använda Jannes favoritord, var det enklare att prata om andra än om sig själva.

"Visst är han för mycket ibland, men man har i alla fall inte tråkigt i hans sällskap", sa Janne när de hade kommit in på kapitlet Adrian.

"Jag tycker han är rätt så taskig och dryg", sa hon.

"Har du läst hans poesi?"

Carina skrattade till.

"Nej, och jag längtar inte efter att göra det heller."

"Men gör det, han är inte dålig", sa Janne.

Det fanns en lite förebrående ton i Jannes röst som gjorde Carina nervös. Hade hon sagt för mycket? Och vem var hon egentligen att ha synpunkter på andras skrivande? Hon som inför hemuppgifterna de fick på kursen så ofta drabbades av skrivkramp.

"Men jag fattar vad du menar", sa Janne som måste ha känt av hennes olägenhet. "Han kan vara en jävla besserwisser ibland, men han vet mycket om litteratur och om man lär känna honom så slappnar han av och måste inte hela tiden bevisa det. Dessutom är han faktiskt riktigt grym på att skriva lyrik."

Carina log och tänkte på Adrians brutala tillplattning av skåningen. Effektivt, javisst, men knappast ett exempel på hans poetiska snille.

De släppte ämnet. Gick in i konstmuseet där tiden tycktes ha stått still sedan prins Eugens tid. Carina drog in ett djupt andetag genom näsan och insöp atmosfären. Den svenske konstnärsprinsen hade inte bara sinne för oljemålningar, konstaterade hon. Interiören i de olika rummen var som en provkarta över genuint god smak. Janne hade varit där flera gånger tidigare och berättade initierat om de varierande möbelstilarna från skilda epoker som harmonierade så perfekt med varandra. Carina njöt av hans belästa lilla föreläsning om rokokosoffor och barockbord som samsades om utrymmet med stolar i gustaviansk stil och ett magnifikt kinesiskt urverk. Från taken hängde pampiga kristallkronor som påminnelser om att det var extra fint folk som bott här. I den stora salongen med utsikt över den fortfarande vintervita trädgården och den solglittrande fjärden utanför udden flödade det av ljus.

”Så vackert”, sa Carina och log mot Janne.

Han hade tagit av sig sin basker och kliade sig lite nervöst i nacken, som om han letade efter de rätta orden.

”Jag tycker också om den här gamla stilen”, sa han. ”Och det totala lugnet härute. Så långt bort från all stress.”

Det kittlade till i Carinas mage. Var det därför hon gillade honom? Att Janne liksom hon gick igång på sådant som tillhörde en svunnen tid? Hela han var ju lite som ett levande museiföremål i sin vinterrock i loden och baskern över det tunna ljusa håret. Han hade till och med galoscher över sina skor.

De tog sig god tid att gå igenom museets samtliga rum och utställningar. Carina gillade det mesta hon såg men tyckte allra bäst om de svenska målningarna av storheter som Bruno Liljefors och Anders Zorn. Hon föll för det tidlösa och direkta i dem. Färgerna och känslorna som gifte sig så bra med varandra. De varsamma penseldragen som ändå avslöjade konstnärernas bakomliggande temperament. Och så kronan på verket, prins Eugens egen ”Molnet”. Carina hade sett den på bild tidigare men det var först nu när hon stod framför originalet och kunde betrakta oljefärgernas nyanser och utbuktningarna på duken som hon tyckte sig förstå den. Hon sjönk in i målningen. Det stora vita molnet som svävade fram över en liten stig mellan två gröna kullar i ett pastoralt landskap. Ett ensamt träd till vänster och en mörk träddunge till höger.

Allt var så vackert och rogivande, men ändå skrämmande, tyckte hon. För det fanns små mörka skiftningar i molnet och man kunde ju inte se vart stigen ledde på andra sidan kullarna. Vilka faror lurade där? Vilka misslyckanden? Eller, ovana tanke, vilka möjligheter?

”Som en metafor över livet”, sa hon till Janne och slogs av hur bildad hon lät.

”Ja, den är väldigt intressant”, svarade Janne, märkbart upplivad av Carinas intresse. ”När man först ser tavlan är den bara som vilken vacker naturmålning som helst. Men så efter ett tag blir den till någonting helt annat. Sorglig liksom. Som om den där vackra ytan bara är en kuliss.”

Som en metafor av mig själv, tänkte Carina.

Och så kom hon att tänka på Birgit. Sådär, bara. Hur hon satt lutad över sina korsord vid det klistriga bordet med blommig vaxduk och lyfte den sårade blicken när Carina steg in i köket.

Hon hade inte besökt modern på flera dagar nu och bara

pratat kort med henne i telefon igår morse, med andan i halsen på väg ut ur lägenheten för att hinna med tunnelbanan. Hon borde hälsa på henne idag, det borde hon verkligen. Så att hon fick lite sällskap.

När Carina väl hade fått Birgit på hjärnan kunde hon inte släppa henne. Och solen gick i moln, bara minuterna efter det att de hade lämnat konstmuseet ute på Djurgården.

Molnet, tänkte Carina. Det hotfulla molnet som seglade fram över den blekblåa himlen som en påminnelse om att livets stig var precis som i prins Eugens målning. Krokig och svårforcerad. Oviss och ångestmättad. Under promenaden längs med Strandvägen tillbaka in mot stan stötte de inte till varandras axlar mer än ett par gånger och då mycket flyktigt.

Magin var bruten. Och ändå försökte han. Han försökte verkligen.

”Du har inte lust att hänga med på bio? De visar Tarkovskijs ”Solaris” på Kvartersbiografen vid Hornstull klockan åtta ikväll. Men du har kanske annat för dig?”

”Ja”, sa Carina. ”Jag ska träffa min mor. En annan gång, kanske. En annan kväll, kanske.”

12

"Du, det är lika troligt som att de river Berlinmuren!"

DET BÖRJADE BLI en smått otrevlig vana för Matz Zern: att huvudstupa lämna sin tillfälliga Stockholmsbostad i sällskap med sina två Jamohögtalare i jakaranda och sin brödrost av märket Rowenta med den något defekta smulbrickan. Erika hade inte varit nådig mot honom när hon äntrade den kaotiska lägenheten i Midsommarkransen på lördagseftermiddagen. Det var också uppenbart att hon inte var det minsta intresserad av honom längre och att hon dessutom hade insett att Matz inte alls var synonym med den där unga svenska popstjärnan i vardande som han påstått.

"Bara gå nu", sa hon med avsmak när han med hjälp av Martin och Iva hade städat tvåan någorlunda ren igen och packat ihop sina grejer.

Det var endast tack vare Ivas trevliga sätt och flinka agerande med dammsugaren och golvmoppen samt Martins generösa insats att med hundrafemtio spänn kompensera Erika för två skadade LP-skivor som en mer dramatisk scen kunde undvikas, förstod Matz. Han hade inte bara genom sin alltför häftiga dans orsakat hack i Erikas skivor. Han hade dessutom förbrukat sitt förtroendekapital så till den milda grad att det inte fanns en ursäkt i världen som kunde rädda hans anseende. Och det var en insikt som smärtade mer än någonting annat.

”Hör aldrig av dig igen”, sa Erika med en röst som hade kunnat frysa glödande lava till is innan hon smällde igen ytterdörren efter honom.

På väg till tunnelbanestationen hade Martin försökt gaska upp sin kamrat med att han gärna fick flytta in hos honom och hans morsa i Rågsved i väntan på en mer permanent lösning. Och eftersom Matz faktiskt inte hade några andra alternativ antog han spakt erbjudandet.

”Du får slagga på golvet i mitt rum”, förklarade Martin när de satt i tåget på gröna linjen mot Rågsved efter att ha sagt hej då till Iva vid Slussen.

Martin var på ett strålande humör efter sin lyckade dejt med den söta knubbisen, som han skulle träffa igen dagen därpå. Återstoden av lördagen var hon nämligen upptagen med sitt jobb som servitris på restaurangen Gröne Jägaren på Götgatan. Matz funderade en kort stund på om hon tänkte ha på sig sin röda täckjacka även då.

Iva och Martin hade hånglat i gott och väl en minut innan de skildes åt och även om Matz gladdes å sin kamrats vägnar brände det också till i bröstet vid åsynen av det passionerade avskedet. Han hade inte kommit över sitt eget misslyckade raggningsförsök på Bistro Boheme som följts upp av det pinsamma uppbrottet från Erika. Höll verkligheten på att hinna ikapp honom? Hans Stockholmsvistelse hade nu varat i drygt tre månader och ännu befann han sig i ärlighetens namn väldigt långt ifrån sitt mål att slå världen med häpnad. Dessutom var han så gott som pank.

”Du får väl ta ett jobb så länge”, sa Martin när saken kom på tal.

Matz rös till.

”Jag kan höra med min chef om det finns något ledigt hos oss”, fortsatte Martin.

Matz rös till ännu mer. Martin jobbade på ett byggvarulager i Nacka och blotta tanken på att slita hund bland brädor och tegelstenar där tillsammans med sin nya kamrat gjorde honom alldeles kallsvettig.

”Finns det inga andra kneg som är lite roligare?” frågade han.

”Det är fan roligt!” utbrast Martin förnärmat. ”Du får lära dig köra truck och skriva order och hålla kafferast. Var inte så jävla kräsen. Eller är scenmästare på Chat Noir det enda som duger åt dig?”

”Vad är Chat Noir?” frågade Matz intresserat.

”En porrklubb på Döbelnsgatan. En av mina äldre kusiner jobbade som scenmästare där för några år sen.”

”Scenmästare?”

”Ja, han såg till att stripporna uppträdde i rätt ordning och hade de rätta raffseten på sig. De kan inte komma in på scen nakna, förstår du, för då har de ju ingenting att ta av sig. Och så höll han i kontakten med ett polskt par som kom och hade liveshow enligt ett tätt schema. Vilken bedrift av polackerna, att göra det på beställning inför ögonen på en massa kåta gubbar flera gånger om dagen. Deras jobb var nog fan inte så kul i längden. Men min kusin hade det fett som scenmästare. Duktigt betalt och fin dricks av politiker och företagstoppar mot att knipa käft om deras närvaro. Och så fick han ihop det med en av de snyggaste stripporna."

"Tror du det jobbet är ledigt?" frågade Matz.

Det gick att ana en viss förhoppning i hans röst.

"Knappast. Är inte ens säker på att stället finns kvar längre. Det var en jävla massa skriverier om svarta pengar och koppleri och knarkaffärer där för några år sen. Fan vet om de inte fick stänga ner hela skiten."

Kanske lika bra, tänkte Matz. Han hade trots allt lite svårt för att se sig själv som scenmästare på Chat Noir. Det hade någonting med hans moral att göra, inbillade han sig.

När de steg av vid Rågsveds station möttes de av ett gäng fulla och skränande skinnskallar på perrongen. Utöver deras politiska villfarelse tyckte Matz att dessa nya inslag i gatubilden såg mer än lovligt löjliga ut i sina rakade skallar, kängor, bomberjackor och med hängslena som hängde ner längs sidorna över deras inte så sällan förekommande bilringar.

"Sverige åt svenskarna! Sverige åt svenskarna!" skrek de i kör och skvätte med sina ölburkar som ett gäng revirpinkande bulldoggar.

En ung kvinna som gått av samtidigt med Matz och Martin, och som såg ut att vara från Chile eller något annat sydamerikanskt land, tittade förskrämt på den brölande mobben och skyndade på sina steg mot utgången.

"Rågsveds begåvningsreserv", muttrade Martin tyst när

de hade passerade skocken. ”Fan vad de förstör vårt rykte! Ibland dyker de upp på punkkonserter och står och hoppar sig svettiga och tror att de har något gemensamt med oss. Vilka spån.”

Matz vände sig om för att se när de berusade skinnskallarna äntrade tunnelbanetåget in mot stan. Folk vek undan för att inte komma i vägen för dem.

”Har ni sånt skit nere i Skåne också?” frågade Martin.

”Jo, för fan. En kille som gick i min klass i Dalby är numera skånsk rikskansler, typ. Vet du vad han heter?”

”Nej, hur fan skulle jag kunna göra det?”

”Hilding.”

”Och?”

”Vet du vad vi kallar honom?”

”Nej, hur fan skulle jag kunna veta det?”

”Hilding Hitler.”

”Originellt”, sa Martin och ryckte på axlarna. ”Tycker inte man ska skoja om packet. Rätt vad det är så har vi ett riksdagsparti som företräder dem.”

”I Sverige? Skojar du?” sa Matz och skakade roat på huvudet. ”Du, det är lika troligt som att de river Berlinmuren!”

Rågsved var bara marginellt charmigare än Fruängen, konstaterade Matz när det var framme vid centrumet som bestod av ett kalt torg och en hästskoformad länga av vita affärsbyggnader. Martin bodde i ett av de rödteglade och lite luggslitna husen bakom torget, på femte våningen. Eftersom hissen var ur funktion, vilket enligt Martin var mer regel än undantag, svettades kamraterna ymnigt när de hade kånkat upp bagaget för alla trapporna. Martins mamma, en kvinna i övre medelåldern med sammetslena gröna ögon under sin hennafärgade lugg, såg en smula konfunderad ut när hennes son förklarade att kompisen som han hade med sig var hemlös och skulle få bo hos dem tills han hittade något eget. Men hon fann sig snart. Matz fick en känsla av att hon var van vid den typen av överraskningar.

”Jag heter Matz”, sa Matz och tog henne i hand samtidigt som han log sitt mest vägvinnande leende. ”Hoppas att jag inte tränger mig på för mycket. Det här är högst tillfälligt och jag betalar naturligtvis gärna för mig”, ljög han.

Än satt takterna i, trots de senaste dagarnas debacle. Martins mamma gjorde ingenting för att dölja sin uppskattning över den charmige och artige unge mannen. Han skilde sig markant från Martins punkpolare med sina spetsiga tuppkamsfrisyrer och slitna kläder.

”Det är inga problem överhuvudtaget”, kvittrade hon och rättade till sitt hår i nacken. ”Jag heter Eva, förresten.”

Matz log igen och gick sedan över till att lovprisa den enkla lägenheten som vore den slottssalen på en herrgård.

”Fantastisk utsikt!” berömde han och pekade ut genom vardagsrumsfönstret mot ett högst ordinärt grönområde. ”Och så snyggt möblerat här är!”

Eva log och puffade till de två rosa kuddarna som låg i den vita lädersoffan framför Luxorteven i vit klarlack.

”Vad kul att du tycker det! Jag har alltid varit road av heminredning.”

”Ja, morsan kan verkligen få till det”, sa Martin uppskattande innan han drog med sig Matz in i sitt eget rum.

Det var till skillnad från den övriga lägenheten mycket sparsamt inrett. En bred säng med ett zebramönstrat överkast, ett skrivbord i plywood med ekfaner, en golvlampa med transparent skärm och en nedsutten fåtölj med plastklädsel utgjorde det huvudsakliga möblemanget. På ena väggen hängde en affisch med Joakim Thåström och på väggen mittemot hade någon målat ett stort A i en cirkel. Matz misstänkte att denne någon var Martin. En billigare stereoanläggning och en Billy bokhylla från Ikea späckad med LP-skivor fullbordade interiören. Det fanns något väldigt barnsligt och naivt över punkaren från Rågsved, tyckte Matz. Men också något väldigt hjärtligt och generöst. Trots att Martin var tjugotre år verkade han inte ha några problem med att bo hemma hos sin morsa. Han hade berättat att han pröjsade tusen spänn i månaden för det, men då ingick också middag varje dag samt städning. Hans mamma fick i gengäld en oförblommerat tacksam son som bara hade gott att säga om henne. Ja, mer än gott.

”Morsan är min egen ängel”, sa han med en leende som bakom det ironiska anslaget ändå kändes äkta. Inte minst sedan han med gnistrande ögon nickat när Matz hade sagt att hon verkade mycket trevlig. ”Hon är alltid glad och klagar aldrig. Farsan var värsta alkisen som slogs och härjade när han blev på fyllan. Han dog när jag var nio år och även om jag gillade honom när han var nykter kan jag inte påstå att jag någonsin saknat farsan. Det var för mycket skit kring honom. För både morsan och mig blev livet enklare när han var borta. Hon slutade arbeta som städerska och fick jobb som kassörska på Ica här nere på torget. Morsan har varit kvar där sen dess, nu är hon vice butikschef.”

Det fanns en kärlek i hans röst som nästan gjorde Matz tårögd. Men också en aning avundsjuk igen, trots det lite sorgsna budskapet. Hans egen mamma Lena, gymnasielektorn, var väl ur ett karriäristiskt perspektiv betydligt mer framgångsrik än Eva. Men hon saknade den där mjuka och varma framtoningen som fanns hos Martins morsa. Aldrig att Matz hade känt en sådan stolthet över sin mamma. Men det kunde hon väl i och för sig inte klandras ensam för. Han hade otvivelaktigt en hel del att lära av Martin i konsten att uppskatta en mor. Precis som mamma Lena säkert skulle må bra av en fördjupad kurs i moderskap av Eva från Rågsved.

När kamraterna gemensamt hade baxat in en madrass i Martins rum och Eva bäddat den med rena lakan infann sig ett lugn i Matz sinne som hjälpte honom att distansera sig från sina nyliga misslyckanden. Han skulle nog kunna trivas här ändå, i sällskap med den hemkäre punkaren och hans trevliga mor.

Det knackade på dörren. Hon är finkänslig också, konstaterade Matz.

”Kom in!” hojtade Martin.

Dörren öppnades och en härlig doft av smält ost och nygräddat bröd letade sig in i det övervintrade pojkrummet.

”Jag har gjort varma smörgåsar, pojkar. Och snart börjar Melodifestivalen! Ska vi käka tillsammans i tevesoffan?”

Det var direkt rörande att se hur Martin med sin Fuck You-t-shirt sken upp som en sol. Snart satt de alla tre i den vita tevesoffan och tittade på den svenska uttagningen till Melodifestivalen. De varma mackorna med kassler, ananas och ost respektive gräddig och sojasalt svampstuvning smakade liksom det svala Liebfraumilchvinet ljuvligt. Tävlingen, däremot, var ett riktigt bottennapp, tyckte Matz. Om detta var vad Sverige hade att uppbringa i musikalisk stjärnglans borde det inte bli så svårt för honom själv att slå igenom. Till sist vann en sextonårig tjej som hette Carola, klädd i en anskrämlig kycklinggul byxdräkt med en låt som hette ”Främling”. Segerintervjun, signerad en tantpermanentad programledare i vit volangblus och med stora fyrkantiga glasögon, fick Matz att rodna av genans.

”Får jag fråga dig en mycket personlig fråga? Du behöver inte svara om du inte vill, men jag såg innan du gick in på scenen att du stod och läste i en bok. Vad var det för bok?”

”Den heliga skriften. Bibeln”, svarade Carola med glansiga ögon och den mest saliga uppsyn som tänkas kunde.

Programledaren väntade ut de smattrande applåderna innan hon kramade om Carola och sa med rösten som hos en Maranatapastor att hon hoppades att hon skulle bli en stor idol för hela världens ungdom. När Carola hade framfört den klämkäcka vinnarmelodin en gång till var Evas ögon lika fuktiga som hos den struttande lilla gaphalsen.

”Hon kommer allt att bli en riktig stjärna!” utbrast Martins mamma med emfas.

”Det har du rätt i”, sa Matz och log tillgjort. ”Hon kommer att slå hela Sverige med häpnad.”

Smålulliga av vinet och fnittriga av Evas komiska entusiasm över den gula flickstackaren kröp de båda kamraterna till kojs. Dagen som börjat i moll hade slutat i något som kanske inte stavades dur men åtminstone rymde en viss tillförsikt. I alla fall om man fick tro Martin.

”Hon är jävligt fin, Iva”, sa han med längtan i rösten när de låg under sina täcken och summerade helgen. ”Nu ska du bara skaffa dig ett jobb och sen är alla hästarna hemma i stallet. Kolla här om det finns något som faller kräsne herrn i smaken”, retades Martin och slängde över ett exemplar av den senaste Platsjournalen.

Motvilligt började han bläddra i tidningen. Köksbiträde, tidningsbud, elevassistent på särskola, handikappledsagare, fabriksarbetare, städare, kulvertförare på sjukhus, lagerarbetare ...

Det ena okvalificerade arbetet efter det andra passerade revy innan Matz fick syn på en annons som tilldrog sig ett visst intresse från honom.

”Vad är en hemsamarit?” frågade han Martin.

”En sån som går hem till gamlingar och städar och dricker kaffe.”

”Dricker kaffe?”

”Ja, och äter småkakor. Gamlingarna är som tokiga i det. Finska pinnar och sånt.”

Matz lät kamratens ord sjunka in. Kaffe och finska pinnar. Han vek ihop tidningen med ett vagt leende och släckte golvlampan.

”God natt”, sa han.

”God natt”, sa Martin.

13

”Är d-det något mellan d-dig och Janne?”

MÅNDAGEN VAR SÅ gråmulen och rå att den nästan blev till en parodi på sig själv. Som om helgens strålande vårvinterväder bara hade utgjort en hånfull illusion om att ljusare och varmare tider var i antågande. Carina Carlsson var inte den som trodde på mirakel, långt därifrån. Men hon hade ändå uppfyllts av någonting som var större än den vanliga vardagen när hon besökte Prins Eugens Waldemarsudde tillsammans med Janne. Och även om en del av magin bröts redan därute på Djurgården hade hon närt en from förhoppning om att hennes relativa välbefinnande skulle göra Birgit om inte glad så i alla fall en liten smula mindre elak när de träffades på lördagskvällen.

Modern tog henne snabbt ur den villfarelsen. Två minuter efter det att Carina hade stegat in i lägenheten på Reimersholme hade Birgit fallit i gråt och snyftande berättat hur fruktansvärd veckan hade varit. Och hur fullkomligt vedervärdig den där blonda bimbon från hemtjänsten var som kom och städade hos henne.

”Hon lyssnar inte på vad jag säger! Och hon plockar

undan så mycket att jag inte vet var jag har mina grejer!"

Stackars bimbon, tänkte Carina.

Trots att hon hade haft med sig två bitar av Birgits favoritbakelse Budapeststubbe från Gunnarssons konditori till fikat och trots att TV1 senare på kvällen visat Melodifestivalen, med en liten sångfågel som hette Carola Häggkvist som vinnare, fortsatte modern att spy galla över allt och alla. När hon inte snörvlade och bad om ursäkt och sedan skrek och sedan snörvlade och grät igen, som om Carina vore den ultimata slasktratten för all hennes frustration, satt hon med armarna i kors i soffan och blängde surt. Fy fan för dessa tortyrlika växlingar i humöret.

Carina hade haft en vag förhoppning om en uthärdlig kväll som kanske till och med skulle ha kunnat resultera i att hon sov över hos modern. Men efter fyra timmar gav hon upp, kramade Birgit stelt och lämnade lägenheten med en ambivalent känsla av lättnad och misslyckande.

Resten av helgen ägnade hon åt att skriva den analys över Carl Michael Bellmans litterära värld som den rödlätte litteraturdocenten hade gett dem i hemuppgift. Det gick sådär. Ulla Winblad som ett bildligt uttryck för livets lättsinne. Hur dumt var inte det? Skrivkrampen red henne som vanligt och trots att hon hade läst igenom sin text och ändrat den säkert femtio gånger var hon inte nöjd. Hon fruktade lärarens sarkastiska kommentarer som han brukade lämna efter sig på pappren när han hade läst igenom dem, som små kainsmärken.

”Köp några vykort! Köp några vykort!”

Den rullstolsburne mannen i passagen vid T-centralen ropade ut sitt erbjudande med samma nasala och gälla röst som han alltid hade gjort. Morgonstressade pendlare på väg till jobbet böljade fram i gången som en ohejdbar ström. Tusentals fotsteg ekade mot de kaklade väggarna och skapade en ljudkuliss av fullständig och målmedveten stress. Psykologernas ord om att ge efter, att inte streta emot, ringde i hennes öron. Men helt ärligt, vad var det för sjukt lopp hon deltog i? Som råttor i ett ekorrhjul rusade alla framåt utan att reflektera över varför de gjorde det. Människan, vilken inbilskt liten patetisk varelse hon var. Uppfylld av sin egen föreställning om att det hon gjorde var viktigt och hade någon sorts betydelse i det stora hela.

När hon fick syn på Janne i tunnelbanevagnen tittade hon instinktivt åt ett annat håll, rädd för att möta hans blick. Och när de var framme vid stationen ute på universitetsområdet väntade hon med att gå av till sist av alla, så att hon kunde hålla koll på honom bakifrån. Hon följde på avstånd hans basker som guppade upp och ner i havet av studenter på väg till förmiddagens föreläsningar. Han bar sin slitna läderportfölj under armen som om den innehöll de viktigaste värdehandlingar. Kanske en välskriven uppsats om Ulla Winblad, funderade Carina.

Utanför klassrummet gick det inte längre att undvika hans blick. Janne såg på henne med ett generat leende.

”Hej”, sa han.

”Hej”, sa hon.

”Allt bra?” frågade han.

”Ja”, sa hon.

Hennes kinder brände.

”Det var trevligt i helgen”, sa han.

”Ja.”

Han nickade och vände sig sedan om för att prata med några mer talföra kursare. Varför förvandlades hon alltid till en skrämd liten tonårstjej så fort det hettade till? Det hade varit likadant med Claes i början, innan hon kände sig säker på att hans känslor för henne var äkta. Fast det visade sig ju senare att de inte var det. Åtminstone inte tillräckligt äkta för att han skulle välja henne framför sin hispiga fru.

Föreläsningen gjorde Carina på ännu sämre humör. Den rödlätte litteraturdocenten och hans favoritstudent Adrian snöade in på Movitz och höll en lång och tröttsam diskussion om huruvida han verkligen var Bellmans alter ego.

”Var han inte bara ett vanligt f-fyllo?” viskade Iva i Carinas öra. ”Hade han levt i-idag hade han garanterat tillhört rekvisitan på G-gröne Jägaren.”

Underbara, rödklädda Iva! Om det inte vore för henne skulle Carina ha hoppat av kursen för länge sedan. Allt som hon själv hade velat vara rymdes i Ivas knubbiga kropp. Självironin, kvickheten, humorn och den där alldeles fantastiska självkänslan. När de efter föreläsningen som vanligt gick för att fika i kafeterian satte de sig ensamma vid ett bord en bit bort från resten av klassen.

Carina tittade kort på teveapparaten som hängde på ena väggen. Ingemar Stenmark var i farten i världscupen igen, den här gången i slalom från en fransk skidort med ett outtalbart namn. Han låg etta efter första åket, uppfattade hon

Plex Pettersson nämna. Förmodligen skulle han vinna igen.

Hon mindes hur uppslukad hon varit på sjuttiotalet när Stenmark åkte och grundskolans alla lärare, med undantag för den sporthatande svensklärarinnan, tog paus i undervisningen och satte på teveapparaterna under Tärnabysonens åk. Nu brydde hon sig inte ett dyft. Konstigt ändå, hur flyktigt ett intresse kunde vara. Hur lätt det var att den ena stunden ge sig hän för att i nästa rycka på axlarna, totalt oförstående till sitt tidigare engagemang.

”Är d-det något mellan d-dig och Janne?” frågade Iva med spefull blick.

”Varför tror du det?” replikerade Carina blixtsnabbt.

”F-för att han sneglade på d-dig under hela föreläsningen. O-och för att ni satt så tajt tillsammans p-på Boheme. O-och för att du i-inte hängde med på efterfesten utan stannade kvar med Janne. Och f-för att du är röd som min täckjacka i ansiktet. Behöver du fler a-argument?”

Carina kunde inte hålla tillbaka ett leende.

”Det är inget särskilt mellan oss. Tycker bara han är trevlig. Och du då? Hur gick det med din punkare?”

”Jävligt b-bra. Han heter Martin och är skitgullig. Och hans polare den s-snygge skåningen är faktiskt helt okej. Men du gjorde nog rätt som n-nobbade honom. Efterfesten slutade som v-värsta dramat när hans tjej dök upp dan därpå och gjorde slut med honom. Det var hennes lägenhet vi hade grisat ner.”

Typiskt den sortens killar, tänkte Carina. Självgoda unga män som tror att de kan besegra världen bara med hjälp av sitt utseende och som stöter på andra tjejer fast de redan har sällskap.

Iva berättade att hon hade tillbringat hela söndagen tillsammans med Martin. Först hade de varit på Skansen och tittat på elefanterna och ätit varsin korv med bröd, av vilka punkarens hade norpats av en tjuvaktig mås. Sedan hade de fikat på Sturekatten på Östermalm innan de gick och såg långköraren "Gökboet" på biografen Victoria på Götgatan och avslutade det hela med en natt hemma i Ivas lägenhet på Ringvägen, som inte låg mer än några hundra meter från Carinas vid Skanstull. Det lät som en riktig svennedröm för nyförälskade par med extra allt.

"Han är en skön m-mjukis bakom punkfasaden. O-och så är han snäll. Eftersom skåningen blev utslängd av sin tjej får han bo hemma hos Martin och h-hans morsa ute i Rågsved."

Det var någonting i Ivas rättframma och orädda stil som triggade Carina. Tänk om hon också skulle våga visa lite mod för en gångs skull. Satsa med risk för att förlora, men också med chans att vinna.

Hon stannade kvar på universitetets bibliotek hela dagen och pluggade. Plöjde igenom avsnittet i litteraturfackboken om europeisk lyrik under romantiken och försökte sig på att tolka innebörden i den brittiske poeten William Wordsworths dikt "We are seven". Det eviga lidandet, döden och barnets uppfattning om den, tideräkningen, konflikten mellan förhoppningar och realitet …

Förklaringarna som hon läste om dikten i andra böcker var alla skrivna av högt respekterade litteraturvetare från när och fjärran. Teorier och ord staplade på varandra. Det var svårt att få styr på sina egna idéer. Speciellt sedan Janne dykt upp på biblioteket och slagit sig ner bara ett tjugotal meter

14

”Vi är inte vana vid svartfötter här.”

”KAN DU BÖRJA imorgon?”

Den finlandssvenska kvinnan i telefon lät både fordrande och vädjande på samma gång.

”Men vill du inte träffa mig först?” frågade Matz Zern oroligt.

Det här var inte riktigt vad han hade förväntat sig när han ringde på annonsen om en tjänst som hemsamarit. Att han skulle få jobbet på mindre än två minuter!

”Det behövs inte. Vi har akut personalbrist. Du får gå bredvid en dag eller två, det får räcka”, svarade Mirja.

Hon hette så, arbetsledaren inom hemtjänsten på Reimersholme.

”Ehh”, sa Matz.

”Då säger vi det!” sa Mirja. ”Klockan halv nio imorgon bitti på adressen som står längst ner i annonsen. Du är hjärtligt välkommen!”

Han hann knappt säga ja innan Mirja lade på luren. Matz hade inte fått den där betänketiden som han tyckte att man borde erbjudas inför så genomgripande livsförändringar. För ett ögonblick funderade han över alternativet att ringa tillbaka till Mirja direkt och säga upp sig, om det nu var möjligt innan man ens hade börjat på riktigt. Men så kom han till sans och begrundade sin nuvarande livssituation som pank och arbetslös skåning i Stockholm, nyligen brädad två gånger om och inneboende hos en lätt överviktig punkare och dennes snabbköpskassörska till mamma i Rågsved.

Det behövdes en uppryckning. Och om den innebar att han tvingades gå hem till gamlingar och koka kaffe åt dem och äta finska pinnar så fick den väl göra det. Det var ju ändå bara tillfälligt.

Matz sjönk ner i den vita lädersoffan i vardagsrummet och pustade ut. Samtalet hade tagit på krafterna. Imorgon skulle han inte längre sitta här i godan ro och filosofera och dricka kaffe och glo på de fula porslinsgrodorna i Evas vitrinskåp. Då skulle han vara på jobb.

Tanken svindlade. Men så var det. Och även om det smärtade att han inte hade rört sig en tum närmare sitt mål att slå världen med häpnad sedan han flyttade upp till Stockholm fanns det något kittlande i att anta den här nya utmaningen. Vid närmare eftertanke var det väl snarare regel än undantag bland popstjärnor och firade skådespelare att de hade gått på en och annan riktig käftsmäll innan de slog igenom och att de under någon period i livet slitit ont för brödfödan. Kanske var det just det han behövde? Lite *working class hero experience*.

När Martin väckte honom klockan sju morgonen därpå försökte Matz genast hitta på en ursäkt för att ligga kvar under det varma täcket i Tarzanpåslakanet, en rest från Martins barndom. Men han var för trött för att tänka ut något fiffigt samtidigt som Evas transistorradio förmedlade morgonprogrammet på neurotiskt hög volym. Radio Stockholm.

”God morgon pojkar!” kvittrade hon när de båda kamraterna stapplade in i köket med rufsiga frisyrer och morgonbleka anleten. Martin endast iklädd ett par kalsonger och Matz med det zebrarandiga sängöverkastet svept omkring kroppen.

”Kan du inte skruva ner ljudet mamma”, bad Martin.

”Okej. Men jag tycker att han har så mysig röst”, sa Eva, som hade på sig en rosa morgonrock i frotté med stora tofsar i skärpets båda ändar. ”Jag bara älskar att vakna till Staffan Dopping!”

Staffan Dopping, tänkte Matz. Han är ju känd och han går bevisligen upp tidigt på morgnarna. Dessutom lät han så fruktansvärt cool när han annonserade ”Hallå hela pressen” med Chattanooga. Trots att det var en genomusel låt.

Matz tog en av de färdigbredda smörgåsarna med pålägg som Eva hade lagt upp på ett fat och undrade hur dum en musiktext egentligen fick lov att vara och ändå spelas i radio. Han åt tjocka skivor Skogaholmslimpa med mycket Flora under den prickiga korven och hushållsosten. På köksbordet stod även en burk aprikosmarmelad, en liter standardmjölk, ett paket O'boy och en termoskanna med kaffe.

Martin plockade upp två små piller och en kapsel som låg intill hans tallrik och sköljde ner dem med ett glas O'boy. Matz såg undrande på sin vän.

”Multivitaminer”, sa Eva och log. ”Det är bra när man växer. Du kanske också vill ha?”

”Nej tack”, sa Matz med ett leende som inte bara signalerade artighet. Han tyckte det var ren och skär humor att Eva trodde att Martin fortfarande växte, om hon inte med det åsyftade hans midjemått.

Servicen ute i Rågsved gick då sannerligen inte av för hackor och i takt med att tröttheten sakta rann av honom njöt Matz också mer och mer av de goda mackorna, kaffet och den trevliga stämningen i köket. Eva var en underbar hönsmamma och Martin en riktig kompis, trots att de inte hade känt varandra så länge. Visst önskade han att han kunde flytta in i något eget så snart som möjligt, men i väntan på att ekonomin tillät det skulle han i alla fall ha tak över huvudet, vällagad mat på bordet och hjärtligt sällskap. Inte behövde han diska efter sig heller.

”Det tar jag”, sa Eva och lade en hand på hans arm när han började plocka ihop tallrikar och kaffemuggar.

På mindre än tjugo minuter hade hon diskat, duschat, klätt sig i jeans och prickig blus samt sminkat sig piffig för ännu en dag på Ica i Rågsved. Med tanke på hennes glada uppsyn var det dessutom en dag som hon såg fram emot. Hur var det möjligt att känna en sådan entusiasm inför ett så alldagligt jobb?

Tanken ingöt ändå ett visst hopp som följde med Matz under hela tunnelbaneresan till Hornstull, där han steg av. Han hade noga studerat sidorna med kartor i telefonkatalogens gula del och memorerat promenaden till hemtjänstens möteslokal på Reimersholme. På vägen mot ön gick han förbi en biograf av äldre snitt med lysande neonslingor på det utskjutande taket till ingången. Han stannade till en kort stund och studerade affischerna för de aktuella filmerna. ”Kniven i vattnet”, en gammal sextiotalsfilm av Roman Polanski, och ”Solaris”, ett rymddrama från sjuttiotalet av ryssen Andrej Tarkovskij.

Att det existerar människor som betalar pengar för att gå och se så gamla filmer när det finns nya kanonrullar som ”Blade Runner”. Matz skakade förundrat på huvudet för sig själv innan han målmedvetet fortsatte mot Reimersholme längs med Bergsunds strand.

Isflaken gled förbi som påminnelser om den vinterkyla som rått i Stockholm för bara några dagar sedan. Nu var det fuktigt i luften och genomgrått. Det kändes nästan som på en skånsk julafton. Alldeles intill bron ut mot Reimersholme stack fören av en gammal träbåt upp genom den sorbetsörjiga vattenytan.

Kapsejsad. Utan hopp i sikte. Lite så som jag kände mig i lördags, filosoferade Matz innan han fullföljde tanken med en förhoppning om att snart befinna sig på rätt köl igen.

Reimersholme låg insvept i en morgondimma som bara släppte igenom konturerna av öns bebyggelse. Matz kämpade sig mödosamt uppför Reimersholmsvägen som ringlade sig likt en fet och sömnig boaorm genom den kuperade terrängen. Hans kondition var inte på topp efter allt festande på senaste tiden. Dessutom blåste det kraftig motvind.

Överallt och på alla höjdnivåer stack flervåningshusen upp som susande orgelpipor i olika storlekar, ackompanjerade av måsarnas skränande. En ensam tant med kroppen böjd över en rollator rörde sig framåt med myrsteg på en gångstig. Det vilar nästan något kusligt över Reimersholme, tänkte Matz. Som en spökstad där bara de gamla hade lämnats kvar.

Fem minuter försenad och kraftigt andfådd var han äntligen framme vid rätt adress. Han gick in i trapphuset och knackade på en brun dörr som det stod ”Hemtjänsten” på.

”Kom in!” ropade Mirja.

Han kände igen hennes röst. Matz öppnade dörren och tog ett par osäkra steg in i ett vitmålat rum med ett stort ovalt bord kring vilket hans nya arbetskamrater satt.

”Hej”, sa Matz och log. ”Ursäkta att jag är ett par minuter sen, men det var lite svårt att hitta i dimman.”

”Det gör ingenting”, skyndade sig Mirja att säga. ”Du är välkommen, vi har precis börjat dricka kaffe.”

Hon hade ett avlångt maskulint ansikte med kopparrig hy och rakt hår som hängde ner från mittbenan och över axlarna. Om det inte vore för hennes glasögon och den stickade bruna polojumpern ser hon ut som en trött indianhövding som förlorat flera viktiga strider, tänkte Matz. Han slog sig ner på en ledig stol bredvid en kvinna i femtioårsåldern klädd i blå manchesterbyxor och en alldeles för vid blus i samma färg. Hon tog genast upp ett papper ur en mapp och räckte över det till honom.

”Fyll i dina personuppgifter och ge sen lappen till mig så ska jag ordna så att du blir medlem i SKAF från och med idag.”

”SKAF?”

”Ja, Svenska Kommunalarbetareförbundet. Vi bevakar dina intressen och ser till att du inte utnyttjas av arbetsgivaren.”

Det fanns något vesslelikt över kvinnan som gjorde Matz nervös.

"Kostar det något?" frågade han osäkert.

"Inte mycket mer än en hundralapp i månaden. Men då har du alla skydd du behöver!"

Hundra spänn, tänkte Matz. Det var två, tre stora starköl på krogen.

"Jag vet inte om jag ska vara med i facket", sa han försiktigt.

Vesslan fixerade honom med sin stirrande rovdjursblick.

"Vi är inte vana vid svartfötter här", sa hon, varpå en extremt obehaglig tystnad lägrade sig i rummet.

Matz hade ingen aning om vad en svartfot var, men han förstod att det i Vesslans värld var någonting mycket klandervärt. Och eftersom varken Mirja eller någon av de andra runt bordet gjorde någonting för att ta honom ur den pressade situationen fann han för gott att lägga sig platt.

"Jo, jag ska nog vara med i facket ändå."

Efter det klargörandet var det som om luften plötsligt blev betydligt lättare att andas. Vesslan lutade sig nöjt tillbaka i sin stol medan Mirja med ett befriat leende presenterade honom för gruppen.

"Det här är Matz från Skåne som börjar hos oss idag. Han har ett förflutet som bland annat lärarvikarie, men tycker det ska bli väldigt spännande att istället jobba med äldre människor."

Matz nickade och log och försökte rekapitulera sitt tidigare telefonsamtal med Mirja. Just ordet "spännande" kom han inte ihåg att han yttrat.

"Det ska bli roligt att börja jobba som hemsamarit", sa han.

Därefter vidtog kaffedrickande med dopp (Pågens gifflar) och otvunget prat (skvaller) i gott och väl en kvart innan dagens hembesök började fördelas.

"Alvaro, hur fungerar det hemma hos fru Dahlkvist?" frågade Mirja.

"Inga problem. Men hon hör dåligt", svarade en man i fyrtioårsåldern med kraftig spansk brytning.

"Eller så är det du som inte kan prata så att hon förstår, din spagge", sa Glenn, en något yngre och väldigt ful man med ett uttalat underbett och en otidsenlig tangorabatt över sitt fåniga leende.

"Hörde jag nåt från vackre Glenn?"

Alvaro skrattade högt åt sin egen gliring, närmast forcerat, Glenn strök med fingrarna över sin mustasch och Matz fick en mycket bestämd känsla av att den råa men vänskapliga jargong som de ville ge sken av dolde en outtalad fientlighet. Vesslan skakade på huvudet och Mirja harklade sig besvärat.

"Då tar du Birgit Carlsson på Anders Reimers väg nu på förmiddagen, Jeanette?" sa hon och tittade vädjande på en ung, energiskt tuggummituggande och kraftigt sminkad tjej i Matz ålder.

Snygg, på det där lite vulgära men ändå lockande sättet, tänkte Matz. Som ett bombnedslag med billig smak. Jeanette suckade tungt och blåste upp en tuggummibubbla tills den sprack och fördelade sig som en klistrig deg över hennes rödmålade läppar.

"Hon är en riktig satmara", sa hon när hon skrapat bort

från henne på en av de många studieplatserna i de långa raderna av bänkar i ljust träslag, som det måste ha varit extrapris på när universitetet byggdes. I alla byggnader, hörsalar och grupprum var den ljusa panelen insprängd i möblemanget. Janne hade baskern på sig och satt lutad över en bok i djup koncentration.

Konflikten mellan förhoppningar och realitet ...

Innan Carina hunnit tänka efter riktigt hade hon stoppat ner sina böcker i väskan, tagit på sig sin svarta kappa och börjat gå bort mot Janne. Det var som om det skedde med automatik. Väl framme hos honom insåg hon att hon inte hade förberett sig på vad hon skulle säga.

”Hej”, sa hon.

Han tittade upp på henne med överraskad min.

”Den där Tarkovskijfilmen på Kvartersbiografen”, fortsatte Carina.

Hon ville säga något mer, men den höga pulsen tvingade henne till en andningspaus.

”Ja?” sa Janne.

”Vi kanske kan se den ikväll?”

”Jag vet inte”, sa han.

I den tystnad som uppstod hann Carina tänka massor av katastroftankar om pinsamheter och avvisanden. Tills Janne öppnade munnen igen.

”Jag kan tyvärr inte ikväll. Jag har cellolektion. Men imorgon, kanske?”

”Ja, imorgon passar bra”, sa Carina med en puls som slog likt vevarmarna på en överhettad ångmaskin. ”Det passar mig jättebra.”

tuggummit med sina tänder. ”Svär och skriker kuk och fitta hela tiden. Jag klarar inte av den tokiga kärringen!”

Mirjas ansikte antog en skär nyans av genans.

”Men försök idag igen är du snäll så kan vi väl utvärdera det hela på mötet imorgon?”

”Vad finns det kvar att utvärdera?” frågade Jeanette retoriskt. ”Hon är sjuk i huvudet och har synpunkter på allt jag gör. Så fort jag städar undan lite grejer börjar hon gorma och skrika. Och så vill hon att jag ska putsa hennes matsilver. Det vet jag fan inte ens hur man gör! Jag är faktiskt inte född på artonhundratalet!”

Vesslan, som egentligen hette Gun och som suttit tyst ett bra tag, fick plötsligt något mycket lystet i blicken igen.

”Det ska du inte acceptera, Jeanette! Det här är inte herrskap och tjänstefolk! Vi är hemsamariter som tillgodoser klienternas basala behov. Putsa silver och rengöra kristallkronor ingår inte i våra arbetsuppgifter. Facket tolererar inte såna överklassfasoner från klienterna.”

Hon spände ögonen i Mirja för att understryka vikten i sina ord.

”Självklart inte”, sa Mirja snabbt. ”Jag ska prata med hennes dotter om vilka regler som gäller.”

”Och inga tunga lyft heller”, väste Vesslan.

Till sist gick Jeanette med på att göra ett nytt försök hemma hos Birgit Carlsson. Mirja såg ut som om hon vunnit en medelstor vinst på lotto och lyckades sedan fördela resten av uppdragen utan några större friktioner. Hon bad Matz stanna kvar en stund när de andra hade gett sig iväg.

”Det är lite känsligt det där med facket och vad man får

och inte får göra", sa hon med låg och förtrolig röst. "Men försök vara så smidig som möjligt, Matz. Jag tänkte att du skulle få börja med att besöka Seth Svensson. Han är lite speciell men väldigt snäll. Har dåligt hjärta och orkar inte promenera, så han brukar vilja att man går och handlar åt honom. Efter det kan du ta en längre lunchrast och sen besöka Henning Björkgren i eftermiddag. Han är över nittio år och också mycket snäll."

Mirjas ständiga betoning av hur snälla farbröderna som han skulle gå hem till var gjorde Matz en smula misstänksam. Men mest bekymrades han av att det inte fanns någon mer än han och Mirja kvar i rummet.

"Skulle jag inte börja med att gå bredvid någon annan först för att lära mig rutinerna?"

"Jo, så fungerar det ju i den bästa av världar. Jag hade planerat att du skulle hänga med Jarmo, men han har tyvärr sjukskrivit sig idag. Igen. Han är ofta sjuk. Väldigt ofta. För ofta."

Mirja suckade kort innan hon tog på sig sitt sorgsna leende igen.

"Om det inte vore för att du verkar vara en så bra kille med stor inlevelseförmåga och känsla skulle jag inte ha skickat iväg dig ensam. Men det handlar bara om att gå ut och handla kanske och möjligen dammsuga lite. Prata med pensionärerna och vara en medmänniska, helt enkelt. Det ska säkert gå bra. Och om det är något du undrar över kan du bara ringa till mig."

Mirja gav Mats en lapp med sitt telefonnummer på och ett uppmuntrande leende.

"Lycka till!"

15

"Kniiiiiiiiiip!"

"DET ÄR INTE jag som säger det, det är facket."

Den finlandssvenska kvinnan i telefon lät ursäktande men ändå bestämd på rösten. Carina hade precis kommit hem till sin lägenhet vid Skanstull efter ännu en dag med föreläsningar och självstudier ute på universitetet när hemtjänsten ringde och framförde "vissa klagomål" på hennes mor. Trots att det var ett samtal som hon gått och väntat på med fruktan kändes det på något sätt lättare att ta nu när hon så smått hade börjat släppa in Janne i sitt liv. Tarkovskijfilmen de hade sett på Kvartersbiografen igår var kanske inte hennes tekopp, hon hade alltid haft svårt för den där typen av psykologiska filmer utan någon egentlig handling. Men det var mysigt att besöka den familjära gamla biografen med sin personlige och sympatiske innehavare, en jovialiskt rund och mycket artig mörkhyad och flintskallig herre med en liten mustasch. Innan filmen började ropade han alltid "Kaffe, läsk, snask, glass! Och ni får gärna ta det med in i salongen!".

Dessutom hade det känts skönt att sitta i mörkret och

hålla Jannes lite svala hand under bytet av filmrullarna, som i vanlig ordning hade tagit alldeles för lång tid. Nära och kravlöst. Borta men ändå bekant.

De hade gått hem var och en till sig efter filmen men setts idag på universitetsbiblioteket och tagit en fika i kafeterian tillsammans. Janne pratade på om Tarkovskijs bildspråk och tematik och även om Carina ibland tyckte att hans utläggningar tangerade det alltför anspråksfulla trivdes hon i hans sällskap. Janne såg henne. Inte alltid men tillräckligt ofta för att ge henne lite av den bekräftelse hon så länge saknat. Han hade gett henne en puss också och hon hade tagit emot den utan att rodna. De hade bestämt att de skulle gå ut och käka på någon restaurang kommande fredag och då tänkte Carina dricka minst en halvflaska vin, så att hon förhoppningsvis lyckades mobilisera tillräckligt mycket mod för att reprisera den där natten efter Boheme.

”Jag förstår att din mamma gärna vill ha sitt matsilver putsat, men det är emot reglerna”, sa den finlandssvenska kvinnan som presenterat sig som Mirja.

”Jag ska säga till mor”, lovade Carina. ”Men varför är det inte tillåtet?”

”Prioriteringar”, sa Mirja. ”Vi måste prioritera de vardagliga sysslorna och de basala behoven. Dessutom kan putsmedlet vara skadligt för allergiker.”

”Så den här Jeanette som går hem till min mor är alltså allergisk mot putsmedel?” frågade Carina utan att försöka dölja sin irritation över hemtjänstens rigida regelverk.

”Jag kan inte gå in på min personals hälsotillstånd. Det är sekretessbelagt”, svarade Mirja på fullaste allvar innan hon antog en något mer resonlig och personlig ton. ”Du förstår, Carina, att facket har mycket att säga till om när det gäller arbetsmiljön. Allting kanske man inte håller med om själv, men man måste försöka se det i ett vidare perspektiv. Ytterst handlar det om personalens arbetsmiljö och trygghet.”

”Men inte om de gamlas trygghet?”

”Självklart! Men du menar väl ändå inte att din mammas trygghet hotas om hon inte får sitt matsilver putsat?”

Schack matt. Mirja hade naturligtvis rätt. Och så länge det bara handlade om att övertyga Birgit om att inte tjata på Jeanette om matsilvret var det ett fullt genomförbart uppdrag för Carina. Herregud, hon kunde ju själv putsa matsilvret, som modern ändå aldrig använde, så vore det problemet ur världen en gång för alla. Men så lätt skulle det såklart inte gå.

”Det är en annan sak också”, sa Mirja.

Nu lät hon snäll på rösten, nästan ömmande.

”Jag vet inte riktigt hur jag ska lägga fram det här. Men din mammas språk är inte alltid så roligt. Jag förstår att det ingår i hennes sjukdomsbild, men ... men tror du det finns någonting som vi tillsammans kan göra för att ... ja ... för att mildra det något?”

Först tänkte Carina be den märkbart generade Mirja att precisera sig, ja rent av att exemplifiera. Men det hade blivit för pinsamt även för henne själv.

”Det enda som jag vet brukar fungera är att försöka att inte reta upp mor. Att vara henne till lags så långt det är möjligt. Då brukar stämningen bli bättre efter ett tag.”

”Jag vill absolut inte göra det svårare för dig, Carina, och vi ska säkert kunna lösa det här på något sätt. Men det du föreslår är nog inte någon lyckad lösning, om den bygger på att personalen måste tassa på tå för din mamma. Skulle det inte vara bättre, tror du, om vi började i den andra änden?"

"Vad menar du?"

"Att uppmuntra det positiva istället. Finns det något som gör din mamma på extra gott humör?"

Carina tänkte så att det knakade. Hon kunde faktiskt inte komma på en enda sak. Det var lika sorgligt som sant. Birgit Carlsson var en människa som inte blev på gott humör av någonting. Ända sedan hon blev sjuk och ensam hade Carina ägnat sig åt skademinimering i sin relation till modern. Alltså att göra henne på *så lite* dåligt humör som möjligt.

"Jeanette skulle kanske kunna ta med sig en Budapestbakelse till mor ibland."

"En Budapestbakelse?"

"Ja, en sån där med grädde, krossade nötter och konserverad frukt som man köper på konditori."

Det blev tyst i luren.

"Det går nog rätt bra med någon annan bakelse också om just Budapestbakelsen skulle vara slut", fyllde Carina i, mest för att hon inte trivdes i det vakuum som uppstått.

"Visst. Men då måste din mamma lämna pengar till Jeanette vid nästa besök så kan hon ta med sig bakelsen till gången därpå. Tror du att din mamma går med på det?"

Mirjas röst var så marinerad i skepsis att det dröp om den. Men den här gången hade hon faktiskt fel. För hur jobbig och vresig och tokig och envis och dryg Birgit än var så fanns det i alla fall en sak som man inte kunde lasta henne för. Hon var varken snål eller petig med sina pengar. Snarare slarvigt generös och tyvärr också glömsk. Lade sina kontanter lite varstans i lägenheten, i olika byrålådor och kaffeburkar och i bokhyllan bakom böcker och fotografier så att hon alltid hade nära till dem när cigaretterna var slut och hon var tvungen att gå ut och köpa nya.

”Jo, men det tror jag faktiskt mamma går med på. Så himla omöjlig är hon inte. Jag ska se till att hon har pengarna framme.”

Mirja harklade sig.

”Vad bra. Men då måste ni också vara införstådda med att den tiden som Jeanette behöver för att köpa bakelsen dras av från tiden hemma hos din mamma.”

”Det kan ju inte ta all tid i världen. Att köpa en bakelse, menar jag”, sa Carina.

”Nej, inte all tid i världen, men en viss tid tar det ju att inhandla en speciell bakelse. Det var det enda jag sa och det enda jag menade”, replikerade Mirja.

”Mor nöjer sig nog med en annan typ av bakelse om just Budapestbakelsen skulle vara slut. Det finns säkert något på Konsum så blir det inte så jobbigt för Jeanette.”

Carina gav sig inte. Det var som om hon hade ett uppdämt behov av att få sista ordet. Och kanske insåg även Mirja det.

”Det ska nog gå bra. Vi vill ju alla din mammas bästa.”

Jag lägger in en stöt till, for det som en oljad blixt genom Carinas huvud.

”Ja, det utgår jag ifrån. Tack för att du ringde. Jag ska prata med mor om det där med matsilvret så att stackars Jeanette inte drabbas av någon allergisk chock. Men jag hoppas samtidigt att mors språkliga handikapp inte diskvalificerar henne från den omsorg som erbjuds i den svenska välfärden. Hon har ju själv varit med och byggt upp den genom många år av hårt arbete."

Carina trodde knappt att det var sant hur lätt orden rann ur henne och hur stark hon lät på rösten. Som om hon likt Asterix druckit av trolldrycken och uppfyllts av en overklig styrka. Okej, det fanns fortfarande gott om hinder och förrädiska gropar på livets ringlande stig, men hon var inte längre så säker på att det där molnet med inslag av grått som svävade fram på himlen bortom backkrönet var ett orosmoln. Det kanske var ett lyckomoln. Eller i alla fall ett neutralt, normalt lagommoln som bara småskvätte droppar då och då.

"Så är det naturligtvis, att vi verkligen vill din mammas bästa", sa Mirja. "Men jag tror att hon mår bäst av att själv må bra i sin relation till andra."

God dag yxskaft.

"Det gör väl alla människor?"

"Jo, såklart", svarade Mirja defensivt.

"Tack för att du ringde och ha en fortsatt god afton", avslutade Carina och lade på luren.

Hon fick sista ordet. Hon smakade på det. "Afton". Det smakade gott, eftersom det var just det sista ordet. Och för att det lät lite gammaldags och högtidligt.

Efter samtalet kände sig Carina fortfarande upprymd. Hon funderade en kort stund på om hon skulle ringa upp sin mor direkt och ta fajten även med henne nu när hon ändå hade ångan uppe. Men så bestämde hon sig för att skjuta det lite på framtiden eftersom hon inte ville riskera sitt goda humör och sin pånyttfödda kraft. För det var inte bara i huvudet som Carina mådde bättre, även hennes kropp spratt av en plötslig energi. Hon fick en omedelbar lust att röra på sig och få utlopp för allt spring som kanaliserats ut i benen. Men det var ju så slaskigt och kallt utomhus och säkert väldigt slipprigt och halt på stigarna i Vitabergsparken där hon brukade jogga. Hon slog på teven istället och hamnade som av en lycklig slump mitt i programmet ”Gymping” på TV2. Det var som om gudarna hade en plan för henne.

”Fiiint, det e braaa!” ropade den aldrig transpirerande, aldrig andfådda, ständigt leende och ständigt perfekt friserade och solbrända gympaledaren Susanne Lanefelt, iklädd leggings med rosa benvärmare och en aerobicdräkt i samma färg.

Carina bytte snabbt om till ett par sportshorts och en t-shirt och försökte följa med i de mer eller mindre avancerade övningarna, som alla i tevegruppen genomförde med perfekt koordination och med samma enkelhet som om de gick över ett bevakat övergångsställe. Susanne Lanefelt fortsatte hoppa och studsa och bända och vrida och töja och dra och böja och gunga och rulla och stretcha utan att svetta ner sitt frottépannband det minsta.

”Ner med hälen och låt det draaa! Fem, sex, sju, tillbaaaks! Upp med foten ner med knäääät! Fem, sex, sju och byt knääää!!! Och skaka loss ohhh! Ohhh, jaaaaaa! Det är braaa! Det är fiiiint! Kör påååååå!”

Carina lät som en blåsbälg trots att hon inte hann med

mer än knappt hälften av alla rörelser. Det var först när de dansande deodoranterna med sina provocerande hurtfriska leenden satte sig ner på golvet som hon hann ikapp sin egen andning.

Då började inkontinensövningarna.

”Kniiiiiiiiiip!” kommenderade Susanne Lanefelt med särade ben och i just den stunden slog det Carina att hon inte alls hade någon lust att knipa igen utan tvärtom att släppa efter. Med särade ben och med Janne ovanpå sig. Sådana tankar brukade hon avfärda som snuskiga eller pinsamma. Men inte den här gången och det var väldigt upphetsande i sig. Att hon inte stramade åt och rullade in sig själv i sitt vanliga grå garnnystan utan istället lät trådarna löpa fritt och bilda helt nya mönster.

”Det är braaaaaaa!” ropade Susanne Lanefelt.

16

”Tomteskur, är du alldeles säker på det?”

SETH SVENSSON BODDE på bottenplan i ett av två åttavåningshus som låg på en höjd mitt på Reimerholme, likt en pendang till Högalidskyrkan med sina två kyrktorn som dominerade panoramautsikten därifrån. Redan när Matz stod i trapphuset noterade han den markanta lukten av gammal tobaksrök som sipprade ut genom brevinkastet och springorna i dörren. När han kommit innanför tröskeln kändes det som att förflytta sig till epicentrumet av ett stort, stinkande och mycket hälsovådligt moln. Lägenheten var fylld av en tobaksdimma som gjorde det väldigt svårt att överhuvudtaget andas. Matz hostade till och presenterade sig för Seth, en lövtunn gubbe i odefinierbar gammelmansålder med ett frapperande kraftigt hårsvall som nog egentligen var vitt eller grått, men som i likhet med allt annat i den lilla tvåan hade antagit en nikotingul ton. Han hade för övrigt ett par nikotingula gabardinbyxor som hängde slappt runt den smala midjan samt en nikotingul hawaiiskjorta med suddiga mönsterrester av blommor och palmer.

”Välkommen”, kraxade Seth med en handrullad cigarett i mungipan. ”Slå dig ner, min vän.”

Han pekade med handen mot en brunmurrig tygsoffa som knappt gick att urskilja genom röken. Vad som ytterligare försvårade sikten i lägenheten var den dunkla belysningen som härstammade från en nikotingul taklampa med blyinfattat glas. Dessutom var de nikotingula persiennerna neddragna. När Matz ögon så smått hade vant sig vid röken och mörkret kunde han konstatera att Seth trots allt hade en viss ordning i sin lya. På soffbordet låg tidningar och tipskuponger i prydliga små högar jämte två gigantiska keramikskålar innehållande ett berg av tobak respektive ett berg av begagnade cigarettfilter. När Seth hade rökt sig ner till halvcentimetern innan filtret tog vid släckte han sin tagg mot ett askfat och smulade därpå ner de sista små resterna av tobak som fanns kvar i den lilla fimpen i den ena skålen innan han med en van tumsnärt skickade ner det använda filtret i den andra skålen. Därefter plockade han fram ett nytt cigarettpapper ur fickan som han laddade med tobak och filter från skålarna.

”Återvinning”, framhöll Seth och rullade och slickade ihop sin cigg. ”Man måste ju tänka på miljön. Och så har det blivit så satans dyrt med tobak.”

Han tände den nygamla taggen och sög girigt i sig av sitt livselixir. Matz ögon föll på den tidigare förmodligen vita tapeten i vardagsrummet som utöver sin nikotingula färg pryddes av betydligt mörkare, nästan svarta ränder från intorkade avlagringar. Som om väggen hade svettats tjära.

”Är det någonting du behöver ha handlat?” frågade Matz

med en förhoppning om att så snabbt som möjligt få komma ut och andas frisk luft. Han började så smått ana hur en böckling kände sig under sitt vackert guldskimrande skinn.

”Nej, inte idag faktiskt. Jag har allt jag behöver. Men du skulle kunna tvätta upp lite kläder till mig. Det ligger en hög med skjortor, strumpor och kalsonger i badkaret.”

”Har du ingen tvättmaskin?”

”Nej. Det finns en i källaren men den använder jag aldrig. Den är opålitlig! Det går minst lika bra att gnugga in kläderna med tvättmedel och sen skölja av allting med duschen. Så har jag gjort i alla år.”

Seth fick en hostattack som tårade hans ögon. Han tog ett par djupa andetag följda av ett par lika djupa bloss innan han övergick till att återvinna ännu en cigarett.

”Sen kan du hänga upp kläderna på tvättlinan över badkaret.”

Matz nickade matt och undrade vad Vesslan skulle säga om att handtvätta gamla gubbkalsonger i ett badkar inne i en rökkammare. Tillät facket verkligen det? Men så tänkte han på den hårt prövade Mirja som han ändå hade upparbetat en viss sympati för. Hon verkade ha det tufft nog som det var med den ständiga personalbristen. Så med Seth i släptåg gick han in i det kaklade, nikotingula badrummet och betraktade klädhögen i det nikotingula badkaret.

”Var har du tvättmedlet?” frågade han.

”Jag brukar använda det här, det går minst lika bra”, sa Seth och räckte över en cylinderformad behållare som stod på badkarskanten. Matz läste på etiketten: ”Tomteskur”.

”Är du säker på det?”

”Ja, fan! Det är ju lika vitt som tvättmedel och river bort all smuts.”

Istället för att ge sig in i en diskussion om skillnaden mellan de båda rengöringsprodukterna skred Matz till verket. Han blötte klädhögen med vatten från duschslangen och skakade ut ett jämnt skikt av skurpulvret över hela härligheten.

”Jättebra! Du kan ju det här. Jag tar en rökpaus så länge”, sa Seth och hasade sakta tillbaka in i vardagsrummet på sina slitna innetofflor.

Matz betraktade med vämjelse den nikotingula gröten i badkaret. Borde han inte ha plasthandskar på sig? Han såg sig omkring i badrummet och hittade faktiskt ett par röda gummihandskar som satt fastklämda bakom vattenledningen under vasken. De var visserligen gamla och spruckna och säkert hemvist åt en icke ringa del av världens alla bakteriearter, men det var ändå ett par gummihandskar. Med rynkad näsa tog han på sig dem och började massera den blöta massan av klädespersedlar. Efter ett par minuters intensivt arbete greppade han duschen och lät det ljumma vattnet skölja plaggen så rena som det gick med tanke på förutsättningarna. När han hade fått bort allt skurpulver vred han ur tvätten och började hänga upp den på klädlinan. Mellan ett par nikotingula kalsonger och ett par nikotingula strumpor hörde han ett väsande ljud från vardagsrummet följt av ett svagt rop på hjälp. Matz sprang in till Seth och fann honom sittande i soffan med likblekt ansikte, kippande efter luft.

”Niiitro, niitro!” väste han och pekade med ett krokigt

finger på en pillerburk som stod en bit bort på soffbordet, bakom de stora skålarna, innan han tog sig för bröstet och vek ihop överkroppen som en fällkniv. ”Niiitro”, pep Seth igen och rätade mödosamt på ryggen men med ansiktet alltjämt förvridet i plågor.

Matz ryckte åt sig burken och skakade fram en liten tablett åt Seth, som med stor ansträngning tog den i sin hand och lyckades stoppa in den i munnen.

”Jag hämtar vatten!” skrek Matz och rusade ut i köket och fyllde ett glas.

När han kom tillbaka såg Seth lite mindre plågad ut. Han höll upp en hand som ett tecken på att läget var under kontroll och inom loppet av ytterligare en minut hade han återfått det mesta av ansiktets vanliga nikotingula glans.

”Såja, nu är det lugnt”, pustade han ut och sjönk tillbaka i soffan med ett lättat leende på läpparna. ”Nitroglycerin, mot kramp i hjärtat. Rena dynamiten.”

Seth fick till och med ur sig ett litet skratt innan han förklarade för Matz att det räckte med att lägga pillret under tungan och låta det smälta där för att häva krampen.

”Det händer ett par gånger om dagen”, avslöjade Seth. ”Jag brukar alltid ha medicinburken i fickan men den här gången glömde jag visst bort mig. Fast ingen skada skedd. Fortsätt du med tvätten så lugnar jag ner mig lite med en cigarett.”

”Ska vi inte ringa efter en läkare?” frågade Matz skärrat.

”Nej, nej, det behövs inga vitrockar här! Jag har haft nog av dem i mitt liv.”

När Matz försäkrat sig om att Seth var i skapligt skick igen återvände han till badrummet och hängde upp resten av tvätten med lätt darrande händer. Seth tackade honom därefter hjärtligt för dagens insats, både som tvättare och sjuksköterska.

”Du är en trevlig och duktig grabb, trots att du är skåning”, skrockade han glatt. ”Då ses vi i övermorgon igen, eller hur?”

”Hm”, mumlade Matz och tog Seth i hand innan han mycket skyndsamt lämnade lägenheten.

Han stannade till på gatan utanför huset och drog i sig den råa men ack så ljuvligt rökfria Reimersholmsluften.

Nu var han hemsamarit.

Koka kaffe till gamlingar och sitta och småprata och mysa med dem i godan ro?

Skulle knappast tro det …

17

”Vad fan glor du på?”

CARINA CARLSSON TITTADE på Håkans fylliga läppar som rörde sig upp och ner i en ständigt pågående rörelse. Han var som en evighetsmaskin. Ingen soppatorsk där inte, i det konstanta babblandet om sin ångest och sina skuldkänslor över sexfantasierna rörande mogna fylliga kvinnor. Med en brant stigande kurva av irritation lät hon blicken växla mellan honom och den kvinnliga snuviga gruppterapeuten, som inte gjorde någon som helst ansats till att stoppa ordflödet. Det enda som hördes från hennes håll var när hon då och då snöt sig i sin stora rutiga näsduk.

Efter fem sessioner hade Carina den här kvällen bestämt sig för att äntligen berätta något om sin egen inre kamp och ångest. Kanske för att den efter de senaste dagarnas positiva utveckling upplevdes som lite mindre skrämmande och därmed också något lättare att sätta ord på. Hon hade varit på restaurang med Janne och följt med honom hem till en natt som trots en del fumligheter från lägenhetsinnehavarens sida nog ändå fick betraktas som smått romantisk. Hon hade börjat skissa på sin kommande b-uppsats i litteratur om Moa

Martinsons statarromaner och hade inte hört något mer om modern från hemtjänstens sida än ett enkelt meddelande på telefonsvararen om att tidningshögarna i köket försvårade städningen. Hon hade negligerat det.

Carina kände sig helare på något sätt, lite mindre sårbar och mer bestämd. Hon ville verkligen lufta en del av sina återkommande grubblerier, om inte annat så för att känna att det fanns en vettig anledning till att hon varje vecka masade sig hit. Hittills kunde gruppterapin sammanfattas som en dyr och meningslös fritidssysselsättning som bara gjort henne mer och mer frustrerad för varje gång. Och nu hade det redan gått säkert fyrtiofem minuter av kvällens terapitimme.

”Jag har faktiskt tänkt ibland att jag skulle kunna sätta in en kontaktannons. För att liksom gå från ord till handling och testa på riktigt. Försöka tänka positivt. Och jag skulle uppskatta om ni i gruppen ville hjälpa mig att formulera annonsen. Vad ska man skriva egentligen för att locka till sig seriösa svar?” frågade Håkan med en barnsligt förväntansfull ton i sin självupptagna röst.

Den snuviga gruppterapeuten log, som ett tecken på att hon tyckte det var en alldeles utmärkt övning i gruppdynamik. Men det blev för en gångs skull knäpptyst i rummet. Håkan såg sig vädjande omkring bland sina medpatienter som alla, utom den försmådde göteborgske travkusken Sven-Gunnar, antingen skruvade besvärat på sig eller tittade bort. Slutligen lät han sin självömkande blick vila på Carina, som om hon var hans sista hopp. Om det hade hänt för en vecka sedan hade hon garanterat låtit blicken falla ner på sina sönderrivna handryggar. Men inte nu. Hon orkade inte med fler reträtter. Det fick bära eller brista.

”Vad fan glor du på?”

Frågan levererades med styrka och utan minsta darr på stämbanden. Håkan blev så överrumplad att han tappade hakan och började strax även blinka nervöst. Tystnaden i rummet var så spänd att den gick att ta på. Terapeuten höll inne med sina snytningar, Sven-Gunnar såg ut som om hans häst hade börjat galoppera i ledning på upploppet i Elitloppet och Elisabeth, den ängsliga trettioåriga kvinnan med spikrakt brunt hår, som när hon lyckades erövra ordet alltid talade i stackato, hade en fullständigt vettskrämd blick.

”Tror du verkligen att vi betalar dyra pengar för att komma hit och hjälpa dig att förverkliga dina snuskiga fantasier? Skriv den där kontaktannonsen själv och sluta babbla så att vi andra någon gång kan få en syl i vädret!”

Carina Carlsson med två c:n hade som i ett uppdämt crescendo passerat en gräns som fick henne att rasa ut i en verbal eruption utan tidigare motstycke i hennes tjugofemåriga liv.

”Jag orkar fan inte höra mer på dig! Väx upp och bli en riktig gubbe så att du kan ha ihop det med så många gamla tjocka kärringar du vill utan att få ångest. Men sitt inte här och tortera din omgivning med en massa dravel som ändå inte hjälper dig ett jävla dugg. Och nu vill du till på köpet att vi ska vara någon sorts sekreterare åt dig!”

Carina drog efter andan efter sitt utbrott. Håkans haka hade efter det inledande fallet även börjat darra och hans ögon var glansiga, som om han vilken sekund som helst skulle falla i gråt.

”Det där var ett mycket fult påhopp”, väste Sven-Gunnar och blängde argt på Carina. ”Det är så typiskt er kvinnor, att först sitta tysta som möss och sen sticka kniven i ryggen på oss när vi som minst anar det. Ni är så falska allihop att jag tappar tömmarna!”

Carinas kinder hettade av vrede. Det hela hade plötsligt förvandlats till en könskamp med blanka vapen och hon hade inga som helst planer på att förlora den.

”Du ska inte snacka om påhopp och hyfs, gubbe! Det enda du gör är att snacka skit om kvinnor. Fattar du inte att du själv bär skulden för att din fru lämnade dig? Hon borde få tapperhetsmedalj i guld för att hon stod ut så länge med ditt skitprat.”

”Är du lesbisk eller?!” frågade Sven-Gunnar.

Carina gav ifrån sig ett hånfullt skratt.

”Nej, men jag får god lust att bli det när jag tänker på dig!”

Under en kort paus i det eldiga ordkriget hördes endast Håkans dova hulkande där han satt som fastnitad i sin fåtölj, med ett krampaktigt dubbelgrepp om armstöden. Sedan tog Sven-Gunnar sats igen:

”Passa dig, din kossa!”

”För vad då? Och hur ska du ha det, är vi kvinnor hästar eller kossor eller möss?”

Sven-Gunnar reste sig upp med båda händerna knutna i raseri. För en kort stund befarade Carina att han skulle hoppa på henne, men så bröt Håkan in med sårat darr på stämbanden.

”Ta det lugnt, Sven-Gunnar. Hon är inte för ett ögonblick värd din uppmärksamhet.”

Sven-Gunnar såg på sin andlige broder och log medlidsamt mot honom innan han satte sig igen, fortfarande med små efterskalv i sin taniga kropp efter raseriet. Han tittade bort mot terapeuten som alltjämt satt tyst, men med en påfallande ängslig uppsyn i sitt förkylningssvullna ansikte.

”Hur länge ska den där suggan få hålla på? Är det inte dags att du sätter stopp för mansmobbningen?” frågade Sven-Gunnar med en behärskning som var så tillkämpad att den fick honom att vibrera som en elvisp på medelhastighet.

”Herr Galt menar alltså att det bara är han som får svina ner sin omgivning? Nu har du kallat mig först kossa och sen mus, häst och sugga i nämnd ordning. Bestäm dig för vad det är för helvetes djur jag ska vara!”

Blodet kokade i Carinas ådror. För första gången i sitt liv hade hon släppt loss sin vrede på riktigt, utan förbehåll och reservationer. Låtit de slagkraftiga salvor som hon alltid varit snabb till att formulera i huvudet även nå tungan. Det resulterade inte bara i en skräckblandad inre förtjusning av nästan narkotikarusigt slag, utan också i andra oväntade vinster.

”Hon har rätt ... ni män pratar ... för mycket.”

Det var Elisabeth som fattat mod. Kvinnokampen firade plötsliga och oanade triumfer under den dammiga rislampan i lägenheten på Hornsbruksgatan. Både Håkan och Sven-Gunnar satt mållösa medan en annan kvinna i gruppen gav Carina ett uppmuntrande leende innan hon instämde i Elisabeths ord.

”Jag håller med om vad hon sa. Det vore bra om vi kunde införa någon sorts maxgräns för hur länge var och en får prata. Det blir väldigt monotont annars att bara höra om männens problem. Vi kan dem liksom vid det här laget. Inget nytt under solen."

"Så nu ska vi inte ens få yttra oss längre? Vad är det frågan om egentligen?" dundrade Sven-Gunnar och gjorde en märklig, snärtande handrörelse som kan ha varit en rest från hans tid som travkusk med pådrivande piska.

Tystnaden lägrade sig åter i rummet, bortsett från huvudantagonisternas ansträngda andning. Allas blickar riktades nu mot den snuviga gruppterapeuten. Carina noterade inte utan tillfredsställelse att även hennes kinder var röda. Allas kinder var röda. Terapeuten tittade ner i anteckningsblocket och snöt sig ljudligt i sin näsduk innan hon tog till orda.

"Ja, vad ska man säga ... det här var en riktig urladdning", sa hon och försökte anlägga en min av eftertänksamhet. "Vi måste bearbeta den ordentligt för att vi alla ska kunna gå stärkta ur det här. Och eftersom det var du, Carina, som tände gnistan, måste jag börja med dig. Är det någonting hos Håkan och Sven-Gunnar som påminner dig om tidigare manliga relationer? Vad är det för någonting du projicerar på dem? Tänk efter ordentligt och försök att undvika rena personangrepp på någon annan i gruppen."

Alla skiftade fokus och tittade nu på Carina.

Då ringde äggklockan.

Terapeuten snöt sig åter i näsduken.

"Jaha, då slutar vi för idag. Och det är nog riktigt bra, Carina, så att du får en hel vecka på dig att bearbeta de bakomliggande orsakerna till ditt utbrott."

Hon vände sig därefter till Håkan med ett ömmande leende.

"Ta nu inte det som Carina sa bokstavligt, Håkan. Det var ett uttryck för en annan, djupare personlig konflikt hos henne själv som jag hoppas och tror att vi alla ska kunna arbeta vidare med under nästa session och alla också dra nytta av för egen del. Och därigenom växa tillsammans! Vår lilla grupp är ju som ett mikrosamhälle som rymmer människans alla behov. Alla förnekanden och insikter, alla former av kommunikation och alla tillkortakommanden. Försök att se det så, och ta som sagt var inte Carinas ord bokstavligt."

Carina Carlsson med två c:n trodde inte sina rodnande öron. Ännu en gång hade den där helvetes äggklockan stoppat henne i ett pockande skede och nu till på köpet med en epilog som gjorde henne ännu mer rosenrasande än vad hon redan var. Med ett kraftfullt ryck for hon upp ur fåtöljen och tog några snabba steg mot den snuviga terapeuten, så att det till slut inte skilde mer än ett par decimeter mellan dem.

"Vad är det du säger!" väste hon. "Jag projicerar ingenting! Jag säger bara sanningen så som den är. Och nu när jag äntligen har kämpat mig till ordet trots den där sjuka äggklockan så måste jag säga att du är världens sämsta terapeut. En äggklocka har man när man kokar ägg, inte när man behandlar människor för deras psykiska problem. Och hur kan du ha mage att ta hundrafemtio spänn i timmen av var och en av oss för att vi ska sitta och höra på ditt snorande och de där två pajasarnas sexistiska ältande?"

Carina for ut med ena armen i riktning mot Sven-Gunnar och Håkan, som satt som två sårade soldater bredvid varandra.

"Nu får jag be dig att samla ihop dig!" for det ur den snuviga terapeuten i något som liknade en sista kraftansträngning.

Men Carina Carlsson med två c:n hade ingen som helst lust att samla ihop sig när hon för en gångs skull hade gått upp i limningen. Hon var inställd på termination. Fullständig förintelse.

”Nu är du tyst, din snormaja! Jag är färdig med dig och kommer aldrig mer sätta min fot i den här ångestladdade lägenheten! Skicka en faktura på mina skulder. Tack och adjö!”

Med sin väska slängd över axeln och med högburet huvud vände Carina på klacken och gick med bestämda steg mot dörren. Då fick plötsligt Sven-Gunnar luft igen.

”Jaha, så det är dags för råttan att lämna skeppet nu när det håller på att sjunka. Din ... din ... din jävla ... din jävla anarkistfeminist!”

Carina stannade upp, vände sig om och fixerade Sven-Gunnars eldfängda blick.

”Nej, jag är inte heller en råtta. Jag är varken en häst eller en ko eller en mus eller en sugga eller en råtta! Jag är inte heller någon anarkist eller feminist. Jag är bara en helt vanlig tjej som är så fruktansvärt trött på att höra på grymtandet från hjärndöda galtar som du och din polare.”

Håkan, som slutat snyfta och istället fått en blick som skulle kunna kallas mordisk om det inte vore för de nervösa blinkningarna, väste förorättat genom mungipan:

”Du har problem, stora problem!”

”Du har ännu större problem!” replikerade Carina. ”Du har ungefär lika mycket utstrålning som den där movieboxen du skrävlar om. Tror du på allvar att det är någonting som folk vill hyra? En plastlåda med en videospelare?”

Carina öppnade dörren och lämnade rummet till de sista desperata orden från Håkan.

”Vi hyr ut minst trettio movieboxar varje kväll, din sugga!”

Den kvällen gick Carina Carlsson med två c:n raka vägen från Hornsbruksgatan till Anders Reimers väg 18. Hon låste upp dörren med egna nycklar och steg in i lägenheten med den välbekanta doften av gammalt kaffe och tobaksrök. Birgit satt som vanligt vid köksbordet, lutad över ett korsord med en penna i ena handen och en rykande cigarett i den andra.

”Det var på tiden! Jag trodde aldrig att du skulle komma”, gnällde modern.

Carina såg på henne med bestämd blick innan hon frågade:

”Var har du ditt matsilver?”

”Varför undrar du det?”

”Därför att jag ska putsa skiten ur de där jävla besticken en gång för alla!”

18

”Far min hade klena nerver och hörde röster ibland.”

EFTER DEN KRÄVANDE och kvävande starten på Matz Zerns karriär som hemsamarit blev det betydligt lättare för honom att andas hos näste gamling. Som uppföljning till besöket i Seth Svenssons rökkammare avlade han visit på Reimersholmsvägen 71 a, på fjärde våningen hos Henning Björkgren i dennes hemtrevliga trea. Henning var en flintskallig nittiotvåårig farbror med pigga men lite sorgsna ögon och ett stadigt och välkomnande varmt handslag trots sin höga ålder. Han varken rökte eller snusade utan luktade istället gott av Aqua Vera herrparfym och de emsertabletter som han jämt sög på. Kläderna hans var rena, framtoningen sympatisk och inställningen ödmjuk. Gnällde gjorde han heller aldrig, trots att knäna värkte svårt när han med hjälp av sin träkäpp makligt förflyttade sig runt i den övermöblerade lägenheten. En bättre gubbe kunde helt enkelt inte latmasken Matz Zern ha önskat sig.

”Kör runt en liten stund med dammvippan för syns skull och sätt dig sen här i soffan bredvid mig så snackar vi och dricker varsin kaffegök", sa han vid deras första möte.

Matz gav sig genast i kast med att damma av den stora samling porslinsänglar som stod på parad på en smal hylla som löpte längs vardagsrummets samtliga fyra väggar. Det tog styvt tjugo minuter och under den tiden kokade Henning själv riktigt kokkaffe och slog utan minsta darr på handen upp såväl kaffet som det tillhörande brännvinet i två rejäla koppar. Därtill serverades snustorra mandelkubbar beströdda med pärlsocker.

Inledningsvis befarade Matz att den gamle mannen kanske ändå inte skulle bli så lätt att tas med som det verkat vid första anblicken, eftersom han ju drack sprit redan tidigt på eftermiddagen. Kanske skulle han bli sluddrig eller vresig efter ett tag? Men snart förstod han att Henning Björkgren nöjde sig med den där enkla kaffekasken och sedan lät flaskan stå orörd i köksskåpet resten av dagen. Skärpan i hans tankar och tal försvann aldrig.

"En sup, sen är det bra. Man ska alltid sluta när man är på topp", förkunnade Henning med ett vänligt leende.

Dessutom hade den måttliga mängden alkohol en främjande inverkan på hans berättarröst. Den blev uttrycksfullare och mer broderande av kaffegöken, märkte Matz efter några besök. Han kom mer och mer att uppskatta de dagliga pratstunderna med Henning i hans nedsuttna soffa, inklusive fikan med spets. Gubben hade också den goda vanan att låta Matz gå redan tjugo minuter innan de schemalagda två timmarna var slut.

"Så att du får vila dina öron lite", skrockade han.

Men Matz hade allt annat än tråkigt i sällskap med Henning, som med stort intresse lyssnade på hans egna utläggningar om alla vackra flickor han fått på fall och det förestående musikaliska genombrottet. Henning förstod inte vad syntmusik var för någonting och inte heller demotejp, men det hindrade honom inte från att humma och nicka när Matz lade ut texten. Själv berättade den gamle mannen om sin uppväxt som bondson på den sörmländska landsbygden runt sekelskiftet. Det var som en hardcoreversion av Emil i Lönneberga, med mörkt målande beskrivningar av blodiga grisslakter, en sadistisk lärare i skolan som var flitig med rottingen, tuberkulosens härjningar i fattighuset i en av grannbyarna och om hin håle själv: Vidar, en utstuderat elak dräng som inte hade någonting gemensamt med Emils godmodige Alfred.

”Far min hade klena nerver och hörde röster ibland och det förstod Vidar att utnyttja”, berättade Henning med undertryckt vrede vid ett av Matz besök. ”När de jobbade ute på åkern eller var i stallet och mockade kunde han viska någonting och när far då frågade vad det var han sagt påstod Vidar att han inte hade yttrat ett ord. Då blev far orolig och gick sakta in i sig själv. Man såg det på hans ögon, de liksom vred sig i ögonhålorna på något vis. Blev tomma och inåtvända, tills han började gråta eller fick ett raseriutbrott. Ibland låste han in sig på sin kammare och hotade med att ta livet av sig. Det enda som hjälpte då var att mor stod vid dörren och pratade socker med honom genom nyckelhålet. Medan Vidar den fan log hånfullt bakom hennes rygg! Han hade sån makt över båda mina föräldrar, trots att det var han som var drängen. De var beroende av honom eftersom far på grund av sitt tungsinne inte klarade av att styra arbetet på gården så som han skulle. Vidar var duktig till att sköta sina sysslor och kunde också ta tag i de saker som behövde göras när far sjönk ner i sina djupaste depressioner. På så sätt fick han ett förtroende som han missbrukade grovt, den saten."

Såhär långt in i berättelsen hade Hennings ögon fuktats av lika delar sorg som vrede. Han visste hur det hela slutade och att det slutet inte gick att göra ogjort. Han verkade ha vevat det om och om igen som en film på näthinnan. Och som alltid när Henning berättade om saker som väckte mörka minnen i honom ryckte det i hans ena mungipa. Nervösa tics som fick hans rynkiga ansikte att skaka till.

"Far hade dynamit hemma eftersom det användes till att spränga sönder stenbumlingar med när åkrarna utvidgades. En dag när han mådde riktigt tjyvens låste han in sig på sitt rum och skrek att han skulle spränga sig själv i bitar. Jag sprang och hämtade Vidar och bad honom desperat om att bryta upp dörren. Men den jäveln bara skakade på huvudet och sa att jag skulle ta det lugnt. 'Du vet ju själv hur far din är när han sätter den sidan till. Det är bluff och båg alltihop. Inte skulle den ynkryggen våga ta livet av sig. Han snackar bara strunt.'"

Henning doppade en mandelkubb i kaffegöken och slök den snabbt, som för att trösta sig själv. Men det hjälpte inte. Tårarna rullade nerför hans fårade kinder när han fortsatte. Han kunde inte hejda gråten eller sina tics, men han kunde heller inte låta bli att berätta om den fruktansvärda upplösningen. Och vem kunde klandra honom för det? En sådan händelse gick nog aldrig att bearbeta färdigt.

”Det small så in i helvete. Jag glömmer det aldrig. Hur det ringde i öronen, doften av krut, Vidar som till sist sprang och hämtade ett spett att bräcka upp dörren med, mor som skrek som en stungen gris och så, när vi äntligen hade forcerat dörren och rusat in i rummet: allt blod och alla inälvor och köttslamsor och hjärnsubstans som hade sprutat ner väggarna. Det luktade järn också, från blodet. Och det var fullt med rök i luften efter explosionen. Far låg på golvet bredvid en omkullvräkt stol. Ja, det som fanns kvar av honom vill säga. Huvudet saknades och bröstkorgen var uppfläkt så att man kunde se rakt in i honom, under de bortsprängda revbenen. Det var som i en krater, alldeles tomt. Urblåst. Jag tror att han hade satt dynamitgubben i munnen. Det rök fortfarande från hålet där halsen och huvudet skulle ha suttit. Men armarna hans var oskadda och bar samma rutiga skjortärmar som de alltid hade gjort. Och stövlarna satt kvar på hans fötter. Trots att de var hela och ganska nya ville mor inte spara dem. Jag tror de följde med ner i fars kista tillsammans med hans kroppsdelar. På begravningen låg locket på hela tiden. Prästen talade fint om far och många i kyrkan grät. Mor hade sagt att det hela var en olycka och även om de flesta säkert kände till den verkliga dödsorsaken var det aldrig någon som förde den på tal. Inte öppet i alla fall. Allra minst Vidar. Han satt där i kyrkbänken och såg ut som om han sörjde. Jag tror fan att han till och med lyckades klämma fram en liten tår. Bara en vecka efter begravningen gav Vidar sig iväg. Han klarade inte av att se mig och mor i ögonen mer. Det var väl det straffet Gud gav den jäveln. Vi fick en ny dräng sen som var snäll men tyvärr oduglig. Jag blev snabbt vuxen och fick ta ett stort ansvar på gården eftersom jag var äldst av oss bröder. Fast det passade mig bra, jag tyckte bättre om att arbeta än att gå i skolan. Jag arbetade på gården i tolv år. Men det blev tuffare tider för oss bönder så jag flyttade in till Stockholm och fick jobb som förman vid vagnstallarna på SJ. Och sen blev jag kvar här."

Berättelsen om Hennings fars självmord gjorde ett djupt intryck på Matz. Aldrig tidigare hade han pratat med en bondson från Sörmland som sett sin pappa spränga huvudet av sig. Aldrig hade han pratat om brutal död så direkt med någon annan heller för den delen.

Det hände att Matz Zern lade sin hand på Hennings arm, för att trösta honom och för att få den gamle mannen att skifta fokus och tänka på något annat. Som Lovisa, hans älskade fru som hade gått bort för snart tio år sedan men som han fortfarande vårdade minnet av varenda dag, med mer glädje än sorg i sinnet.

”Sen när du har gått snackar jag en stund med henne. Hon säger ju själv ingenting numera men jag vet att hon hör mig. Jag känner det härinne”, sa Henning och klappade med handen mot bröstkorgen.

Det var Lovisa som hade samlat på alla porslinsänglarna. ”Deras ungar”, som Henning sa eftersom de tyvärr aldrig hade kunnat få några barn själva. Nu var alla hans syskon också döda och den ende släkting Henning hade kontakt med var en brorson som kom och hälsade på honom ibland.

”Det är så när man blir väldigt gammal och inte har några egna avkommor. Man blir ensam. Fast Gud har ändå ordnat det bra på något sätt, för samtidigt som man åldras blir man trött och orkar inte med för många människor."

Matz gillade inte bara Henning, utan också flera av de andra gamlingarna han besökte. Som tant Greta, en svårt hjulbent åttiosjuårig kvinna iklädd blommig klänning av städrocksmodell och med uttalade gastriska problem. Varje gång hon mödosamt reste sig upp ur fåtöljen, stödd mot sin rollator och med Matz hjälpande hand under ena armen, släppte hon väder i ett långt utdraget brak. Stackars Greta tyckte det var så pinsamt att hon ojade sig och skakade på huvudet så att hennes gråa hårlockar gungade. Tills Matz en dag lade av en ljudlig rökare själv, som ett slags sympatiyttring. Greta tittade först förundrat på honom innan hon brast ut i skratt och sedan den stunden försvann mycket av hennes förlägenhet över det egna fisandet. Han hade onekligen en viss tajming som kom till sin rätt i arbetet som hemsamarit. Och som belöning för sitt avdramatiserande tilltag lät även Greta Matz avvika tidigt, åtminstone en kvart innan passet var slut.

Lika generösa med tiden var Rigmor och Alf. Nåja, Alf hade väl egentligen ingenting med den saken att göra. Han låg mest och rosslade och gapade i sängen med sin tunna kropp och sin insjunkna bröstkorg, som en liten fågelunge som pep efter mat. Det var inte mycket liv kvar i den stackaren och även om Matz tyckte det kändes lite sorgligt att han snart skulle försvinna bort från jordelivet bidrog Rigmors positiva gudstro till att lätta upp stämningen i det dödens väntrum som makarnas sovrum förvandlats till. Det luktade syrligt och sött på samma gång. Som en föraning.

Rigmor var med i den lokala Frälsningsarmén i Högalids församling. En gång i veckan gick hon till Hornstull för att spela gitarr och sjunga eller skramla med bössan utanför tunnelbanestationen eller Systembolaget. Som övning i hemmet inför uppträdandet fick även hennes make en daglig dos av de kristna sångerna, anpassade till rådande omständigheter.

”Han har öppnat pärleporten, så att Alf kan komma in!” sjöng hon med sin klara stämma och log saligt mot sin man när han mycket svagt men ändå tydligt pickade med ena pekfingret i takt mot täcket, som för att visa att han uppskattade hustruns sång.

”Seså Matz, spring iväg och handla lite åt oss nu så kan du gå härifrån sen när du är tillbaka från affären”, brukade Rigmor säga när det fortfarande var gott om tid kvar av deras timme. Och så fick han en inköpslista författad med vackert snirklig skrivstil med namn på märkliga varor som stångkorv, kalvsylta, inlagda rödbetor, blodpalt och leverkorv. Mat från en helt annan tid, långt bort från moderna rätter som ostfondue och smördegsinbakad fläskfilé.

I Matz sysslor som hemsamarit ingick enklare städning och inköp. Särskilt betungande var det inte och efter några veckor kunde han konstatera att han trivdes förvånansvärt bra med sitt jobb. Det var egentligen bara stunderna hos Seth inne i hans rökkammare som alltjämt plågade honom. Sture Berg, däremot, kunde han absolut fördra. Och då var han ändå ganska knepig, denne något begåvningshandikappade man i dryga femtioårsåldern som tidvis också led av förföljelsemani. Han bodde i en tvåa på Anders Reimers väg 4.

Första gången Matz kom på besök ville Sture inte släppa in honom.

”Jag vet nog var du kommer ifrån! Det är du som sätter in mikrofonerna i väggarna! Jag släpper inte in dig fler gånger nu!” skrek han genom brevinkastet och öppnade först när Matz hade stuckit in sitt id-kort från hemtjänsten till honom.

Sture Bergs utstående öron förde tankarna till en vingmutter och de skelande ögonen bidrog inte heller till att intellektualisera hans utseende precis. Men Matz blev snart varse att han inte var så dum som han såg ut. När Sture hade fått ur sig sina griller om avlyssning och med hjälp av skurborste och klorin själv skrubbat badkaret rent från den mäsk som han påstod sipprade upp som ånga genom rörsystemet från grannen under honom som hade en hembränningsapparat som stod och puttrade nonstop (Matz varken hörde eller kände lukt av något som tydde på detta) blev han lugn och resonabel. Då började han prata om sitt stora intresse bangolf istället och förevisade Matz sina olika klubbor och bollar med varierade egenskaper.

”Men det kommer inte att bli så mycket spel när säsongen väl börjar i april. Egon går till banan med mig en söndag i månaden bara”, förklarade Sture besviket.

Egon var hans kusin och tillika gode man som hade hand om hans ekonomi och försåg Sture med pengar till mat och annat. Budgeten var emellertid så snålt tilltagen att den inte tillät fler spel på minigolfbanan, som låg vid Tantolunden nära Hornstull och som inom en månad skulle öppna. Men Matz kom på en alldeles lysande idé om hur de skulle kunna bygga upp en buffert inför den kommande säsongsstarten: Han försåg Sture med gårdagens matlåda som han hade hämtat hos fru Isaksson.

Hon åt nämligen så lite att det mesta i folieförpackningen från dagen innan låg kvar i kylskåpet. Maten var fullt ätbar men eftersom fru Isaksson hellre petade i dagens låda än i gårdagens kunde Matz ta med sig det nattgamla käket till Sture. Därigenom lösgjorde han en del av de kontanter som annars skulle ha gått till matinköp och på så sätt fanns det tillräckligt med stålar i Stures portmonnä för att de skulle kunna spela minigolf minst en gång i veckan när vårsäsongen drog igång. Och eftersom Sture själv gnuggade så ihärdigt med skurborste och klorin såg Matz ingen anledning till att städa hans lägenhet mer än ytterst sparsamt. Dessutom övertalade han Sture att de kunde gå bort till Tantolunden och spela lite minigolf i smyg, trots att banorna ännu inte var öppnade.

Det var en vinna-vinna-situation, varje onsdag då den kutryggige vingmuttern Sture Berg, i keps och en vindjacka som hade sett sina bättre dagar, vaggade fram med en klubba i var hand på väg till minigolfbanan i Tantolunden. Bredvid honom gick den gänglige och bildsköne hemsamariten Matz Zern med två z:an, iklädd sin duffel och det lockiga håret i fritt fall över axlarna, bärande på den lilla plastväskan med golfbollar i.

De log båda två, detta omaka par, men av lite olika anledningar. Matz i första hand för att han slapp städa och Sture för att han skulle få spela minigolf.

19

”Jag är inte arg!”

”H-HAR DU LUST att komma hem till mig och käka middag ikväll? D-du kan väl ta med dig Janne?”

Carina ryckte till av Ivas fråga när de som vanligt satt i kafeterian och fikade efter föreläsningen. Inte på grund av att hennes stammande kamrat förstått att hon och Janne umgicks en del, det var ju alldeles uppenbart, utan för den där självklara tonen i tilltalet. Som om de verkligen var ett etablerat par. Innan hon hunnit svara kastade Iva mer bränsle på brasan.

”M-martin kommer, plus en hel drös gamla polare. Kanske hans k-kompis skåningen också. H-han som stötte på dig på Boheme.”

Ivas lite retsamma leende satt kvar på hennes läppar tills hon tog en stor bit av sin obligatoriska chokladboll och började mumsa njutningsfullt på den. Sorlet i lokalen hade den där avslappnade och samtidigt förväntansfulla anstrykningen som bara kunde infinna sig på en fredag. Till och med Adrian såg glad ut där han satt vid bordet intill och sippade på en kopp svart kaffe, omgiven av sin fanklubb. Inklusive Janne. Carina noterade det med lätt irritation.

”Jag vet ju inte om Janne har lust”, sa hon.

”M-men fråga honom då! Och vill han inte kan du ju komma ensam och g-ge skåningen en ny chans.”

”Det där var inte ens roligt”, sa Carina. ”Jag har ingen som helst lust att träffa honom.”

Iva slog ut med armarna i en spelad ursäkt och slukade återstoden av sin godsak i ett nafs. Hon rapade med handen knuten över munnen.

”T-ta inte allting jag säger så bokstavligt, Carina. Jag skojade bara. K-kanske var det ett dåligt skämt, men det var i a-alla fall ett skämt.”

”Okej, jag ska fråga Janne. Vilken tid är det?”

”Runt sju. Jag tänkte bjuda på mammas cevapcici och klyftpotatis. Ta med en vinare. Sen kanske vi drar till Pelikan och ölar lite. Kom igen nu, C-carina! Du måste ut och lufta dig i-ibland. Inte bara sitta hemma och u-uggla över böckerna eller hångla upp Janne.”

”Du, på tal om hångel tycker jag att du ska hålla låg profil. Du var väl nere med tungan och slickade Martins tonsiller senast jag såg er tillsammans.”

Carina log nöjt åt sin kvicka motreplik. Någonting hade definitivt hänt med henne efter den där urladdningen hos gruppterapeuten. Det var nästan så att hon fick lust att skicka ett tackkort till snormajan med hälsningar även till Håkan och Sven-Gunnar. För hur meningslöst och irriterande det än hade känts att vecka ut och vecka in lyssna till de lättkränkta männens sexistiska monologer och terapeutens snuva var det ju tack vare dem som hon till sist exploderat och fått ur sig en ansenlig mängd av sin inre aggression. Men därifrån till att otvunget gå på middagsbjudningar var steget fortfarande långt. Och tanken på att den dumdryge skåningen med sitt publikfriande anlete skulle kunna dyka upp gjorde henne än mer tveksam.

”D-då säger vi det. Klockan sju hos mig! T-ta med alkohol och en baskerklädd ung man”, sa Iva och reste sig för att gå.

”Vänta! Jag måste ...”

”Nej! Jag v-väntar mig bara att ni k-kommer. Annars blir jag sur”, sa kamraten, slängde sin Fjällrävenryggsäck över axeln och försvann därifrån på studsande steg, som en lekfull liten flicka.

Carina satt ensam kvar och drack sitt kaffe medan hon sneglade bort mot Janne. Han hade tagit av sig sin basker så att det ljusa, tunna håret blottades. Det såg ut som spunnet socker som plattats till. Inte direkt vackert, men ändå rätt så gulligt på något vis. Hårtestarna som ett statement över att det fanns viktigare saker under ytan. Viktiga tankar. Han var inte intresserad av yta utan bara uppfylld av *diskussionerna*, av att få grotta ner sig i någon litterär eller konstvetenskaplig teori eller detalj och, om tillfälle gavs, briljera med sin kunskap. Det kunde säkert uppfattas som snobberi av en utomstående men Carina betraktade det mer som en nördig passion att alltid stöta och blöta idéer.

Några minuter efter det att Adrian med en majestätisk knyck på nacken tagit farväl av sitt entourage vågade sig Carina fram till Janne. Men han var så djupt engagerad i en ny diskussion, den här gången med en annan kursare som hette Anders, om Hemingways isbergsteknik, att det dröjde ett bra tag innan han upptäckte henne.

”Hej”, sa han och gav Carina ett flyktigt leende innan han återgick till diskussionen.

Hon stod kvar bredvid bordet och kände sig dum. Visste inte om hon skulle sätta sig ner eller gå därifrån. Men så plötsligt drog Janne ner Carina på stolen bredvid sig, med en mjuk men bestämd rörelse och en kort men vänlig blick. Han fortsatte att diskutera med Anders men tryckte samtidigt Carinas hand.

”Du menar väl ändå inte att Hemingway är en briljant stilist?” frågade Anders. ”Hans styrka ligger på ett helt annat plan. I det outtalade, det oförväntade. Och det överraskande.”

”Men det är ju just det som är stilistisk briljans”, protesterade Janne. ”Att ha ett så starkt språk att han kan säga mycket mer än det som han skriver ut med bokstäver. Aldrig hört talas om uttrycket ’att läsa mellan raderna’? För du menar väl inte att stilistik bara handlar om vackra ord?”

”Det har jag väl aldrig sagt? Vad jag menar är att Ernest Hemingway är mer journalist än författare.”

”Och vad menar du med det?” frågade Janne anklagande.

”Han … han skriver inte så rytmiskt.”

”Vad då, som att han inte använder jamber och daktyler? Han behöver inga versfötter. Hans rytm är hans egen, ingen annans!” framhöll Janne med eldigt patos.

Så fortsatte de att fäktas i ytterligare fem minuter, med alltmer eftertryck i rösterna. Anders skulle naturligtvis aldrig erkänna sig besegrad – vilken hane gjorde väl det? – men av Jannes nöjda uppsyn drog Carina slutsatsen att han betraktade kursarens ursäkt om att han hade ett viktigt ärende i stan, och därför var tvungen att gå, som ett svepskäl för att komma helskinnad ur diskussionen när argumenten tröt.

”Anders är trevlig men begränsad”, sa Janne till Carina när de två var ensamma. ”Förlåt, det låter kanske överlägset, men jag har svårt att vara tyst när någon har så fullständigt fel som han har ibland. Devalverar Hemingway till någon sorts simpel reporter. Det är kanske min stora akilleshäl att jag blir så engagerad.”

Han log och tryckte hennes hand igen. Jannes många ”kanske” gjorde Carina varm i bröstet. Han kunde låta både nedsättande och lite högfärdig ibland, men lyckades ofta balansera det genom att följa upp med en dos osäkerhet och ödmjukhet.

”Har du lust att följa med på middag hos Iva ikväll?” frågade hon.

Hans leende stelnade till en kort sekund innan det åter mjuknade. Det gick så fort och var så subtilt att ett otränat öga knappast hunnit notera det. Men Carina hade alltid varit utrustad med sensibla tentakler och var numera dessutom van vid att tyda hans minspel. Den varma känslan i bröstet klingade långsamt av.

”Det hade varit jätteroligt. Men jag kan tyvärr inte, jag är upptagen på annat håll.”

”Med vad då?” frågade Carina utan att lyckas dölja besvikelsen i rösten.

Janne skruvade besvärat på sig.

”Jag ska hem till Adrian.”

”Till Adrian? Varför det?”

”Varför låter du så arg?”

”Jag är inte arg!”

”Jo, det är du! Men det har du ingen anledning att vara. Vi ska bara snacka om litteratur och kanske läsa några av hans dikter. Dricka lite vin. Men imorgon kan du och jag gå till Moderna museet om du har lust. De har en ny fin utställning nu efter den där populistiska Chagallsmörjan. Ryskt avantgarde ur Georg Costakis samling. Sen kanske vi kan käka hemma hos mig?”

Carina nickade och försökte se oberörd ut. Men inombords bubblade svartsjukan som stickig kolsyra. Vad var det för jävla stil, att välja Adrians sällskap framför hennes? Dessutom visste han ju att hon hade svårt för den skrytmånsen. Men så kom hon på andra tankar. Det var väl bara bra att han inte hängde upp sig enbart på henne? Han ville ju att de skulle ses, bara inte ikväll. Vore det inte för att Jannes möte med Adrian fick henne att tänka på Monty Python-sketchen om argumentationskliniken hade hon kanske rent av uppmuntrat det.

”Ja, men klart. Ringer du?” frågade Carina.

”Absolut! Vi kan kanske träffas på förmiddagen?”

”Hellre på eftermiddagen, så att jag får sova ut.”

”Efter en middag? Det behövs väl inte?” sa Janne och nu var det hans stämband som avslöjade ett svagt vibrato av harm.

”Vi går nog ut efter middagen”, sa Carina. ”Till Pelikan. Du kanske kan dyka upp där senare på kvällen, efter träffen med Adrian?”

”Tror inte det.”

Carina var inte nöjd med deras avsked. Hon borde ha gett Janne en puss och ett leende, men hade inte kunnat förmå sig till det. Egentligen hade hon ingen lust alls längre att gå på den där middagen hos Iva, men när alternativen var att antingen besöka sin bittra gamla mor eller sitta hemma framför teven och titta på "Gäst hos Hagge" kändes det ändå som det mest lockande, eller kanske snarare som det minst plågsamma valet.

Hon kom i god tid före sju, för att slippa möta så många nya ansikten på samma gång. En efter en droppade de andra gästerna in i Ivas lägenhet där ett hav av stearinljus i ljusstakar och tomma vinflaskor med bast fladdrade varmt och välkomnande. Alla fick varsitt glas bål i handen, en häxbrygd som värdinnan blandat ihop på jugoslavisk slivovitz, Kir, Pommac och konserverade mandarinklyftor och ananasringar.

"Så att vi kommer lite i g-gasen", förklarade Iva, som dagen till ära hade ersatt sin röda täckjacka med en midjelång sammetskavaj i samma färg och för ovanlighetens skull ett par leggings, naturligtvis röda de också, istället för de vanliga jeansen.

Ivas storebror Jere visade sig vara en imitatör av guds nåde. Hans version av Bosse Parneviks version av den gamle folkpartistiske budgetministern Ingemar Mundebo fick alla att vrida sig av skratt. Speciellt när Mundebo med sin oförmåga att uttala bokstaven r förflyttade sig till Krukmakargatan.

Det blev en förvånansvärt lyckad kväll med många roliga upptåg. De av Ivas kompisar som hon inte hade träffat tidigare visade sig vara trevliga och Carina kände själv hur hon slappnade av och blev mer talför i takt med att först bålen och sedan vinflaskorna tömdes.

Skåningen dök inte upp och lika bra var väl det. Inte för att hon kände sig dum inför honom, var det någon som borde skämmas efter deras möte var det ju han. Men ändå. Martin och Iva satt omslingrade i Ivas röda, mjuka soffa och alternerade mellan att hångla och äta sig igenom desserten, som bestod av konserverade päronhalvor med smält After Eight toppat med vaniljglass och röda cocktailbär. Nästan allting som hade med Iva att göra gick i rött: hennes klädsel, tapeterna i vardagsrummet, stora delar av möblemanget och den mat hon serverade. Dessutom närde hon en liten kommunist i sitt bröst. Till Martins ohejdade förtjusning gick Ebba Gröns version av det gamla proggbandet Blå tågets ”Staten och kapitalet” varm på skivspelaren.

”D-den låten är mer sann än någonsin! Jag ger mig fan på att sossarna kommer att vika sig för Nicolin och hans g-gubbar. Det är såna tider nu. Löntagarfonderna ryker all världens väg, kom ihåg var ni hörde det f-först!”

Och sedan skrattade hon sitt bubblande skratt och drack rödvin och fick röda kinder och även om Carina hade haft en bra kväll och på sätt och vis gärna hade fortsatt dela den med Iva och hennes kompisar bestämde hon sig för att inte följa med till Pelikan. Det var någonting med Janne som fick henne att avstå. Hur ogärna hon än ville medge det hade hon morgondagen med honom i åtanke. Hon hade redan druckit alldeles för mycket och ville inte vara för bakfull. Hon ville vara till sin fördel. Okej, hon var fortfarande arg för att han hade valt Adrians sällskap framför hennes. Och visst hade hon funderat på den här kvällen som en möjlighet till ett slags hämnd. Men tanken föll platt till marken när hon nu hade chansen att leva den. Killarna på middagsbjudningen var antingen redan upptagna eller helt enkelt inte hennes typ. Och skåningen lyste ju med sin frånvaro. Inte för att han var hennes typ heller, men han hade i alla fall raggat på henne.

Den dryge fan.

20

”Jag hade tänkt att vi skulle ha lite underhållning också.”

VESSLAN SÅG BISTRARE ut än vanligt när de samlades i hemtjänstens mötesrum på Reimersholme den fredagsmorgonen. Lite som om hon hade fått reda på att Matz Zern ännu inte betalat sin fackavgift till SKAF. Men det var något annat som förmörkade hennes sinne. När alla hade fått sitt kaffe och det första morgonsurret lagt sig en aning tog hon till orda.

”Har ni läst Stockholmstidningen idag?” frågade Vesslan allvarligt och höll upp densamma.

Förstasidan pryddes av ett foto på en stilig äldre man under rubriken ”Georg Rydeberg är död”.

”Jag hörde det på radion”, sa Mirja och nickade med sorgsen min och lät sin eftertänksamma blick långsamt vandra runt bordet.

”Så ovärdigt, och så typiskt vår tid”, fyllde Vesslan i. ”Men det skulle aldrig ha hänt om han hade haft hemtjänst. Tänk på det, mina vänner! Ni är alla oerhört viktiga för de gamla och ensamma.”

Matz sträckte stolt på sig i stolen. Men var han verkligen som hemsamarit skillnaden mellan liv och död? Var det inte att lägga lite för stor betydelse i yrket? Efter ytterligare ett par minuters brandtal av Vesslan om hur viktig den underbetalda hemtjänstpersonalen var och en utläggning av Mirja om den folkkäre skådespelarens tragiska död infann sig en känsla av tomhet och saknad hos Matz. Vem skulle nu läsa den där dikten om ringande klockor på nyårsafton? Så sent som för drygt en månad sedan hade Georg Rydeberg varit huvudperson i det populära teveprogrammet ”Här är ditt liv”. Och nu hade han alltså hittats ensam i sin lägenhet i Stockholm, där han förmodades ha legat död i nästan fyra veckor.

”Förstår ni vad det är som händer i Sverige?” frågade Vesslan retoriskt. ”Jo, egoismen breder ut sig som en löpeld! Omsorg om sin nästa är helt ute. Allting är bara yta och ryggdunkningar och bra teve. Lasse Holmqvist intervjuade Georg Rydeberg bara dagar innan han dog, inför hela det svenska folket på bästa sändningstid. Många av hans så kallade vänner var också med, och ändå fanns det inte en kotte som saknade honom när han dog. Fy fan, säger jag! Fy fan för att bli gammal i Sverige idag. Men så går det när borgarna rustar ner välfärden.”

Matz Zern överraskades av Vesslans känsloladdade och engagerade utbrott, han hade inte sett den sidan hos henne förut. Han förstod dock inte riktigt borgarnas skuld i Georg Rydebergs tragiska bortgång, det var ju ändå Palme och sossarna som satt i regeringen. Men bortsett från det hade kollegan en poäng. Matz hade själv slagits av hur ensamma gamlingarna som han besökte verkade vara. Så utlämnade. Ibland uppfattade han sig som deras enda länk till omvärlden. Visst fanns det en del anhöriga, men om man hårdrog det var de antingen frånvarande eller mästrande. I värsta fall bådadera.

”Ta riktigt god tid på er att prata med våra kära pensionärer idag”, sa Mirja. ”Det är säkert många som vill ventilera det som har hänt.”

Efter det rådet öppnade den finlandssvenska gruppledaren upp för synpunkter i ett helt annat ämne: Hur skulle kvällens personalfest organiseras? Jeanette, det blonda tuggummituggande bombnedslaget, hade som huvudansvarig köpt in all mat. Det skulle bli först ostbuffé och sedan cheesecake till kaffet. Alla fick själva ta med sig det de ville dricka till festlokalen som låg i källaren.

När Vivianne, en modest kvinna i fyrtioårsåldern, stillsamt undrade om det inte blev lite tårta på tårta med först ost och sedan cheesecake, fick hon ett ilsket ögonkast av Jeanette.

”Men fixa du allt själv då istället, om du har bättre idéer! Jag ska inte stå i vägen för din kreativitet. Du kanske tycker vi ska hämta maten från storköket istället? Pannbiff och jordgubbskräm, så att det blir lättuggat?”

Ost och cheesecake är väl i och för sig ganska lätt att tugga det också, tänkte Matz. Men han sa ingenting.

Vivianne skakade generat på huvudet och Mirja försökte gjuta olja på vågorna genom att sträcka upp båda sina armar i luften och samtidigt skaka händerna, vilket fick henne att likna en väckelsepredikant. Vesslan å sin sida, som av någon anledning hade ett extra gott öga till Jeanette, höll ett nytt brandtal. Den här gången till hennes ära.

”Vi ska vara glada för att vi har så duktiga ungdomar som Jeanette i vår grupp, istället för att motarbeta dem. Hon är värd massor av uppskattning för sina ansträngningar, inte elaka påhopp.”

Stackars Vivianne var nu så tillplattad att hon avgjort skulle tänka sig för både en och två gånger innan hon öppnade sin försynta mun. Jeanette, däremot, log segervisst.

”Jag hade tänkt att vi skulle ha lite underhållning också”, sa hon. ”Men den är hemlig än så länge.”

Ett nyfiket och skrattbubbligt sorl spred sig i rummet. Jeanettes leende blev ännu bredare. Hennes kinder skimrade av silverglittret som hon redan hade sminkat dem med och ögonskuggan i guld gav hennes blick ett sug som Matz fann väldigt attraktivt, speciellt nu när den etsade sig fast på honom.

”Ni killar får förbereda er mentalt på att uppträda ikväll”, sa Jeanette utan att kasta en blick åt Glenns eller Alvaros håll. Hon hade bara ögon för Matz.

”Vad är det vi ska göra?” frågade han nyfiket och tillade självsäkert, utan att tänka sig för, att han kunde ta med sig sin gitarr.

”Nej, det behövs ingen gura”, svarade lyckligtvis Jeanette. ”Kom bara som du är så ordnar resten sig själv.”

Det var med något lättare steg än brukligt som Matz den dagen styrde kosan mot Seth Svensson och dennes rökkammare. Dels var det fredag, en dag som han som nybliven lönearbetare lärt sig att värdesätta ännu högre än tidigare. Dels såg han fram emot kvällens personalfest och möjligheten att ta reda på om Jeanettes blick höll vad den lovade. Men framför allt var han glad över att det nu verkade som om hans dagar som inneboende hos Martin och dennes mamma i trean i Rågsved snart var räknade. En kompis till en kompis till en kompis till Martin skulle resa till USA ett halvår och ville under den tiden hyra ut sin lilla etta utan varmvatten på Kungsholmen till priset av sextonhundra spänn i månaden. Imorgon skulle Matz titta på den och förhoppningsvis skriva andrahandskontrakt. Nog för att han hade trivts bättre än väntat som inneboende i Rågsved, och nog för att hyran för ettan tangerade det hutlösa, men en egen lya var ändå en egen lya.

Först dock Seth.

Det luktade inte bara tobaksrök i gubbens trapphus den här fredagen. Det luktade bränt. Och när lägenhetsinnehavaren efter fem nervösa ringsignaler äntligen öppnade dörren bar hans vanligtvis helt nikotingula ansikte spår av sot samtidigt som hans nikotingula Hawaiiskjorta var svartbränd längst ut på de korta ärmarna.

”Det har hänt en olycka”, pep Seth ynkligt och hostade till innan han gjorde plats i hallen så att Matz kunde äntra lägenheten. Röken var ännu tjockare än vanligt och sikten i det närmaste noll. Med stor möda lyckades Matz få upp mittfönstret i vardagsrummet som förmodligen inte hade varit öppet på flera år. Sakta skingrades röken varefter brandhärden frigjorde sig som den heliga gralen ur dimmorna. I den stora keramikskålen som brukade innehålla begagnade cigarettfilter pyrde nu en tjock, svart och mycket klibbig klump i storleken av en tennisboll. En halvfull spann med vatten som stod på golvet bredvid bordet vittnade om att Seth överraskande nog ändå hade haft tillräcklig sinnesnärvaro och handlingskraft för att förhindra en fullskalig lägenhetsbrand. Trots det såg han alldeles förkrossad ut.

”Jag råkade slänga ner tobak som glödde i filterskålen. Där försvann alla mina filter. Ett års förbrukning upp i rök, det är en katastrof!” klagade Seth.

Han bröt ut i en torr hostattack och stoppade sedan en nitroglycerintablett under tungan, förmodligen i förebyggande syfte. Bortsett från att Matz mycket starkt betvivlade att Seth Svensson skulle leva i ytterligare ett år hade han svårt för att se just förlusten av de begagnade cigarettfiltren som det katastrofala i sammanhanget. Han lyckades öppna även fönstret i sovrummet, vilket orsakade ett välkommet tvärdrag som ytterligare förbättrade sikten i den murriga tvåan. Såhär bra hade Matz paradoxalt nog inte sett därinne tidigare. En kvick husesyn gav vid handen att skadorna var begränsade och koncentrerade till området runt soffbordet i vardagsrummet där elden uppstått. De stora keramikskålarna var emellertid intakta, och den med gammal tobak i hade till och med sitt innehåll kvar. Men en bra bit av bordsskivan i trä hade bränts svart och Seths gamla syntetiska nikotingula matta under bordet var svartprickig av glödflagor som singlat ner på den. Dessutom hade vredet till elementet på väggen intill smält av hettan så att det inte längre gick att vrida om.

”Vi ringer vaktmästaren så får han komma hit och fixa det”, föreslog Matz.

"Aldrig i livet!" protesterade Seth. "Ingen annan ska ha reda på att det har brunnit här! Då kommer de jävlarna att säga att jag måste flytta in på något hem. De där jävla vitrockarna. Det gör inget att vredet inte går att vrida, jag har det ändå alltid på max."

Seth letade desperat efter påsen med nya cigarettfilter som brukade ligga som backup bredvid skålarna på bordet, men även den hade slukats av lågorna.

"Nu får du fan göra rätt för din lön, skåning!" väste gubben och viftade ilsket med sin portmonnä. "Ta den här och spring iväg och handla filter och cigarettpapper i tobaksaffären innan jag avlider! Fem paket av varje!"

Nikotinabstinensen hade kopplat sitt elaka grepp om Seth, vilket förklarade hans vresiga humör. Vanligtvis var han riktigt snäll innanför sitt inpyrda skal, nu påminde han mest om en hungrig katt som någon snott lunchströmmingen ifrån. Matz fann för gott att genast följa hans uppmaning och rusade iväg till tobakshandlaren. När han kom tillbaka skakade Seth av abstinens och små svettdroppar hade trängt fram i pannan. Efter att snabbt ha rullat en cigarett med gammal tobak från tobaksskålen i nytt papper med ett nytt filter, och sedan med darrande händer tänt den och dragit ett girigt bloss, spred sig äntligen ett visst lugn över hans ansikte.

Och när Matz hade städat undan spåren från branden någorlunda var gubben på riktigt gott humör. Han hade till och med kommit över den stora förlusten av begagnade filter.

"Det gjorde du bra, trots att du är skåning", sa han till Matz och log. "Då ses vi på måndag igen, eller hur? Trevlig helg!"

Matz luktade fortfarande lite vidbränd när han på kvällen tog trapporna ner till källarlokalen på Reimersholme där personalfesten skulle gå av stapeln. Han hade inte varit hemma och bytt kläder efter jobbet utan stannat på Söder för att handla två vinare på systemet och sedan tagit en uppvärmande stor starköl på Tre Tunnor på Hornsgatan.

De flesta andra hade redan kommit och stod nu i små grupper och pratade dämpat, så som man brukar göra på fester innan alkoholens effekt har börjat verka kollektivt. Någon hade tejpat fast ballonger och serpentiner i guld och silver på de annars kala vita källarväggarna och det vanligtvis skarpa skenet från lysrören i taket hade ersatts av en stor, långsamt snurrande discokula som spred ett spektrum av kulörta ljusprickar i den i övrigt nedsläckta lokalen. Ett bord var dukat med ostbuffén och ett annat med en vit pappersduk och gulblåvita papperstallrikar samt bestick och glas i plast. Ur högtalarna dunkade Soft Cells "Tainted Love" och framme vid den obligatoriska bålen intill dörren hade Jeanette placerat sig strategiskt med en slev i handen, så att hon hade full koll på alla som kom.

"Vad fin du är i håret", sa Matz uppskattande och vågade sig till och med på att försiktigt gnugga en av hennes blonda lockar mellan sina fingrar. Hon luktade starkt men gott av parfym. Hennes hår såg ut att ha genomgått såväl permanent som tupering, vilket i kombination med Jeanettes väl tilltagna byst och urringade svartblåa tröja med tillhörande kort tyllkjol fick henne att likna en större och mer vågad version av Kim Wilde.

"Ja, vi som inte har naturligt fall på håret får gå till frissan", log hon. ”Dina lockar är väl helt på riktigt?”

Matz besvarade hennes leende och drog med fingrarna genom sin kalufs.

”Ja, jag har förlikat mig med dem nu. När jag var fjorton försökte jag dra ut lockarna med hjälp av en dammsugare.”

Jeanette skrattade till.

”Du skulle lätt platsa i ett hårdrocksband med det barret.”

Ja, tänkte Matz och smakade på den spetsade pärondrickan som Jeanette försåg honom med ur skålen. Jag är nog ämnad för den stora scenen.

Han kom ihåg Jeanettes ord från tidigare på dagen, att personalgruppens manliga medlemmar skulle förbereda sig mentalt på att uppträda under kvällen, och frågade henne vad det var de skulle göra.

”Något som kommer att få alla härinne på väldigt gott humör”, svarade Jeanette kryptiskt.

Hade Matz vetat vilken typ av scenshow det var fråga om är det högst troligt att det självsäkra leendet på hans läppar tagit flera nervösa pauser under kvällens lopp. För när det mesta av osten var uppäten och alla utom Vivianne även huggit in på cheesecaken (som verkligen blev som en tårta på tårtan) och alkoholen hade fått sin kollektiva effekt och även sin individuella (i Matz och Jeanettes fall yttrad i en tätt omslingrad dans till Nazareths gamla sjuttiotalsdänga ”Love Hurts”) blev det nämligen dags för uppträdandet. Jeanette kallade samman Matz, Glenn och Alvaro och lyckades tack vare just den förlovade alkoholens inverkan övertala dem alla att gå in i rökrummet intill och förbereda den ”show” hon föreslog.

”Det är inget farligt, det är ju bara skitkul. Ni kommer att bli kvällens hjältar!” lovade Jeanette när Alvaro uttryckte starka tvivel om hur deras akt skulle tas emot av alla kvinnorna i publiken.

”Vi kan ju inte stegen! Vi har ju aldrig tränat. Det är ju inte flamenco precis!”

”Bry dig inte om stegen”, sa Glenn med lullig röst. ”Det viktiga är väl att reflexerna sitter.”

Fem minuter senare tände Jeanette en strålkastare, satte på sitt blandkassettband och drog upp volymen på förstärkaren. I samma sekund som den välbekanta låten drog igång steg jublet i lokalen. Jeanette slet snabbt ner en del av väggdekorationen till ännu större jubel innan hon sprang in i rökrummet och försåg de nakna aktörerna med två ballonger var. Sekunderna därpå gjorde de entré.

Du-du-du du-du-du-du-du-du-du …

Ballongdansen, att han inte hade lyckats lista ut det! Denna det senaste årets verkliga partyplåga, inte minst på personalfester. Matz log ansträngt och skylde sig liksom Glenn och Alvaro så gott han kunde med ballongerna samtidigt som han tog mycket försiktiga danssteg i sidled, som om han provade hållfastheten av en is.

”Buuuuh!” skrek Vesslan som var fullast av alla och hade som uppgift att under melodins gång då och då sticka hål på en ballong.

Den kvinnan slutar aldrig att förvåna, tänkte Matz och kände hur en svettdroppe ringlade sig ner i pannan. Det var inte riktigt på detta vis han hade tänkt sig sitt publika genombrott.

Vesslan buade igen och följde upp med en busvissling.

”Skifta-skifta-skifta!” skrek hon och fick snart med sig resten av publiken i sitt taktfasta krav, ackompanjerat av lika taktfasta handklappningar.

”Skifta-skifta-skifta!” ropade alla kvinnorna med blodtörstiga röster.

Glenn var den som fattade först och skiftade läge på sin ballong från den egna grenen till Alvaros bröst. Problemet var bara det att Alvaro inte var lika kvick i tanken, vilket fick till följd att det tog drygt tio sekunder innan Glenns ädlare delar doldes igen.

Publiken var i fullständig extas och Matz undrade paniskt när låten skulle ta slut. I hans öron framstod den redan som oändlig. Äntligen kom ändå finalen. Den sista tonen ljöd och trots tre positionsförändringar med sin enda återstående ballong hade Matz till skillnad från de två medaktörerna lyckats med konststycket att inte blotta sitt skrev mer än under bråkdelarna av en sekund.

”Buuuuuuu!” skrek Vesslan och det kunde hon ju få göra bäst hon ville. Matz var redan på väg ut ur lokalen i sidled.

Vad han emellertid inte hade räknat med var den kraftigt berusade fackliga representantens ohejdade vilja att få beskåda även hans fortplantningsorgan. Med hårnålen i högsta hugg gick hon till omedelbar attack. Några vingliga men snabba steg och sedan ett distinkt utfall mot ballongen. Pang!

”Ha ha! Ja, man ser ju att du är skåning. Du ser ut precis som Sven Melander därnere!”

Vesslans vassa röst ekade mot väggarna och orsakade ännu mer jubel och visslingar.

Männen lämnade raskt rummet med någonting snarlikt svansarna mellan benen. Matz kände sig väldigt dum och osäker. Vad menade Vesslan med sin Sven Melander-liknelse? Säkert ingenting. Hon var nog bara full. Men folk hade skrattat åt honom i naket tillstånd och det gillade han inte.

Lite räddades kvällen av att först Vesslan, den giftormen, skämde ut sig genom att spy på golvet och att Jeanette kysste honom med sina lika smultronfärgade som smultronsmakande glansiga läppar och därefter viskande undrade om han ville följa med henne hem efter festen.

Men när han väl låg i himmelssängen bredvid den välparfymerade Jeanette i hennes lägenhet i Bredäng ville det sig inte alls. Hans mandom svek honom. För första gången någonsin kunde han inte få upp den när han ville.

”Jag är trött”, mumlade han när Jeanettes besvikna händer slutat massera hans livlösa kön. ”Jag är bara trött och full”, upprepade han och blundade och låtsades snart att han sov.

Matz låg vaken hela natten. Vad fan var det som höll på att hända?

21

”Hej det är Tage. Är Hasse där?”

”HUR VAR DET igår? Blev det sent?”

Det fanns en lite anklagande ton i Jannes röst igen, noterade Carina. Redan innan han fått svaret.

”Nej, jag gick hem ganska tidigt”, sa hon. ”Och du då, tröttsamma diskussioner med Adrian?”

Carina bet sig i läppen när hon hörde hur vassa hennes ord lät.

”Tvärtom”, sa Janne. ”Vi hade väldigt bra diskussioner.”

”Vad bra.”

Det blev tyst i telefonen några sekunder innan Janne frågade om hon fortfarande var intresserad av att gå på den nyöppnade konstutställningen om ryskt avantgarde på Moderna museet.

”Sen kan vi käka middag ihop. Hemma hos mig eller på krogen”, sa han.

Nu lät han vädjande på rösten. Han ville verkligen träffa henne, det var alldeles tydligt. Och känslan av inre tomhet, som hade ansatt henne sedan igår kväll när hon ensam gick hem lite småpackad i Stockholmsnatten, tynade så sakta bort och ersattes av någon sorts värme. En sådan som man kan känna i badkaret när varmvattnet inte riktigt räcker till för att omsluta hela kroppen men nästan. Om man ligger alldeles still.

”Visst”, sa hon. ”Ska jag hämta dig på vägen?”

”Det blir jättebra. Om en timme?”

”Om en timme.”

Carina hade druckit för mycket igår, absolut, men hennes bakfylla var ändå inte värre än att hon kunde kurera den med sin väl beprövade huskur. Hon hade lärt sig den av Claes under en försommarhelg i Köpenhamn. De hade bott på lyxhotellet D'Angleterre vid Kongens Nytorv och allting hade varit så perfekt, långt borta både i tankarna och geografiskt från det komplicerade livet i Stockholm där hans fru och två barn alltid spökade någonstans i bakgrunden. Fin middag och nattklubb och bra sex. De hade till och med köpt ett raffset till henne i en av de minst porriga porrbutikerna på Istedgade tidigare på kvällen. Det var som om allting var tillåtet i Swinging Copenhagen.

När de vaknade på söndagsförmiddagen med sprängande huvudvärk båda två ringde han roomservice och beställde upp tomatjuice som han sedan preparerade med Treo Comp. Eftersmaken av salt brustablett gjorde den redan äckliga tomatjuicen ännu vidrigare. Men effekten var omedelbar och gudabenådad. Allt det onda försvann på ett par minuter och redan till lunch satt de och åt smörrebröd och drack öl och snaps på en av uteserveringarna längs med kanalen i Christianshavn. De var busiga och gick in på Christiania också och köpte ett par joints i ett av stånden på Pusher

Street. Carina var egentligen inte alls förtjust i cannabis. Hon hade provat det vid två tillfällen tidigare och mått illa båda gångerna. Men med lite alkohol och kodein i ådrorna och sin hand i Claes hand kände hon bara lycka av ytterligare en drog.

Naturligtvis fanns det ett inslag av falskhet i hennes rus. Men just i den stunden, när den sötaktiga röken och förälskelsen frigjorde en hel armé av endorfiner, hade hon inga tankar på morgondagens bekymmer. Det var en magisk helg som aldrig kom tillbaka. Köpenhamn, sol, gatumusikanter på Ströget, välfyllda uteserveringar på caféerna vid Amager torv, doften av rostade kastanjer vid Jorcks Passage, danska wienerbröd till frukost och danskt hygge som en snuttefilt över alltihop. Till och med de fulla grönländarna med sina dåliga tänder som stod och pimplade öl direkt ur flaskorna intill statyn med det stora ankaret vid Nyhavn verkade tillfälligtvis ha omfamnats av det vackra vädret och den uppsluppna stämningen. Åtminstone tyckte Carina det, hon såg bara leenden och glada, obekymrade miner vart hon än tittade.

Känslan försvann genast när de återvände till Stockholm. Och den hade som sagt var aldrig riktigt kommit tillbaka igen. Hon kunde inte låta bli att reflektera över det när hon blandade sin huskur i ett Duralexglas i köket och grimaserande drack upp den i tre snabba klunkar. Claes hade strax efter Köpenhamnshelgen abrupt lämnat henne, eller som han själv formulerat det: ”Tagit sitt ansvar och stannat kvar hos sin familj.”

Hon var inte säker på vad som smärtade mest den gången:

hennes egen kärlekssorg eller svartsjukan gentemot hans fru. Att tillhöra, att vara en del av en samhörighet. Var det viktigare än att känna sig sexuellt åtrådd? Saknaden gick inte att bestämma, det enda helt säkra var att den hade påverkat hennes liv alldeles för mycket och alldeles för länge. Hon rapade upp de kväljande ångorna av tomatjuicen och Treo Comp och tänkte att det här var hennes madeleinekakor och lindblomste. Smaken som förflyttade henne tillbaka i tiden till någonting som inte längre fanns. Carina log generat åt sin association. Litteraturstudenten på spaning efter den tid som flytt.

Men det var någonting med de där sura ångorna som ändå ingav hopp, nu när hon hade fått ihop det med Janne. För hur svårt hon än hade för att definiera sina innersta känslor för honom upplevde hon en sorts längtan och saknad när han inte var där.

Carina borstade tänderna noga och klädde sig i jeans och en blåblommig blus med knytning i ryggen. Hon hade köpt den dyrt i en exklusiv secondhandbutik i Gamla stan och fallit för expeditens ord om att den var ”mycket mer söt än damig” när hon rest tvivel om plagget verkligen var hennes stil. Dold under Carinas svarta kappa fick blusen bida sin tid. Hon undrade vad Janne skulle säga när han såg den. Om han överhuvudtaget skulle lägga märke till den.

Det var en solig dag igen, med uttalade vårambitioner. Janne stod utanför sin port och väntade på henne när hon kom, otåligt trampande som en galopphäst i startboxen. Han hade lämnat sin lodenrock uppe i lägenheten och ersatt den med en brun yllekavaj med läderlappar på armbågarna. Men baskern hade han fortfarande på sig och det pigga leendet avslöjade att hans vinkonsumtion kvällen innan inte på långa vägar när varit i paritet med Carinas. Eller så hade han också en dunderhuskur.

”Vad kul att se dig”, sa han med äkta värme i rösten och sträckte på den smala halsen så att hans adamsäpple syntes. Hon log och lät honom ta hennes hand. Sa inte så mycket under deras promenad ut till Skeppsholmen utan försökte bara njuta av de värmande solstrålarna och närheten till honom. Han pratade ivrigt på om ett par ryska konstnärer som hon, med undantag av Kandinsky, omgående glömde namnen på. Hon hummade under de få och korta pauserna i hans utläggning. Det kändes skönt, nästan meditativt. Som att med ett halvt öra lyssna på ett kulturprogram i P1 från en transistorradio i bakgrunden.

Utställningen sa henne ingenting. Gav ett splittrat intryck. Tavlor med cirklar och trekanter och streck i gräla färger. Svävande zeppelinare eller stiliserade arbetare med släggor under slagord på ryska som hon inte förstod. Men hon gillade lukten av människor och oljefärg inne på Moderna museet och hon tyckte om att befinna sig mitt i en folksamling utan att behöva samspela med den. Bara lyssna och nicka lite eller höja på ögonbrynen eller ställa enkla motfrågor till Janne och verka intresserad. Och hon gillade att han sökte hennes hand flera gånger och höll den i sitt grepp till dess att nästa analys krävde hela hans kroppsspråk. Hon fantiserade om hur hans händer skulle undersöka hennes kropp när de hamnade i sängen. Eller hur han skulle visa en ny sida och ta kommando över henne redan i köket. Klä av henne bestämt och ta henne hårt bakifrån mot diskbänken. Det pirrade i magen. Sedan tänkte hon på hans basker. Skulle han ta av den innan han tog henne? Hon fnissade till. Janne tystnade mitt i sin föreläsning och såg frågande ut.

"Vad var det för roligt med det?" undrade han leende.

"Jag vet inte. Känner mig bara fnittrig. Jag är väl glad."

Han skrattade.

"Du är rolig ibland, Carina. Det tycker jag om."

Av den blyghet som Janne hade visat i början av deras relation fanns allt mindre kvar. Han vågade ta mer plats och säga vad han tyckte. Lade fortfarande in ett "kanske" då och då, och det uppskattade Carina, men i övrigt gav han ett säkrare och mer avslappnat intryck.

"Vad tyckte du om utställningen?" frågade han när de kommit ut i vårsolen.

Carina kisade och letade rätt på sina solglasögon som låg i tygkassen hon hade med sig. Hon tog på dem och kliade sig nervöst på näsryggen.

"Ska jag vara helt ärlig?" frågade hon.

"Självklart!"

"Lite för mycket geometri för min smak."

Han skrattade igen.

"Du är verkligen rolig ibland, Carina."

Hon föll in i hans skratt och tänkte att det här var en riktigt, riktigt bra dag. Och det hade den säkert kunnat fortsätta att vara om de hade promenerat därifrån direkt istället för att först stanna till en stund vid parken utanför Moderna museet och beskåda Niki de Saint Phalles frodiga och färgstarka kvinnostatyer. Det var då hon såg dem, först som vilken familj som helst med pappa, mamma och två små söta döttrar med pippilottor innan hjärnan registrerade vem *han* var. Lång, blond, orakad och hand i hand med en av flickorna. Claes. Med det där leendet som en gång fått henne att smälta och som fortfarande hade en sådan kraftfull inverkan på henne. Det högg till i magen som av ett knivstick.

Var hon synsk? Var det någon högre makt som ville tala till henne? Skicka ett meddelande? Varför dök han annars upp just den här dagen, bara timmar efter att hon hade fastnat i det där bitterljuva minnet från Köpenhamn? Det är sånt som händer, tänkte hon. Tillfälligheter. Hon hade inte hört från Claes efter det korta, kylslagna telefonsamtalet från honom för snart ett år sedan. Vid ett par tillfällen hade hon funderat på att ringa upp honom och fråga vad det egentligen var som hände de där dagarna efter Köpenhamn, men stoltheten hade hindrat henne.

Och nu stod han livs levande framför henne, som sprungen ur ett reklamutskick för tidningen ”Vi föräldrar”, en leende och vacker pappa omgiven av en nästan lika vacker och leende mamma och två små vackra leende döttrar. Lyckliga familjen. Små barnahänder som vilade tryggt i mammas och pappas händer. Samhörighet. Tillsammans.

Janne blev överraskad av den plötsliga kraften när hon drog iväg honom, bort från statyerna, bort från lyckliga familjen.

”Ojdå, så hungrig?” frågade han och då log hon ansträngt tillbaka och hoppades att han inte skulle märka hennes belägenhet. ”Vad är det, Carina? Du ser ut som om du har sett

ett spöke mitt på ljusa dan", sa han med ett leende som inte längre övertygade.

"Det är ingenting. Jag är faktiskt bara väldigt hungrig. Var ska vi käka?"

De hamnade på Soldaten Svejk, en ny tjeckisk krog på Söder med brun och rustik träinredning och en genomgående manlig serveringspersonal med butter öststatsapproach. Carina åt en gulasch och Janne en bratwurst med surkål och knödel. Hon tuggade och svalde och tuggade och svalde och tuggade ännu mer för att slippa känna klumpen i halsen som ändå bara växte och växte hur mycket hon än tuggade.

"Har ni apfelstrudel?"

Den höga och välartikulerade rösten som kom från den ensamme rödlockige mannen som satt med ryggen mot dem vid bordet intill gick inte att ta miste på. Den tillhörde Tage Danielsson. Med samma karaktäristiskt sävliga intonation som när han höll sin monolog om den osannolika sannolikheten som därför inte hade hänt i Harrisburg. Sedan kyparen surmulet hade svarat jakande på hans fråga nickade han nöjt och reste sig från sitt bord och gick fram till den lilla telefonautomaten som hängde på väggen. Han tog luren i hand, stoppade i en 25-öring och slog ett nummer. Någon svarade. Tage Danielsson harklade sig.

"Hej, det är Tage. Är Hasse där?"

Janne blinkade med ena ögat och log.

Carina blinkade tillbaka.

Och klumpen i halsen kändes plötsligt inte lika stor längre.

Samhörighet, tänkte hon. Tvåsamhet. Någon att dela något med.

Hon sträckte fram sin hand över bordet. Janne tog den.

”Jag tror också att jag skulle vilja ha apfelstrudel”, viskade hon.

22

”Från hemsktjänsten? Kunde väl tro det.”

DEN SVENSKA UBÅTSKOMMISSIONEN slog i en färsk rapport fast att det var sovjetiska ubåtar som kränkte svenskt farvatten vid Hårsfjärden, Carola Häggkvist kom trea med sitt bidrag ”Främling” vid Eurovision Song Contest i München och åttio människor dog när en bomb detonerade på USA:s ambassadområde i Beirut.

För Matz Zern var det emellertid andra problem som stod i fokus i Stockholm under våren 1983. Minnet av den penibla personalfesten med sin ännu mer penibla upplösning i Jeanettes lägenhet i Bredäng började visserligen falna så smått och på pluskontot kunde också noteras att han hade växlat några ord med Dan Hylander på skånska och fått tummen upp för det med tillägget ”snygg dialekt” av densamme när han signerade sina plattor på varuhuset PUB:s skivavdelning samt att han hade träffat Mauro Scocco på en fest hos en kompis till Martin.

Men det var hos en annan kompis till Martin, eller snarare hos en kompis till en kompis till en kompis till Martin, som verkligheten definitivt hade hunnit ikapp honom. Den lilla ettan på Polhemsgatan som han hyrde i andra hand hade onekligen en viss charm med sina spröjsade fönster, sin mysiga sovalkov, de gamla fina möblerna och köket med utsikt in mot den pittoreska bakgården. Men vattnet, det iskalla vattnet höll på att ta knäcken på Matz Zern redan efter två veckor i lägenheten. Han hade aldrig trott att hans längtan efter varmt vatten skulle kunna bli så svår. På gasspisen stod allt som oftast en kaffekittel med vatten på kok för att försöka mätta behovet. Men när han skulle tvätta sig över hela kroppen, vilket hans hygieniska läggning tvingade honom till att göra var och varannan dag, hamnade han i ett tröstlöst moment 22. Den stora zinkbaljan, som ingick i husgeråden, var för liten för att rymma hans kropp men för stor för att med temperaturen i behåll härbärgera de mindre mängder av kokande vatten som kaffekitteln bidrog med. Efter att ha tappat i den första omgången tog det styvt tre minuter innan nästa omgång vatten hade nått kokpunkten och då hade den första omgången svalnat så mycket att den sammanlagda värmen reducerats till bara lite mer än ljum. Så fortsatte det, i en ekvation som spädde ut värmen lika mycket som den spädde på problemet för varje omgång nytt kokvatten. När vattennivån efter cirka tjugo minuter nått en höjd i zinkbaljan som gjorde det möjligt för honom att sittande på huk täcka tillräckligt mycket av sin kropp för att alls kunna kalla det för ett bad, var temperaturen inte ens fisljummen. Den var sval, på gränsen till kall.

Ibland frekventerade han simhallen vid Polishuset för att nyttja duscharna där, men det kostade tjugo kronor i inträde varje gång och det var mer än hans kassa tålde. Pengar var åter ett akut problem, trots att Matz numera hade fast inkomst. Han hade nämligen varit tvungen att betala tre månadshyror i förskott. Dessutom saknades en stereoanläggning i lägenheten vilket fått honom att inhandla en ny förstärkare med kassettbandspelare och grammofon att koppla sina danska Jamohögtalare i jakaranda till. Han borde också köpa lite fler nya LP-skivor för att få glädje av musikanläggningen. Samt, naturligtvis, en rejäl gryta att koka badvattnet i.

Det var den typen av besvärande omständigheter som upptog hans tankar när han en tidig morgon i slutet av april, dagen efter den löning som redan reducerats till mindre än hälften av sitt ursprungliga värde sedan han även reglerat en länge innestående skuld till Martin, stoppade ner två skivor dollarfranska i sin brödrost av märket Rowenta med den något defekta smulbrickan. Han öppnade det surrande kylskåpet, tog ut marmeladen och Bregottpaketet med smörkniven (kniven fick sitta kvar i smörbyttan hela tiden för att minimera disken som ju krävde varmvatten) och landade tungt på den knarrande pinnstolen vid köksbordet. Hur skulle han ta sig ur sin pekuniära knipa? Nu var det en månad kvar till nästa löning och om han inte skulle tappa tempot helt i sin strävan efter att slå världen med häpnad var han ju tvungen att under samma månad gå på lokal för att försöka frottera sig med den stockholmska innekrets som möjligen skulle kunna öppna berömmelsens port för honom.

Efter en kall tvätt av ansikte och armhålor blev han på ännu sämre humör. Det var först när han satt i hemtjänstens behagligt tempererade samlingslokal på Reimersholme med en mugg varmt kaffe mellan handflatorna som han kände sig lite grand som en människa igen.

”Då tar du alltså Seth idag, Jeanette, och du tar Birgit Carlsson”, sa Mirja och sög på sina glasögonskalmar.

Matz tyckte det såg äckligt ut. Men bortsett från det blev han ändå ytterligare lite bättre till mods av Mirjas ord. Han hade glömt bort att han förra veckan kommit överens med Jeanette om att de skulle byta pensionärer med varandra. Hon skulle ta den kedjerökande gubben och han skulle ta den koleriska gumman.

”Inte mig emot”, sa Jeanette. ”Det ska bli så skönt att slippa den elaka kärringen.”

”Så pratar vi inte om våra pensionärer”, invände Mirja i ett försök att hävda sin arbetsledande roll.

Det fick till följd att Vesslan, som i ett par veckor efter den även för henne mycket penibla personalfesten annars hållit en låg profil, kom till Jeanettes försvar.

”Om vi inte kan lufta våra känslor här i personalrummet, var ska vi då göra det?”

Vivianne såg ut som om hon ville framföra något men avstod. Det blev tyst runt bordet. Matz kände att han borde säga någonting.

”Det blir ett bra byte för alla inblandade. Det är ju inte alltid som personkemin stämmer mellan människor.”

Mirja gav honom en blick av tacksamhet. Efter morgonmötet bytte Matz och Jeanette även nycklar med varandra.

Hon hade fortfarande något trånande i sin blick, vilket förvånade Matz efter deras misslyckade natt tillsammans. Kanske hade hon verkligen köpt hans ord om att det enbart var fyllan och ingenting annat som hindrat honom från att genomföra den programpunkt som stått på agendan.

"Schysst av dig att byta", viskade Jeanette. "Men jag undrar om du är riktigt medveten om vad du ger dig in i. Tanten Carlsson är en riktig satmara."

Matz nickade och log svagt.

"Å andra sidan är Seth Svensson inte heller att leka med. Hans rökning slår allt jag tidigare sett och luktat i den branschen."

Nu var det Jeanette som log. Och tryckte hans hand samtidigt som hon räckte över Birgit Carlssons nycklar till honom.

"Vi kanske kan käka middag ihop nån kväll?" viskade hon och höll kvar sin mun vid hans öra så länge att Matz tyckte sig ana en lätt flämtning i hennes andning.

"Absolut", sa han kort, lyckligt medveten om att Jeanette inte kunde se hans tveksamma ansiktsuttryck.

Han satte nyckeln i låset, tryckte ner handtaget och drog. Kedjan på insidan rasslade till och dörren stannade tvärt på glänt.

"Vem är det!?"

Rösten inifrån lägenheten lät ilsk och ovanligt kraftfull för att komma från en lite äldre och handikappad kvinna.

"Ursäkta, jag heter Matz och kommer från hemtjänsten!" ropade han tillbaka genom dörrspringan.

”Fitta, kuk, fitta!”

Trots att Jeanette hade förvarnat Matz om Birgit Carlssons lika nyckfulla som oborstade språkbruk kom kanonaden av könsord som en obehaglig överraskning för honom. Att höra dem var en helt annan sak än att höra *om* dem.

Det gnisslande ljudet av en stol som drogs ut följdes av en duns, en svordom och fötter som hasade fram över golvet. Ett misstänksamt stirrande öga tittade ut genom dörrspringan.

”Vem är du?” väste Birgit.

”Matz, från hemtjänsten.”

”Från hemsktjänsten? Kunde väl tro det”, muttrade hon.

Birgit öppnade kedjelåset och dörren. Hon blängde surt på Matz innan hon stödd på sin krycka mödosamt flyttade sig åt sidan så att han kunde stiga in i hallen.

”Är du istället för den där omöjliga flickan som stinker parfym?”

”Jag är istället för Jeanette”, sa Matz och log tillkämpat.

Han betraktade sin nya klient med nyfikenhet. Och viss oro. Hennes ilskna uppsyn hade även något sorgligt över sig med den vänstra ansiktshalvan som hängde ner och ögat som tårade hennes livlösa kind. Det långa tjocka håret som hon bundit i en slarvig hästsvans och den skarpa blicken vittnade om vitalitet parad med trots bakom hennes krackelerade fasad, medan de pösiga mjukisbyxorna och den fläckiga koftan mer andades uppgivenhet. Det luktade gammal rök med inslag av surt kaffe i lägenheten, men i jämförelse med Seth Svenssons rökkammare var det här ändå rena rama friskvårdsinrättningen.

”Jag har med mig din mat”, sa Matz och höll fram plastpåsen med folieformen.

”Och vad bjuds det på för smörja idag då?” frågade Birgit.

”Det är köttfärslimpa med potatis och brunsås.”

”Fy fan, ställ det på diskbänken.”

Matz gjorde som hon sa. Han betraktade köket som trots att det var belamrat med högar av gamla tidningar och kartonger med allsköns prylar i kändes nystädat. Det luktade till och med lite Ajax rengöringsmedel bakom rök- och kaffedoften. Jeanette hade nog gjort så gott hon kunnat.

”Och så rör du inte mina saker utan att fråga mig först!”

Matz nickade välvilligt. Han hade redan innan han kom hit tänkt ut sin strategi för att överleva som hemsamarit hos den ökända tanten: Han skulle använda sig av ”Kameleonttaktiken” alternativt ”Vänd-kappan-efter-vinden-metoden”. Vad Birgit Carlsson än sa eller gjorde tänkte han möta det med en nick och ett leende. Inte reta upp henne och inte sätta sig på tvären. Och alltid tänka på att det kunde vara värre. Han kunde ha stått med stinkande gummihandskar på händerna i Seth Svenssons badrum och skrubbat hans vämjeliga tvätt med Tomteskur.

”Är det någonting speciellt du vill ha hjälp med idag?” frågade han artigt under tiden som Birgit med ansträngda stön slog sig ner vid sitt köksbord och började rota bland alla tidningar som låg där med sidor på halvlösta korsord uppslagna.

”Ja, du kan lämna mig ifred.”

”Vill du att jag går?” frågade Matz med hoppfull röst.

Birgit Carlsson placerade sina glasögon på nästippen och tittade upp på Matz med en om möjligt ännu vassare blick än tidigare.

”Så, det tycker du? Att jag ska betala för någonting som inte är någonting? Att du ska studsa in här och sen studsa ut lika snabbt och få full lön för det? På min bekostnad?”

Matz ryggade tillbaka av tantens ord. Hon var bitskare än han anat. Hade han genom att byta bort Seth mot henne rent av hamnat ur askan i elden?

”Nej, självklart inte. Jag vill bara vara lyhörd. Dina ord är min lag.”

Birgit drog upp sina glasögon igen och fyllde i ett par rutor i ett korsord.

”Lyhörd”, muttrade hon.

”Ja, alltså, jag hjälper hemskt gärna till med sånt som du vill ha hjälp med.”

Tanten gav ifrån sig ett rått skratt.

”Och det menar du att jag ska tro på? Du, jag vet varför du är här. Du vill tjäna pengar genom att göra så lite som möjligt. Det är precis vad du vill!”

Utöver det att Birgit med kuslig precision slagit huvudet på spiken tedde hon sig alltmer som själva sinnebilden av en satmara. Matz blev svarslös och det var han inte van vid. Oroskänslan i magen tilltog och han ångrade redan bytesaffären med Jeanette när tanten plötsligt började hulka.

”Förlåt mig”, snyftade hon. ”Det är min hjärnskada som ställer till det.”

Matz såg förundrat på Birgit som nu grät i strida strömmar.

”Vad kan jag göra för dig?” frågade han osäkert.

Birgits gråt övergick i snyftningar. Hon tråcklade upp en skrynklig näsduk ur ena byxfickan och torkade bort tårarna. Därefter knycklade hon ihop den igen innan hon under kroppsliga krumbukter och med mycket stor möda åter förpassade den ner i byxfickan.

”Du kan putsa mitt matsilver”, sa hon. ”Det ligger i tredje lådan i bokhyllan i vardagsrummet. Putsmedlet finns i köksskåpet liksom putsduken. Gnugga in medlet noga och håll på tills det är skinande rent. Ta en gammal tidning och använd som underlägg. Du kan sitta i vardagsrummet så att du inte stör mig.”

Matz nickade och log. Birgit Carlssons snabba humörsvängning från förtvivlad gråterska till automatspråkande putsmanual förbryllade honom. Snacka om tvära kast. Han tog ut en liten plastflaska med det passande namnet Häxan putsmedel ur städskåpet tillsammans med en fläckig linneduk. Men när han plockade åt sig en gammal tidning från en av de många högarna som stod staplade längs med ena väggen i köket röt Birgit till.

”Inte den, där finns korsord som jag inte har löst än! Ta från högen bredvid istället!”

Matz gjorde som hon sa och förflyttade sig sedan försiktigt till vardagsrummet, rädd för att hans vanliga sviktande gång skulle generera ljud som inte föll lägenhetsinnehavaren i smaken. Han vecklade ut den Birgitgodkända tidningen på soffbordet och ställde ifrån sig putsmedlet innan han såg sig om i rummet. Den nedsuttna beiga lädersoffan med gigantiska armstöd och tillhörande fåtöljer framför teven på hjul tog upp en stor del av golvytan. På ett plan i den mörkbetsade bokhyllan stod ett inramat fotografi på ett ungt brudpar som log lyckligt mot varandra. Matz tyckte sig ana en flyende likhet mellan den vackra bruden och den vresiga, halvsidesförlamade kvinnan som nu satt inne i köket och muttrade. Det var något med blicken och den raka näsan som skvallrade om att det besynnerligt nog var samma person. Hur hade en så vacker kvinna kunnat bli så ful? Bredvid bröllopsbilden fanns ett annat inramat fotografi på en tjej i tonåren med långa skjortsnibbar över jeansjackans krage och fönat hår. Trots den fula sjuttiotalslooken såg hon söt ut, tyckte Matz. Trumpet söt. Förmodligen gnällgummans dotter.

Han drog ut den tredje lådan i bokhyllan där matsilvret mycket riktigt låg i små hållare av trä i exemplariskt raka rader. Varför tanten ville att Matz skulle putsa det förstod han inte. Allt var redan skinande rent. Kanske hade hon bara glömt bort det, hon verkade ju lite vimsig också emellanåt. Hur som helst gjorde det ingenting att jobbet redan var gjort. Tvärtom, då kunde han bara sitta och slöa i en av fåtöljerna och låta tiden gå, med ett bestick i handen som jobbalibi. Att Vesslan betonat vikten av att inte utföra den typen av arbetsuppgifter som låg ”utanför klientens basala behov” brydde han sig inte om. Hon var ju inte här.

Av ren nyfikenhet öppnade Matz även den första lådan, som innehöll små bordsdukar fint vikta på hög. Det var när han drog ut låda nummer två som han upptäckte den: en skrynklig hundralapp, slarvigt slängd bland utländska mynt, gamla nycklar och kulspetspennor. Han lät blicken vila på sedeln ett tag innan han försiktigt tog upp den och lika försiktigt, utan minsta prassel, stoppade ner den i sin jeansficka.

Sedan stängde han lådan.

Mycket försiktigt.

23

”Sverige är trots allt en idyll.”

”HUR ÄR DEN nye som hjälper dig?” frågade Carina sin mor och försökte se ut som om hon förstrött bläddrade i Dagens Nyheter.

I själva verket dunkade hjärtat hårt. De satt för ovanlighetens skull tillsammans vid köksbordet och drack kaffe och åt Budapestbakelser. Birgit hade till och med lagt ifrån sig blyertspennan till korsorden, trots att hon inte skulle tända en cigarett.

”Du menar slöfocken? Han är ungefär i klass med det parfymstinkande våpet. Kanske en liten smula mindre irriterande.”

Carina andades ut. Efter alla telefonsamtal med klagomål på moderns vresiga beteende mot Jeanette hade hemtjänsten till sist gått med på hennes förslag att försöka med en annan hemsamarit. En ung man som naturligtvis inte heller han hade tilltalat modern. Det var det ju ingen som gjorde. Men bara det faktum att Birgit funnit ersättaren något mindre irriterande än föregångaren betraktade Carina som ett framsteg.

”Vad bra”, sa hon.

”Bra?! Nä du, bra hade det varit om du kom hit lite oftare och hjälpte mig istället för att skicka en massa främlingar.”

Carina lät moderns ord passera. Det där obligatoriska gnället gick ändå aldrig att bemöta. Det räckte gott att Birgits tonläge höll sig inom ramarna för det liknöjda. Så länge hon inte brusade upp mer än uthärdligt fanns det ingen anledning att reta den björn som sov. Carina betraktade sin mor som nu tagit sig an ett korsord igen. Med rester av vispgrädde i ena mungipan och rynkade ögonbryn förde hon tankarna till ett litet barn som försökte komma ihåg var den där maka Memorybrickan låg någonstans. Det fanns något rörande i hennes ansträngning. Carina var säker på att hon själv innerst inne någonstans förstod att korsordet aldrig skulle bli löst. Ändå fortsatte hon oförtrutet, som om hon försökte övertyga sig själv om att hjärnskadan inte hade påverkat förmågan att klura ut de svåra ordgåtorna.

Samtidigt som tidningshögarna blev högre dag för dag förblev nittiofem procent av artiklarna i dem olästa. Korsorden var det enda som på allvar intresserade modern. Ändå skulle Carina aldrig kunna förmå sig själv till att föreslå att hon avslutade prenumerationen på DN. Hon behövde sina kryssrutor som akvariefisken behöver vatten. Att ansträngningarna i båda fallen inte nådde någon egentlig vart var visserligen smått tragiskt men ändå inte alldeles onödigt. Genom att upprätthålla *illusionen* av normalitet gick livet trots allt vidare. Akvariefisken kunde simma runt i sitt starkt begränsade utrymme med inbillningen att hon simmade i en liten del av de stora haven och Birgit kunde intala sig att de tomma rutorna bara tillfälligt lades åt sidan i tidningshögen för att någon gång i framtiden plockas fram i ljuset igen och fyllas med mening. Eller i alla fall bokstäver.

Dessutom innebar prenumerationen att Carina när hon kom på besök fick möjlighet att läsa ikapp en del av veckans nyheter och aktuella kulturartiklar. Hon hade inte själv någon morgontidning och ägnade nästan all sin lediga tid åt att läsa skönlitteratur och litteraturvetenskapliga fackböcker. Nu bläddrade hon igenom senaste DN och fastnade först för en bild från gårdagens förstamajfirande med Olof Palme och hans fru Lisbeth i småländska Nässjö. Försenade och leende sprang statsministerparet hand i hand för att nå demonstrationståget som de skulle gå i spetsen för. Bildtexten förstärkte Bullerbykänslan:

”En sprinterspurt för att hinna ikapp. Sverige är trots allt en idyll, någon annanstans kunde det inte ha hänt. I den övriga västvärlden åker statsministrarna i bepansrade limousiner på första maj.”

Ja, kanske är vi privilegierade, tänkte Carina och bläddrade vidare tills en rubrik fångade hennes intresse, ”Mystisk sjukdom slår mot homosexuella”: ”Hittills har homosexuella i allmänhet drabbats av samma sjukdomar som heterosexuella, men nu verkar det som om den bilden håller på att förändras”, stod det i den summerande texten som också nämnde två tidigare inte kända dödliga cancerformer som upptäckts hos företrädesvis homosexuella men även hos prostituerade och sprutnarkomaner i San Francisco.

Till dags dato hade sjukdomen krävt ett hundratal liv men de amerikanska hälsovårdsmyndigheterna befarade en fortsatt större spridning.

”Fortfarande vet man väldigt lite om hur smittan sprids, men de senaste rönen pekar mot att det sker genom att ett virus i blodet överförs mellan personer i sexuellt ombytliga grupper.”

Avslutningsvis citerades en pastor från en obskyr amerikansk frikyrka som betraktade den nya sjukdomen som ett verk av Gud i dennes kamp mot människans syndiga leverne.

Carina förbryllades så av texten att hon kände sig tvingad att läsa den en gång till, dock utan att bli mycket klokare. Att en fanatisk präst såg sin chans att sprida hat var väl inte så överraskande, men att det överhuvudtaget fanns en sjukdom som med precision attackerade individer med ett så kallat ”promiskuöst beteende” kändes som ett dåligt aprilskämt.

”Det står så mycket strunt i tidningarna nuförtiden”, sa Birgit, som om hon hade läst dotterns tankar.

Carina log mot sin mor och tänkte på hur olik Birgit var nu jämfört med innan hon blev sjuk. Och innan pappa dog. Hon behövde påminna sig själv om att det inte alltid hade varit på det här viset. Det fanns en tid då Birgit var ungefär som en mamma ska vara. Kanske lite frånvarande och sval emellanåt men ändå en trygg och viktig person som det gick att luta sig emot. Och som växeldrog med pappa. Som var glad ibland och kunde skratta hjärtligt. Det fanns en sådan tid.

”Det skulle vara så gott med lite riktig mat, för en gångs skull”, sa Birgit plötsligt med vädjan i rösten. ”Jag är så vansinnigt trött på hemsktjänstens sörja.”

Det var inte utan att Carina kunde förstå sin mor. Storköksmaten som varje dag levererades i en folieform var ingenting som fick smaklökarna att slå frivolter precis. Mycket färs, mycket sönderkokta burkgrönsaker, mycket kaloririk sås och mycket lite smak. När Carina i modesta ordalag nämnt den tvivelaktiga matkvaliteten för Mirja från hemtjänsten, som en liten replik på de upprepade klagomålen om Birgits oortodoxa beteende och språkbruk, hade hon fått till svar att det var en näringsfysiologiskt noga uträknad kost som tog hänsyn både till åldringarnas vitaminbehov och hemtjänstens behov av att snabbt och lätt kunna servera dem mat.

”Det kallas för ’Lätt rätt’”, hade Mirja förklarat.

Carina undrade om det betydde att rätten var lätt att laga eller lätt att avstå ifrån, men höll det för sig själv. Det gällde att spara sina strider tills de var absolut nödvändiga att utkämpa.

”Är det något speciellt du är sugen på?” frågade hon.

Birgit tittade upp från korsordet.

”En riktig stek med sås av köttsaften, det skulle vara gott. Men det har du väl inte tid med? Du ska väl snart skynda hem och sticka näsan i de där böckerna?”

Egentligen skulle hon verkligen behöva just det. Hon hade en mindre skrivuppgift att lämna in i övermorgon.

”Nej, jag kan ordna den där steken till dig, mor”, hörde hon sig själv säga. ”Men det kommer att ta ett par timmar om jag först ska handla och sen laga maten.”

”Det är bara bra. Jag har ingen brådska”, sa Birgit.

Carina hittade en liten fransyska i köttdisken i Icaaffären som hon preparerade med kryddor enligt anvisningarna på de såsfläckiga sidorna i Min kokbok och satte in den i ugnen. Hon skalade potatis och lade den i en kastrull med vatten under nyfiket och kritiskt överinseende av modern.

”Låt nu inte potatisen bli till en mjölig gröt. Jag har fått nog av den varan i maten från hemsktjänsten.”

Den antydan till leende som syntes i Birgits friska mungipa fungerade som tillfällig själslig balsam för Carina. Hon behövde så lite för att slippa känna det där trycket över bröstet i sin relation till modern, små tecken från Birgit som visade att det fortfarande fanns någonting som band dem samman.

”Jag väntar med att sätta på potatisen tills det är tjugofem minuter kvar på steken. Ska vi se om det är någonting på teve så länge?”

”Och vad skulle det vara mer än krig och elände?” muttrade Birgit.

Hon följde ändå med Carina in i vardagsrummet, satte sig jämte henne i soffan och slog på teven med fjärrkontrollen. På TV1 visades barnprogrammet ”Hajk” i repris med den där väldigt specielle värmländske programledaren som tipsade om de mest bisarra knep och knåp. Den här gången försökte han lära sina unga tittare att göra egna säckpipor med hjälp av en blockflöjt, ett plaströr från en klädgalge, en plastkasse och massor av tejp.

”Ska vi inte titta på nyheterna på tvåan istället?” frågade Carina.

”Nej tack! Då glor jag hellre på den här galningen. Han ser i alla fall trevlig ut. Nästan stilig.”

Plötsligt vräkte modern ur sig ett par okontrollerade könsord som Carina gjorde sitt bästa för att låtsas att hon inte hörde. De satt kvar och tittade på det märkliga barnprogrammet där programledaren nu gått över till att förevisa hur man gjorde ubåtsmackor med pressad skinka, tomatskivor, senap och majonnäs som pålägg. Hur smörgåsen sedan skulle förtäras utan att överdoseringen av majonnäs droppade ut framgick inte eftersom den fick ligga kvar på tallriken som ett skådebröd.

”Är det sånt där skit som ungarna äter nuförtiden?” frågade Birgit och fortsatte direkt utan att invänta svar. ”Tro fan att de blir feta med så mycket majonnäs på smörgåsarna. Vilken smörja.”

”Menar du majonnäsen eller programmet?”

”Både och!”

Carina suckade tyst för sig själv och såg sig om i vardagsrummet. Om någon städat det sedan hon var på besök sist kunde hon inte riktigt avgöra. En dammråtta som virvlade förbi i golvdraget antydde att det i så fall var slarvigt utfört.

”Vad gjorde den nye killen från hemtjänsten när han var här?” frågade hon.

”Putsade matsilvret.”

”Putsade matsilvret!?”

”Ja, putsade matsilvret! Hör du dåligt?”

”Men det har jag ju redan gjort!”

”Du kanske gjorde det dåligt. Eller så ville jag bara ha honom sysselsatt och inte rännande runt och plocka bland mina grejer.”

Nu suckade Carina högt.

”Hemsamariter får inte putsa matsilver! De ska bara städa och tvätta och handla. Om det här kommer ut kanske du förlorar hjälpen.”

”Tror du jag kommer att sörja det?”

”Men du behöver hjälp!”

”Ja, det gör jag! Du skulle kunna komma hit lite mer.”

”Jag är faktiskt här ganska ofta. Men jag måste ju sköta mina studier också, mor. Kan du inte bara vara lite nöjd för en gångs skull, att jag sitter bredvid dig i just detta nu?”

Den sista meningen ångrade Carina i samma stund som den lämnat hennes läppar.

”Om du ska hålla på och mästra mig hela tiden orkar jag inte sitta kvar här längre! Jag löser lite korsord istället”, muttrade Birgit, reste sig mödosamt upp ur soffan och hasade tillbaka in i köket stödd på sin krycka.

Carina blundade och masserade sina tinningar, så som hon så ofta gjorde när hon besökte sin mor. Att det aldrig ville släppa, hennes ständigt dåliga samvete. Tänk om Birgit kunde bry sig lite om hennes väl och ve någon gång, istället för att hela tiden klaga på allt och alla. Hon gick bort till bokhyllan och drog ut lådan med matsilvret. Det låg där och blänkte retsamt mot henne, med samma skinande glans som sist.

Hon fortsatte till fönstret med blomkrukorna och kände i jorden till den fula fikusen. Som hon misstänkt, torr som fnöske. Carina plockade bort ett par vissnade blad och sträckte sig efter plastkannan som stod bredvid och som hon själv hade fyllt med vatten förra veckan. Under den låg en femtiolapp. Det hade hon i alla fall tid med, att gömma sina cigarettpengar på alla möjliga och omöjliga ställen runtom i lägenheten. Bara för att sedan glömma var. Carina vek ihop sedeln och slängde ner den i lådan med alla gamla obrukbara kulspetspennor och nycklar som ingen visste vilka lås de passade till och som modern av någon outgrundlig anledning sparade på. Där låg lite mynt som vanligt också, men hundralappen som hon hittat i en springa mellan sittkuddarna i soffan förra veckan och lagt i lådan var borta. Den hade väl gått upp i rök den också. Commerce med filter. Birgit hade ingen koll på sina cigarettstålar men eftersom de gick att hitta lite varstans hade hon ändå alltid tillgång till dem.

Fransyskan var mör och god. Birgit lät sig väl smaka och klagade bara lite på att såsen var för salt.

”Det här är i alla fall riktig mat”, sa hon efter måltiden och sprack upp i något som liknade ett leende innan hennes ögon plötsligt tårades och hakan började darra. ”Förlåt mig, men jag blir bara så gråtmild ibland. Det är hjärnan som spökar. Det bara kommer, jag kan inte hejda det. Tänk om du kunde laga mat till mig lite oftare, Carina. Det skulle göra din lilla mamma så glad.”

Och det skulle krama musten ur din lilla dotter, tänkte Carina.

”Vad bra att du tyckte om steken”, sa hon.

24

”Jag måste få bort den här jävla lukten, det stinker ju hembränt!”

TREDJE SPIKEN I rad! Det spelade ingen roll att Matz hade sett Sture Berg genomföra samma bedrift flera gånger tidigare. Han blev fortfarande lika imponerad av med vilken känsla den krumryggade mannen i den rutiga kepsen, som vilade mot hans utstående öron, behandlade den hårda lilla plastbollen med sin klubba. Om det inte lät så ekivokt skulle han säga att Sture smekte den ner i hålet med en perfektion som alla prestationsbundna män borde avundas honom.

”Inte så hårt! Du måste ta det lugnt!” tillrättavisade han när Matz med alldeles för mycket kraft försökte kopiera Sture på det elfte hålet. Följden blev att bollen studsade ut över sargkanten och kostade ett slag i plikt. Men det gjorde honom ingenting. Matz njöt av den sköna majsolen och den behagliga förmiddagen i Stures sällskap vid Tantolundens minigolfbana. De hade gjort det till sin vana att promenera dit från Reimersholme och tjuvspela minst varannan gång som Matz besökte Sture. Nästa vecka öppnade banan officiellt och då var det slut på gratisnöjet, men eftersom Sture inte hade behövt betala för sin mat på över en månad nu, utan levt på resterna från fru Isaksson, fanns det tillräckligt mycket entrépengar undanstoppade för att de skulle kunna fortsätta med sitt flitiga spelande även när säsongen var igång.

”Fan, vad bra du är på minigolf”, berömde Matz.

”Bangolf, det heter bangolf”, rättade Sture med ett leende som var så brett att det tog fokus från hans enfaldiga blick.

Men tom i huvudet var han då rakt inte, och den där förföljelsemanin som han brukade ge uttryck för hemma i sin lägenhet visade sig väldigt sällan när de besökte minigolfbanan. Istället förvandlades Sture till en perfektionist som inför varje nytt hål noga övervägde exakt vilken boll han skulle välja av alla de kulörta som låg i väskan likt färgglada påskägg i en äggkartong.

”Där satt den!” ropade han triumfatoriskt och sträckte golfklubban mot skyn efter sin fjärde raka spik.

Småfåglarna saluterade honom med sitt intensiva kvitter och Matz gav Sture en uppskattande dunk i ryggen. Nu spelade han inte bara bra utan på den absoluta toppen av sin förmåga. Med ett så utpräglat bollsinne skulle Sture säkert ha kunnat bli framgångsrik i betydligt större bollsporter, som kanske fotboll eller handboll. Men han fick aldrig chansen, hade han berättat för Matz. I skolan mobbades Sture för sitt utseende och sin tröghet i kunskapsämnena och i den egna familjen var det ingen som trodde att han hade någon som helst talang i någonting. Sture Dumstrut fick han heta och aldrig fick han vara med när de andra pojkarna lekte eller spelade boll. Det var först för sju, åtta år sedan då han bereddes plats i en dagverksamhet och följde med på en utflykt till minigolfbanan som Sture fick utlopp för sin bollbegåvning. Han slutade snart i gruppen eftersom det enligt honom fanns alldeles för många hembrännare i den, men minigolfen i Tantolunden hade han fortsatt med, tillsammans med sin kusin Egon som dock inte lät honom spela särskilt ofta.

”Vad är det som är så bra med minigolf?” frågade Matz.

”Bangolf, det heter bangolf!”

Sture tog av sin keps och kliade sig i det glesa håret.

”Vad som är bra med bangolf? Att man slipper alla elaka jävlar här och alla tjuvaktiga grannar som bränner sprit. Jag hatar lukten av hembränt.”

Han skelade kraftigt och enligt Sture berodde det på att hans egen pappa en gång hade lappat till honom med en sådan kraft att ”trådarna som håller styr på ögonen hade gått av”.

”Far brände sprit och slogs, den jäveln”, hävdade Sture.

Vad som var sant av allt han sa kunde Matz inte avgöra, men han betvivlade inte att Sture farit illa både fysiskt och psykiskt under sin uppväxt.

”Ska vi köpa glass?” undrade Sture med segerviss min när han efter en avslutande spik på det artonde hålet landade på beundransvärda tjugosju slag i protokollet.

”Förloraren bjuder som vanligt, va?” frågade Matz med spelad besvikelse.

Trots att han hade fått handikapp med ett slag per bana tvingades han se sig rejält besegrad med sina femtionio slag. De gick förbi Icabutiken på vägen tillbaka till Reimersholme.

Sture valde GB-nyheten Boccia, eftersom Boccia ändå var ett spel som hade små men vissa beröringspunkter med minigolf, medan Matz tog en Lakritspuck. Hans ekonomi var fortfarande ansträngd och vore det inte för att han vid snart sagt varje besök hemma hos den koleriska tanten Carlsson försåg sig med en del av hennes i lägenheten utspridda pengar skulle han vara helt pank. Visst gnagde det en aning i samvetet att norpa åt sig stålar från en handikappad kvinna, men Matz övertygade sig själv om att det hela bara var små lån som han snart skulle betala tillbaka. Han hade till och med skrivit upp alla ”uttag”, som han kallade stölderna för, på en papperslapp. Skulden var redan uppe i 675 kronor samtidigt som sista helgen innan löning stod för dörren. Han skulle nog behöva göra ytterligare ett litet uttag i eftermiddag.

När de kom tillbaka till Stures lägenhet fick de en obehaglig överraskning. Lägenhetsdörren var olåst och inne i vardagsrummet satt en storvuxen man i femtioårsåldern i soffan med allvarlig min. Om det inte vore för att hans runda ansikte slätade ut mannens drag skulle Matz säga att han såg direkt fientlig ut.

”Och var har ni varit?” frågade han med misstänksam röst.

”Vi har bara spelat bangolf, Egon”, sa Sture spakt.

Hans självkänsla var som bortblåst. Nu stod Sture med kepsen i hand och blicken fäst i golvet som ett annat fattighjon.

”De har ju inte öppnat än. Har ni plankat in?”

Egon såg Matz i ögonen.

”Ja, vi lånade banorna lite bara. Sture är ju så förtjust i minigolf”, sa Matz.

”Kommer du från hemtjänsten?”

”Ja, jag heter Matz”, sa Matz och sträckte fram handen.

Egon tittade på den som om den vore något katten släpat in innan han flyktigt besvarade hälsningen med ett hårt handslag, men utan att presentera sig.

”Men då ska du väl städa hos Sture? Här ser ju ut som i en svinstia.”

Matz såg sig om i vardagsrummet och konstaterade att Egon hade lite rätt i det. Sture hade radikalt taggat ner på sitt nitiska skrubbande med klorin, förmodligen för att han mådde bättre än på länge. Det hade dock fått till följd att dammråttorna förökat sig kraftigt den senaste tiden samtidigt som Sture inte var särskilt bra på att plocka undan sina grejer. Smutstvätt och reklamblad låg utspridda över hela golvet.

”Jag hade tänkt storstäda här i nästa vecka. Det är ju så fint väder idag och Sture ville så gärna spela minigolf.”

”Bangolf”, rättade Sture men helt utan pondus.

Han såg närmast rädd ut, som ett barn som varit olydigt och fruktade en bestraffning. Och han hade fog för det.

”Vad är det för fasoner, Sture? Du vet att vi spelar en gång i månaden när säsongen börjar, inte mer!”

Egon tog på sig ett malplacerat leende och vände sig mot Matz.

”Du förstår, Sture skulle leva hela sitt liv vid den där golfbanan om han själv fick bestämma. Men han behöver ordning och reda i tillvaron. Fasta regler. Dessutom är det ett brott att spela när banan är stängd, utan att betala. Du kanske inte visste det men det är jag som är Stures gode man. Det är jag som betalar hyran och ger honom pengar till mat. Det här var verkligen tråkiga nyheter."

De enda tråkiga nyheterna är du, gubbjävel, tänkte Matz och log tillbaka.

"Vi har bara spelat en gång tidigare", ljög han. "Och nu öppnar ju banan för säsongen och då kan vi lira helt lagligt."

Egon såg inte road ut. Han reste sig upp ur soffan och anlade en myndig min.

"Det blir inget mer spel den här månaden, Sture. Och inte nästa månad heller. Du måste lära dig att ta konsekvenserna av dina handlingar. Dina pengar ska räcka till maten från hemtjänsten också."

"Men nu tar du väl i ändå", protesterade Matz milt. "Vi har ju bara spelat minigolf."

"Bangolf", pep Sture.

"Om jag vore i dina kläder skulle jag ta det jävligt lugnt", sa Egon och spände ögonen i Matz. "Du har lurat Sture till att utföra en kriminell handling. Jag skulle egentligen rapportera det direkt till din chef, men eftersom jag tycker att alla människor är värda en andra chans tänker jag inte göra det. Ta det här som en varning. Om jag kommer på er en gång till går jag till botten med dina brister och då har du inget jobb längre. Det lovar jag att jag ska se till!"

Med den salvan avslutade Egon sitt besök och lämnade lägenheten. Sture började genast vagga fram och tillbaka med överkroppen och rev sig nervöst på halsen.

”Fan vad här luktar hembränt”, sa han och kilade ut i badrummet efter klorin och en skurborste. ”Jag måste få bort den här jävla lukten, det stinker ju!”

Matz gjorde ett valhänt försök att stoppa Sture, men insåg att det var kört den här gången. Sture hade redan hällt ut en rejäl skvätt klorin på det slitna, bleka parkettgolvet och börjat skrubba det i ett rasande tempo under ansträngda stön.

”Ta det lugnt.”

Sture vred på huvudet och såg Matz i ögonen, utan att sluta gnugga med borsten.

”Jag måste få bort lukten av hembränt! Jag blir tokig av den!”

Matz tittade på sitt armbandsur. Det var hög tid att besöka tanten Carlsson.

”Vi ses efter helgen, Sture. Då ska jag hjälpa dig att städa rent i hela lägenheten.”

”Men hur fan ska vi få bort lukten?! Det stinker värre än någonsin! Att de där jävla grannarna får hålla på så!”

Matz betraktade Sture med sorgsen blick. Den krumma ryggen och armarnas frenetiska rörelser. Han påminde om en skalbagge som hamnat i en gyttjepöl och desperat kämpade för att kravla sig upp på torra land igen.

25

"Husets röda vin ska vara surt!"

VÅRTERMINEN BÖRJADE LIDA mot sitt slut och i Stockholm hade försommarvärmen gjort välkommen entré. Men det var ingenting som Carina reflekterade över när hon steg in i Röda Rummets purpurmättade värld. I en av de slitna röda plyschsofforna satt Iva som given centralgestalt i sitt sällskap med ett glas rött vin i handen, ett brett leende på sina rödmålade läppar och en röd spetsrosett i sitt blonderade hår. Hon var som gjord för denna bedagade del av anrika Berns salonger där till och med de gamla kristallkronorna och draperingarna i fönstren rodnade rött. Röken från de många cigaretterna som pyrde i lokalen ringlade sig sakta men målmedvetet upp mot det höga taket där tobaksdimman formerade sig runt stuckaturen i mjuka slöjor, likt fasadklättrande älvor. Sorlet var dämpat såhär i början av kvällen och de svårmodiga ynglingarna som satt och läste svårbegriplig poesi såg ännu koncentrerat svåra ut, innan alkoholen skulle göra deras blickar lika rusigt simmiga som hos halvpunkarna med svart kajal runt sina glansiga ögon. Adrian var där också, han satt på ett par meters intellektuellt avstånd från de andra i litteraturklassen, i en egen röd fåtölj och läste i ett exemplar av "Also sprach Zarathustra". Friedrich Nietzsche på originalspråket. Såklart, vad annat var att vänta? Carina kunde inte låta bli att le för sig själv åt hans krumbukter. Att han aldrig gav sig.

Janne däremot satt och pratade glatt och till synes intresserat med Ivas kille Martin, som var just en sådan där halvpunkare med slitna kläder och kajal runt ögonen. Lite för rund om magen, men det klädde honom på något sätt. Kanske borde det ha stått "Fuck Bantning!" istället för "Fuck You!" på hans t-shirt. Det var kul att studera folk såhär på lite avstånd, tyckte Carina, när de själva inte var medvetna om att någon betraktade dem (även om Adrian säkert önskade att så var fallet). Av Jannes ibland lite pretentiösa framtoning märktes ingenting och det berodde nog inte bara på att Carina inte hörde vad han sa. Leendet var avslappnat och hans kroppsspråk kändes ledigt och bekvämt. Carina blev glad över vad hon såg. Janne hade mjuknat. Blivit mer och mer varm i sina ålderdomliga kläder, och nu när han ersatt galoscherna med ett par vita låga gymnastikskor i tyg såg han nästan modern ut. Läderlapparna på kavajens armbågar var snudd på tuffa och baskern hade fått ett mer somrigt bakåtstuk som blottade hans fina panna. Att han fortfarande andades nörd gjorde inte så mycket, det var ju delvis det som hon hade attraherats av i början. Men han släppte också fram en mer självsäker sida av sin personlighet som på ett positivt sätt smittade av sig på utseendet. Hon log när hon gick fram till bordet.

"Så här ha-har vi äntligen d-drottningen av Frescati! Fint folk kommer alltid sent, eller h-hur?"

Iva skrattade högt åt sitt eget skämt. Om det var någon som uppträdde som en diva så var det hon, men på ett inkluderande sätt.

”Jag fastnade i en bok och glömde bort tiden”, urskuldade sig Carina och log tillbaka.

”V-vilken bok?”

”Moa Martinsons 'Mor gifter sig'.”

”Eländes e-elände?”

”Jo, lite så är det väl. Men jag vet ingen som kan beskriva eländet och fattigdomen så målande som hon. Och ändå släppa in ljus i sina berättelser.”

”V-varför tog du inte med dig boken hit?” frågade Iva och pekade med tummen på Adrian som inte hade lyft blicken från sin Nietzsche. ”Det här är rena rama biblioteket. August Strindberg ler sä-säkert i sin himmel. Eller i sitt helvete.”

Martin skrattade och Carina noterade med tillfredsställelse att Adrians nacke stelnade till en aning. Han försökte se ut som om han inte hade hört eller brytt sig om Ivas pik, men lyckades inte helt.

”Vad vill du ha att dricka?” frågade Janne och såg på henne med mjuka ögon.

Hon mötte hans blick och log varmt.

”Husets röda, tack. Om det inte är för surt.”

”Vad snackar d-du om? Det är ju det som är hela grejen med h-husets röda. Husets röda vin ska vara surt!” protesterade Iva.

”Okej, då tar jag gärna ett glas surt rött vin. Men du behöver inte betala, Janne”, sa Carina och räckte honom tre tior.

”Det vet jag, men jag vill”, sa han och började vinka efter

en av de stressade servitriserna som kilade runt bland borden.

Janne lyckades till sist fånga in henne och då hade alla blivit så törstiga att hon fick ta upp beställningar från hela sällskapet. Ett par flaskor rött vin och flera sejdlar starköl noterades i servitrisens lilla block tillsammans med en gin med grape tonic men utan is (Adrian såklart). När alla fått in sina nya omgångar alkohol och hunnit ungefär halvvägs in i dem höjdes ljudnivån som på ett plötsligt kommando. Det var bara Adrian som fortfarande satt tyst. Men han hade i alla fall lagt undan sin bok och såg sig nu omkring i rummet med någonting som skulle kunna beskrivas som en världsfrånvänd blick, om det inte vore för att han så innerligt önskade att en tjej i klassen som hette Sofi, och som brukade svälja alla ord han sa som vore de bevingade, skulle se på honom med sina trånande ögon. Men Sofi började bli salongsberusad och med det tycktes hennes intresse för hur Zarathustra talade ha minskat betänkligt. Hon hade istället inlett en konversation med Anders, Jannes Hemingwayantagonist, och dessutom tagit på sig sin flirtigaste min.

Kvällen hade inte kunnat börja bättre. Janne var avslappnad, Iva rolig, Martin glad, Adrian avvisad och Carina själv mer tillfreds än på länge. Det var märkligt ändå hur den här brokiga skaran av unga människor hade blivit nästan som en familj för henne med ytterligheterna Iva, som den förtroliga systern, och Adrian, som den dryge och elake styvbrodern. Hon hade på ett närmast omärkligt sätt glidit in i en gemenskap som hon trivdes ganska bra i, trots att hon inte kunde kalla många runt bordet för riktiga vänner. Mer bekanta, en del till och med bara flyktigt, men ändå hade de blivit betydelsefulla. Som små livbojar på ett stormigt hav. Inte alldeles tillförlitliga kanske, men någonting att hålla i eller åtminstone förhålla sig till. Hennes universum var nog inte större än så.

Hon hade satt sig bredvid Janne och låtit honom ta hennes hand i sin. Den var sval som vanligt men värmde ändå.

”Var det tillräckligt surt för att godkännas?” frågade han och nickade mot hennes glas som redan var kladdigt av läppstift.

”Som vinäger, kunde inte ha varit bättre!”

Hon skrattade och drog luggen åt sidan så att hennes ögon kom till sin rätt. Carina var inte direkt missnöjd med sitt utseende men såg inte sig själv som den attraktiva unga kvinna hon var. I alla fall när hon var på det här humöret.

”Jag ska bara gå och vattna kanariefåglarna”, sa Janne.

Söta nördiga Janne, som inte ens kunde gå och pinka utan att låta dammig. Vattna kanariefåglarna, det uttrycket hade hon aldrig tidigare hört någon under femtio år använda. Det lät till och med värre än att pudra näsan, men Janne kom ändå undan med det som den antikvariska person han var.

”Vattna inte för mycket bara”, sa hon och skrattade.

Janne gav henne en puss på kinden och försvann ut mot toaletterna. Carina lutade sig tillbaka i soffan med ett belåtet leende på läpparna. Lätt rusig av vinet och redan inpyrd i kläderna av rök bestämde hon sig för att bomma en tagg av Iva.

”Inga halsbloss!” förmanade kamraten. ”Jag vill i-inte bli ihågkommen som den som ledde dig i fördärvet.”

Carina himlade med ögonen och puffade på cigaretten.

Efter fyra bloss hade hon fått nog och sträckte sig över bordet mot askkoppen för att fimpa. Det var då hon hörde en röst som lät bekant på något vis.

”Är det ledigt här?”

Hon vred på huvudet och såg in i ett par djupblå ögon i ett ansikte som hon kände igen. Det tillhörde skåningen.

26

"Skål, tamejfan!"

NÄR KVINNAN SOM fimpade sin cigarett vände sig om så att Matz Zern kunde se hennes ansikte slog hans hjärta en volt. Det var ju hon! Den mystiska tjejen som avspisat honom på Boheme i vintras. Jodå, han hade hört genom Martin att hon var kompis med hans flickvän Iva men hade ändå inte väntat sig att se henne här. Hon brukade inte följa med ut så ofta, hade punkaren från Rågsved avslöjat.

"Eh ... jag måste be om ursäkt för sist vi sågs. Jag var lite full då", sa Matz.

Han försökte sig på sitt patenterade leende men kände direkt att det inte fungerade. Dels verkade hon måttligt imponerad, dels fastnade hans mun i den där grimasen igen.

"Hallå Matz!" tjoade Martin över bordet. "Slå dig ner, din skojare!"

"Är det okej?" frågade han den mystiska tjejen.

Hon svarade inte, men det såg ut som om hon log svagt och nickade kort. Han satte sig bredvid henne i soffan, på ett par decimeters avstånd.

”Jag kanske kan få bjuda dig på något som kompensation för mitt beteende sist? Vad dricker du?”

”Hon vill ha s-surt rött vin!” skrålade Iva märkbart berusad innan hon fortsatte den konversation som hon hade inlett med en lika full tjej vid bordet intill.

Matz hade medvetet valt att dyka upp på Röda Rummet lite senare än vad han kommit överens om med Martin. Det passade hans person bättre, att inte slaviskt följa alla tidsöverenskommelser utan framstå som den fria själ han ville vara. I väntan på att slå världen med häpnad var det i alla fall något slags programförklaring.

Matz lyckades haffa servitrisen och beställde en flaska rödtjut. Han krånglade fram en hundralapp ur jeansfickan och ansattes av dåligt samvete vid åsynen av den skrynkliga sedeln. Men han skakade det av sig. Tanten Carlsson hade ju så mycket stålar undangömda på så många omöjliga ställen runtom i sin lägenhet att hon alldeles säkert glömt bort minst hälften av dem, den virrpannan. Dessutom tänkte han betala tillbaka allt han lånat av henne, så fort hans egen kassa tillät det.

När vinaren landade på bordet slog han genast upp ett glas till den mystiska kvinnan och ett till sig själv. Alla andra i sällskapet var upptagna i samtal, utom den galne poeten som hade skällt ut Matz på Boheme. Han satt ensam i en fåtölj och såg surare ut än vad det alldeles för varma vinet smakade.

”Jag hann aldrig presentera mig sist”, sa Matz och log mot den svartklädda skönheten. ”Jag heter ...”

Längre än så kom han inte innan hon hastigt reste sig och leende vinkade åt någon längre bort i lokalen. Matz vred på nacken och kunde moloket konstatera att det var killen i baskern igen. Då var de alltså ihop. De gånger han hade tänkt på den mystiska skönheten, och de var inte alldeles få med tanke på att Matz endast hade sett henne vid ett tidigare och mycket pinsamt tillfälle, hade han inbillat sig att det där med pojkvännen bara var en fint. Han passade ju inte alls ihop med henne. Men nu kom han verkligen i riktning mot dem och Matz bestämde sig för att inte förlänga plågan. Med besvikelsen hos en leopard som precis insett att bytet kommit undan smög han iväg mot andra jaktmarker. Röda Rummet kändes plötsligt väldigt klaustrofobiskt.

Kön utanför Café Opera ringlade lång och vid entrén visades ingen nåd. Såhär sent en lördagskväll var nålsögat trängre än utrymmet i ett filippinskt fängelse. Det var i princip bara vip-folket som släpptes in. Matz noterade med en blandning av avund och adrenalinpåslag hur först Magnus Uggla med följe och sedan en ensam Johannes Brost vinkades förbi kön av den biffiga dörrvakten, som till och med kostade på sig ett brett leende och ett varmt ”Välkommen!”. Han hade kommit in på Café Opera vid två tillfällen tidigare, men då hade det varit vardag och inte så sent som nu. Oddsen för att lyckas ikväll var inte särskilt goda, men hellre än att förnedras av en basker och en skönhet inne på Röda Rummet tog han risken att behöva vänta förnedrande länge i kön in till Café Opera. Matz ställde sig längst bak jämte två överförfriskade unga män som lät som om de kom från Östergötland. Den ene hade en burk Pripps Blå i näven, som han inledningsvis broderligt erbjöd Matz en klunk ur.

”Nej tack, det är bra som det är”, sa han så vänligt han förmådde, vilket genast resulterade i att de båda männen började härma Matz skånska.

”Vaur haur du stillt trakturn?” frågade den fullaste av dem, varpå hans kamrat exploderade i en skrattkanonad.

Resten av kön verkade måttligt road. Gossarna från Östergötland fick flera arga ögonkast, men det tycktes inte ha någon hejdande effekt. Tvärtom började den nyktrare av dem sjunga en nidvisa:

”Du skåning, du skåning, imorgon ska du eda gröd
och doppa den i honing så bler du tjuck och fed!
Tralla-la-la-la-la stopp!
Tralla-la-la-la-la stopp!
Tralla-la-la-lalla-la-la-lalla-la-la-lalla stopp!”

Matz log tillkämpat. Han var van vid att fulla stockholmare försökte imitera hans dialekt, men det här var första gången som två packade bönder från Norrköping eller någon till staden närliggande socken gjorde det, och till råga på allt med aggressiva röster som om de ville mucka gräl.

”Vet du vad det är för skillnad mellan en skåning och en tunna skit?” frågade fyllo 1.

”Tunnan!” vrålade fyllo 2.

Och så skrattade de hysteriskt, båda två, innan den fullaste av dem fick något mörkare i blicken.

”Jaså, vår bira duger inte åt dig? Du dricker kanske bara gåsablod?”

Deras elaka ”skämt” hade nu nått en så låg nivå att Matz

nästan tyckte det blev komiskt, om det inte hade varit för just det mörka i männens dimmiga blickar. Han var så långt ifrån en slagskämpe som man kunde komma och när fyllo 1 knuffade till honom, om än bara lätt med axel mot axel, blev han riktigt rädd.

"Lägg av, era nollor!" ropade någon i kön, vilket tillfälligt fick de öldränkta kamraterna att skifta fokus.

"Vem fan var det?" undrade fyllo 2, innan fyllo 1 drog honom i armen som ett tecken på att de ju redan hade valt ut sitt ultimata offer.

"Ta en klunk nu då, för fan", fortsatte fyllo 1, fattade ett lätt grepp om slaget på Matz manchesterkavaj och förde ölburken mot hans mun.

Det bör poängteras att de otrevliga gossarna från Östergötland tillhörde undantagen i kön till Café Opera. Att skvätta öl och uppträda hotfullt innebar alltid rött kort och förr eller senare hade trakasserierna mot Matz säkert nått fram till dörrvakten och renderat tokstollarna ett livslångt inträdesförbud till Sveriges hetaste nattklubb. Men nu behövdes inte det. Istället skulle en blond man i glasögon och mustasch, som just stigit ur en taxi tillsammans med tre andra personer, inom loppet av tjugo sekunder gripa in i skeendet och därmed förändra Matz Zerns tillvaro dramatiskt. Men det visste han inte när mannens utstuderade stockholmska nådde hans öron.

"Vad har vi här då? Någon som inte vill dricka öl?"

Hans inlägg, ackompanjerat av yviga armrörelser, fick fyllo 1 att i ren överraskning släppa sitt grepp om Matz kavaj. Den blonde mannen med mustasch log vänligt.

”Det är rätt. Varför dricka öl när det finns champagne?”

Matz tittade osäkert på mannen som fortsatte le. Bortsett från klädseln, en vit läderkavaj över en uppknäppt svart skjorta som blottade hans håriga bröst, såg han ganska alldaglig ut.

”Varför står du här bak, kompis? Ska du inte följa med oss in?”

Innan Matz, och de två östgötafyllona med för den delen, hunnit begrunda skeendet befann han sig mitt i den lilla grupp av människor som den blonde mannen med självsäkra steg ledde förbi hela kön, fram till den inhägnade gräddfilen längst fram.

”Jag har bara vänner med mig ikväll, Roger. Inte en endaste liten dumstrut”, sa han glatt till dörrvakten som med ett inställsamt leende och en artig nick, som nästan såg ut som en bockning, vinkade in alla fem.

”Välkommen Jacob”, sa han. ”Nu när du är här kan festen äntligen börja.”

Först när Matz verkligen stod inne vid garderoben började han förstå att han inte bara klarat sig från att få på käften ikväll, utan även åkt på en räkmacka rakt in i det allra heligaste. Räddad och ledsagad av en man i pilotglasögon och en tjock guldlänk runt halsen.

”Tack”, sa Matz till sin frälsare och sträckte osäkert fram högerhanden.

Mannen tog den i ett stadigt grepp och hälsade.

”Och vad heter unge herrn, då?” frågade han.

”Matz. Matz Zern.”

”Angenämt, jag heter Jacob.”

”Schysst av dig att låta mig haka på”, sa Matz.

Jacob rättade till sina glasögon och lade en hand på Matz axel.

”Du, jag har jävligt svårt för människor som bjuder en på öl när man inte vill ha. Känner igen typen alltför väl. Dessutom blev jag bestört inför det tänkbara scenariot att ett så vackert ansikte som ditt riskerade att möbleras om. Men nu skulle vi ju dricka champagne, eller hur?”

Matz log stelt och följde Jacob och hans vänner in i hjärtat av Café Opera, där den långa bardisken verkligen levde upp till ordet kändistät. Aldrig hade han sett så många celebriteter på en och samma gång! Ulf Lundell såg ut att ha druckit några öl där han hängde i ena hörnet omgiven av en handfull snygga tjejer och en handfull något mindre snygga pojkar. Han var sådär tanklöst men ändå träffsäkert klädd, med vit t-shirt och sliten manchesterkavaj. Matz strök med fingrarna över sitt eget kavajslag och log nöjt. Rätt val igen.

Lite längre bort vid bardisken stod Efva Attling från X-Models bredvid en bullrig Tommy Körberg och ytterligare ett par meter därifrån skymtade Clabbe af Geijerstam och var det inte han Ardy Strüwer, Lasse Åbergs kompanjon? Sedan fick han korn på Bruno Wintzell och Eva Dahlgren och hon den där Camilla som var modedesigner och han skådisen Kjell någonting som spelade Jacks polare i filmatiseringen av Lundells bok …

Vart Matz Zern än tittade såg han kända ansikten sticka upp som ystra blomknoppar bland alla vanliga gäster. Det var rena rama gottebordet och ännu bättre skulle det bli.

”Jag har ett eget bord, häng med”, sa Jacob och hux flux

satt Matz med sin nyvunne vän på ena sidan och den kända journalisten Annika Hagström på den andra. Det skrattades och pussades på kinder och var allmänt alldeles, alldeles underbart.

”Skål ta mig fan!” ropade plötsligt Jacob och öppnade själv champagneflaskan som kyparen ställt fram och hällde i allas glas.

Ju längre kvällen gick, desto mer varm i kläderna kände sig Matz. Han pratade med en av Jacobs kvinnliga vänner som jobbade på en modellagentur. Hon berättade att Jacob var en känd radioröst som låg i förhandlingar med teve om att göra ett helt nytt underhållningsprogram.

”Hur känner ni varandra?” frågade Matz.

”Alla känner Jacob Dahlin, åtminstone här på caféet. Det är hans andra hem. Och nu känner du också honom. Välkommen i gänget.”

När klockan slog midnatt höjdes högtalarvolymen till en öronbedövande nivå och Vangelis ”Chariots of Fire” fyllde hela Café Opera med sin bombastiska inledning, samtidigt som en jättelik blixtrande discokula sänktes ner över dansgolvet. Matz fick lust att nypa sig själv i armen. Alla tankar på skönheten på Röda Rummet var som bortblåsta. Nu simmade han bland de riktigt stora fiskarna och fick han säga det själv så gjorde han det förbannat bra. Jacob Dahlin flirtade lite med honom, men på ett skojfriskt sätt, och hans kvinnliga vän på modellagenturen, som hette Marianne, bjöd med Matz upp på dansgolvet. Bryan Ferrys version av ”It's my party” hade aldrig låtit bättre och när den upcoming sångerskan Marie Fredriksson råkade dansa in i honom och log ursäktande tänkte Matz att livet nog inte kunde bli mycket härligare än såhär.

Men det kunde det, för efter fyra danser med Marianne och ny och välkyld champagne i glasen plockade hon upp en liten Leicakamera ur sin handväska och frågade om hon fick ta några foton på honom.

”Det är något med ditt ansikte som säger mig att du har en framtid i modellbranschen”, sa hon.

27

"Matte brukar välja den vägen."

"JAG VET INTE hur jag ska förhålla mig till hans svartsjuka. Har inte sett den sidan hos Janne tidigare. Det är fan inte okej av honom att hålla på så!"

Carinas bekymrade ansiktsuttryck slätades ut en aning inför åsynen av Ivas glada dito. De satt i en gisten trädgårdssoffa på bakgården hemma hos Carina och drack kallt rosévin ur plastmuggar. Solen hade klättrat upp över hustaken och spred sina zenitstrålar in på gården samtidigt som en ljummen bris fläktade skönt. Terminens sista föreläsning var precis avklarad och nu väntade ett långt sommarlov.

"Det är väl bara bra att han är s-svartsjuk!" utbrast Iva. "Det betyder ju att han är k-kär i dig på riktigt!"

Så kunde man kanske också se på saken om man hade den läggningen. Carina hade först blivit paff när Janne efter sitt toalettbesök bara gick förbi henne inne på Röda Rummet i fredags och satte sig och pratade med Adrian istället. Han tog ingen notis alls om henne och till sist ställde hon sig framför honom med flämtande röda kinder och frågade vad som var problemet.

”Ser du inte att jag är upptagen i ett samtal?” svarade han syrligt.

Det var först när hon en halvtimme senare tog sin handväska och utan att säga hej till någon gick mot utgången som Janne visade intresse för henne. Lätt andfådd efter att ha sprungit ikapp Carina tog han ett ganska hårt grepp om hennes arm.

”Ska du bara sticka nu?” frågade han med förorättad röst.

”Vad då då? Du verkar ju inte vilja prata med mig”, svarade hon lika stött.

”Det är väl inte så konstigt när du satt och åmade dig inför den där killen så fort jag vände ryggen till!”

Carina skakade på huvudet, vilket gjorde Janne ännu mer irriterad och det hela slutade i ett litet gräl som rundades av med att hon vände på klacken och uppbragt lämnade Röda Rummet. Janne hade visserligen ringt ett par dagar senare och halvt om halvt bett om ursäkt, men ändå låtit påskina att han var besviken på henne. Först när hon försäkrade honom om att killen från Skåne inte betydde ett smack för henne och att det var han själv som oombedd hade slagit sig ner i soffan hade Janne släppt ämnet.

”Men jag fattar inte vad som var själva grejen. Dessutom försvann ju skåningen innan Janne var tillbaka vid bordet”, sa Carina till Iva och drack en klunk rosévin. ”Jag snackade ju knappt med honom.”

”Men du l-log en gång.”

”Gjorde jag väl inte!”

”Jo, jag såg det. Och Janne k-kanske också såg det.”

Carina tog ett djupt andetag och suckade högt.

”Om jag log mot honom var det av ren artighet! Han bad ju faktiskt om ursäkt för sitt beteende på Boheme och det verkade som om han menade det.”

Iva nickade och tände en cigarett.

”Jo, jag h-håller med om att Janne tog i alldeles för mycket. Men på ett sätt var det väl bra att han re-reagerade?”

”Hur då?”

”Du har ju alltid sagt att han är i me-mesigaste laget för dig. Nu visade han i alla fall lite temperament.”

Det fick Carina ge sin stammande kamrat rätt i. Janne var ibland nördigt söt men några eldiga talanger hade han inte gett prov på tidigare. Nu var ju svartsjuka ingen särskilt sexig egenskap, men den bar kanske ändå på en kärna av åtrå i sig.

”Jag ska ut och segla med honom om en vecka”, sa Carina plötsligt, som om hon genom att byta ämne lika snabbt löste relationsproblemet.

”Segla?”

”Ja, tillsammans med hans föräldrar. De har en segelbåt.”

”J-ja, det är ju en fördel om man ska segla. Göta kanal?”

”Nej, Mälaren. Jag tror vi ska till Birka”, svarade Carina.

”L-låter ändå tryggt. Göta kanal är rena rama skilsmässodiket har jag hört. Tusen slussar ger t-tusen anledningar till familjebråk. Såg du filmen med Janne Lo-Loffe Carlsson häromåret förresten?”

”Nej.”

”En kalkonrulle som s-sågs av en och en halv miljon. Och så säger de att svenskar är ett folk med g-god smak.”

”Vilka säger det?”

”D-det sa jag ju. *De* säger det!”

Iva drog ett nytt bloss på sin cigarett och blåste ut röken i ansiktet på Carina.

”Där fick du för att du är s-så petig med detaljerna!”

Iva skrattade och fick snart med sig Carina. Hon hade en osviklig vana av att sprida glädje och skratt omkring sig. Och efter ytterligare en kvarts diskussion hade hon nästan övertygat Carina om att hennes kärleksförbindelse med Janne hade gått in i en helt ny och spännande fas. Den var liksom mer på riktigt nu. Herregud, han skulle ju presentera henne för sin familj! Det gjorde man väl inte om man inte menade allvar med förhållandet?

”Och du då? Hur går det med Martin?” frågade Carina och hällde upp mer rosévin i deras plastmuggar.

Ivas leende blev ännu bredare.

”Jag fattar i-inte hur jag klarade mig innan han kom in i mitt liv. Martin är nästan f-för bra för att vara sann”, strålade hon. ”Och nu ska han till och med åka till Bowiekonserten med mig!”

Det var stort, det förstod Carina. Punkaren från Rågsved hade egentligen inte mycket till övers för David Bowie. ”Heroes” gick väl an med sitt desperata crescendo men när Iva spelade hans nya album ”Let’s Dance” på middagsbjudningen hemma hos henne hade han ondgjort sig över artistens stigande vurm för elegans och dansanta toner. Musik skulle vara äkta och rå och gärna falsk, enligt Martin. Att han nu lade både tid och pengar på att åka med Iva till Nya Ullevi i Göteborg och se den upphaussade konserten med hennes favorit kunde inte tolkas som någonting annat än en ren och skär kärleksförklaring.

”Fatta hur h-häftigt det blir! De har redan sålt slut på biljetterna, det blir över sextiotusen där och vi har plåtar till innerplan.”

Iva förklarade att de skulle åka ner till Göteborg redan på fredag, dagen innan konserten, och sova i sovsäck långt fram i kön till insläppet för att få ståplatser så nära scenen som möjligt.

”Ja, det låter som kärlek det”, sa Carina och grimaserade tillgjort. ”Ligga på hård asfalt i en kall sovsäck mitt bland en massa ölande Bowiefans.”

Rosévin i solsken mitt på dagen har den fördelen att verkligheten uppfattas lite som genom ett raster. Man får ingen självklar bild av detaljerna och eftersom Birgit satt vid köksbordet och plockade små kaksmulor som hon stoppade i munnen, och som med tanke på närheten till Puttes ostädade bur lika gärna kunde ha kommit därifrån, var det en klar fördel. Carina kunde därmed koncentrera sig på huvudskälet till eftermiddagens besök hemma hos modern.

”Jag har tänkt lite på din ekonomi, mor”, inledde hon.

”Jaha, vad är det för fel på den?” replikerade Birgit bitskt.

”Det är väl inget fel direkt, men jag undrar om du har koll på dina pengar?”

”Varför skulle jag inte ha det?”

”Du lägger kontanter lite varstans i lägenheten. Det är ju lätt att glömma bort sen.”

Birgit Carlsson tände en cigarett och blängde på sin dotter.

”Påstår du att jag är slarvig?”

”Nej, men det vore bra om du samlade dina pengar på ett och samma ställe.”

”Så att tjuvarna kan ta rubbet vid ett inbrott, menar du?”

För att vara en halvsidesförlamad förtidspensionär som ibland skrek okontrollerade könsord hade Birgit en förvånansvärt vass tunga. Carina tog en cigarett ur moderns paket och tände den.

”Ska du röka nu igen?”

”Ja, jag är ju din avkomma. Sådan mor, sådan dotter.”

”Tsst”, väste Birgit. ”Var det något mer?”

”Jag är bara rädd att dina pengar ska försvinna om du inte har ordning på dem. Om du vill kan jag ta hand om dem och portionera ut i lagom stora doser efter behov.”

Carina visste att hon rörde sig på minerad mark. Birgit hade själv huvudansvaret för sin ekonomi även om dottern hjälpte henne att betala räkningar. Hon hade mycket bestämt poängterat att hon klarade av det alldeles utmärkt på egen hand. Minutenkortet som Carina fixat till henne använde hon bara en gång i månaden, när hon på ett bräde plockade ut alla sina pensionspengar. Sedan var det uteslutande kontanter som gällde eftersom Birgit inte litade på ”de där små robotarna i maskinerna som räknar pengarna”.

”Varför skulle jag låta dig ta hand om mina tillgångar? Jag är väl ingen barnunge, heller?”

Jo, ibland är du faktiskt det, tänkte Carina.

”Det ser ut som om det har försvunnit en del pengar”, sa hon.

”Och hur vet du det? Har du snokat bland mina prylar?”

Carina gnuggade sig nervöst på nästippen innan hon drog

ut kaffeburken som stod på kökshyllan bredvid fläkten.

"Här bakom låg en hundring i tisdags. Nu är den borta. Och under pennskrinet på sekretären i ditt sovrum låg tre tior som också är försvunna. Kommer du ihåg att du har använt dem?"

"Då har du snokat bland mina grejer!"

Carina suckade och slog ut med armarna.

"Men det är viktigt, mamma! Tänk om killen från hemtjänsten snor dina pengar."

"Mycket kan man säga om den där pojkspolingen Matte, men någon tjuv är han inte", muttrade modern.

"Matte? Är det han från hemtjänsten?"

"Ja, från hemsktjänsten."

"Och du litar på honom?"

"Han är inte helt värdelös i alla fall. Och han är ingen tjuv."

"Så då är det du själv som har använt pengarna till cigaretter?"

"Ja, det är det väl!"

"Men det är mycket cigaretter för bara ett par dagar."

"Så som du bommar av mig blir det mycket, ja! Dessutom behöver jag inte redovisa alla mina inköp för dig. Jag är en fri människa!"

Carina bestämde sig för att släppa ämnet, åtminstone tills vidare.

"Kuk, fitta! Fan, fan, fan i helvete!" ropade Birgit.

Nu hade hon blivit uppretad och nervös igen. Var det helt i onödan? Birgit hade kanske spelat på det där nya Lottospelet, Carina hade ju faktiskt sett sådana kuponger i lägenheten. Eller bara slarvat bort pengarna i sin allmänna virrighet. Hon hade kanske tappat sedlarna när hon var ute och köpte cigaretter? Det var inte omöjligt.

Carina fick en idé.

"Jag tror jag vattnar dina blommor", sa hon.

"Det har Matte säkert redan gjort", sa Birgit.

"Ja, men det är ju så varmt nu. De behöver säkert en liten skvätt till."

"Om det ska vara nödvändigt så", muttrade Birgit.

Carina gick in i vardagsrummet och kände på jorden i blomkrukorna. Den här gången var den faktiskt fortfarande blöt. Men det var inte på grund av någon omsorg om moderns gröna växter som hon lämnat köket. Carina tog fram sin börs och plockade ut en femtiolapp. Försiktigt lyfte hon på den tunga bronsstatyetten av en tjur som stod i bokhyllan och lade sedeln under den, men lät en liten flik sticka ut. Den fula bronspjäsen som härstammade från en semesterresa i Spanien för många år sedan var alldeles för tung för att Birgit skulle orka lyfta den. En perfekt gillrad fälla med andra ord, som skulle avslöja ifall någon annan än modern gick omkring i hennes hem och plockade åt sig av hennes pengar. Och som i så fall bara kunde vara hemsamariten Matte, eftersom han var den enda förutom hon själv som kontinuerligt besökte Birgit och dessutom hade egna nycklar till lägenheten. Carina återvände till köket. Hon kände sig lite som Sherlock Holmes, men med avsevärt högre puls än den berömde privatdetektiven.

"Ska vi gå ut i det fina vädret, mor?" frågade hon.

"Om det ska vara nödvändigt, så."

Carina förundrades över att modern inte knorrade mer

än så åt förslaget. Hon hjälpte henne på med den tunna träningsoverallsjackan med likadana fartränder som på byxorna och knöt även hennes gymnastikskor.

”Du borde skaffa dig en rollator”, sa Carina efter att ha hjälpt sin mamma ner i hissen till entréplan och ut på trottoaren.

”Nej tack! Då ser jag ännu äldre och skraltigare ut!”

”Men då skulle du ju kunna gå ut själv på promenad ibland och inte vara så beroende av andra.”

”Jag kan gå ut med Matte.”

”Gör du det då?”

”Ibland. Men nu får du väl ändå sluta med dina frågor! Har du inget eget liv?!”

Carina kunde inte låta bli att dra på munnen. Ett eget liv var det länge sedan hon hade haft och anledningen till det stavades uteslutande Birgit Carlsson.

”Ska vi ta en promenad längs med vattnet bort till udden och tillbaka igen?” frågade Carina.

”Nej, jag vill hellre gå till kanotklubben på andra sidan ön.”

”Men det är ju en bra bit dit.”

”Har du bråttom hem, eller?”

”Nejdå, jag blev bara förvånad över att du vill gå så långt.”

”Matte brukar välja den vägen när vi är ute och promenerar.”

28

”Det är klart han kommer att vakna!”

TROTS SIN SKRALA ekonomi hade Matz Zern övervägt att köpa en telefonsvarare. Sedan han träffade modellagenten Marianne på Café Opera och gav henne sitt telefonnummer (som han i likhet med lägenheten också hyrde i andra hand) hade han nämligen varit livrädd för att missa ett samtal från henne. Just därför blev han också euforiskt lycklig bara av att höra hennes röst när han en sen kväll lyfte luren i sin lilla etta på Kungsholmen.

”Hej Matz! Det är Marianne Linder från Stockholm Models.”

”Hej!”

Mer fick han inte fram ur sin torra strupe.

”Vi pratade ju om att ta lite riktiga bilder på dig.”

”Hm.”

”Jag tänkte fråga om du kan komma till vår studio på tisdag i nästnästa vecka, den 21 juni. Jag har tillgång till en jätteduktig fotograf som heter Bernard då och det hade varit kul att se vad han kan göra med din look.”

Matz puls steg ytterligare. Det var ju det här som han

hade väntat på sedan han flyttade upp till Stockholm, att någon skulle upptäcka honom! Att han inte skulle behöva anstränga ihjäl sig för sin plats i solen. Och så skedde det över ett glas champagne med en massa kändisar på Sveriges hetaste klubb! Ibland var livet just sådär underbart som man upplevde det i sina allra bästa drömmar.

”Jo, men gärna. Vilken tid?”

”Kan du vara här vid tiotiden vore det bra. Det tar ett par timmar minst och efter plåtningen bjuder jag på lunch. Om du har tid, alltså.”

Om han hade tid? Det var nog den onödigaste frågan han någonsin fått. Men han försökte ändå låta cool och samlad.

”Inga problem. Ska jag ha på mig några speciella kläder?”

”Ifall du har en favoritskjorta eller något annat plagg som du tycker speglar din personlighet kan du ta med det. Annars har vi en stor garderob här med en hel del nya grejer. Det viktigaste är att du släpper fram dig själv under fotograferingen. Men det snackar vi mer om när du kommer. Sen är det en sak till.”

”Ja?”

”Du har ju redan lockar men det vore toppen om du ville bättra på dem lite. Göra en permanent.”

”En permanent?”

”Ja, jag tycker ju själv att lockarna du har räcker men när jag visade mina egna foton på dig för Bernard föreslog han en permanent. Det blir mer modernt. Bernard tänker dig som lite vild och farlig.”

Som en pudel? tänkte Matz.

”Hårdrockare, liksom”, sa Marianne. ”Inte vulgärt, mer tufft.”

Permanent. Egentligen hade Matz ingen som helst lust att krulla till sitt hårsvall ytterligare. Men vad gör man inte för konsten? Och för möjligheten att slå världen med häpnad.

”Visst kan jag permanenta mig”, sa han.

”Vad bra! Beställ tid hos Björn Axén på NK och hälsa från mig, så skickar de fakturan hit”, kvittrade Marianne.

Hon gav honom adressen och portkoden till Stockholm Models studio på Linnégatan.

”Men vi ses kanske redan i helgen?” sa hon. ”Ska du till caféet?”

Matz blev konfunderad och undrade vad hon menade. Inte hade de väl pratat om att ta en fika tillsammans på stan någonstans? Men så föll polletten ner precis i sista stund, innan han hunnit haspla ur sig något pinsamt.

”Jo, jag kommer nog på lördag. Du också?”

”Ja, om det inte dyker upp något annat.”

”Vet du om Jacob också ska dit?” frågade Matz med en röst som inte riktigt lyckades låta så avslappnat familjär som han hade önskat.

”Det ska han säkert, caféet är ju hans andra hem.”

”Den här gången står jag för champagnen!”

Det sista var överkurs och inte alls särskilt smart, det insåg Matz direkt efter att han sagt det. För det första aviserar man inte att man tänker bjuda på champagne på Café Opera, det gör man bara. Och för det andra hade Matz inte skuggan av en möjlighet att finansiera en sådan omgång. Om han inte gjorde ett nytt uttag hos tanten Carlsson, vill säga …

”Då ses vi!” sa Marianne. ”Jag sätter upp dig på gästlistan.”

Matz såg framför sig hur han kindpussade både henne

och Jacob Dahlin och kanske även Annika Hagström när de strålade samman inne på Café Opera. Och hur han morsade på Ulf Lundell, trots att de inte var bekanta.

”Det gör vi verkligen!”

Det var med lätt sinne som Matz Zern begav sig till jobbet dagen därpå. Om allting gick enligt planerna den 21 juni var arbetet som hemsamarit snart ett minne blott. Som modell skulle han aldrig mer behöva putsa matsilver eller tvätta gubbkalsonger med skurmedel eller smyglåna pengar av vresiga pensionärer. Han skulle få sin skönhetssömn varje natt och resa jorden runt och gå på hippa partyn och ha en coach som hjälpte honom med dieten och en som tränade honom och så skulle han bli fotograferad, förstås, från sina bästa bildvinklar. Han skulle tjäna massor med pengar och förmodligen pryda en och annan förstasida av de internationella modemagasinen. Allt det där såg han fram emot med ett barnsligt pirr i magen när han låste upp dörren till Rigmors och Alfs lägenhet. Men redan när han hade tagit ett enda steg in i tamburen kände han att någonting var fel. Kanske var det stillheten. Och lukterna. Doften av lätt brända bullar från köket som blandades med en sötaktig parfym som inte kunde dölja den kväljande, syrliga odören som låg därunder. Det brukade visserligen lukta sött och syrligt från Alfs sovrum, men inte såhär tydligt och inte i kombination med en dåligt kamouflerande parfymdoft.

”Rigmor, är du där?”

Det enda som hördes var tickandet från moraklockan i vardagsrummet. Matz tog av sig skorna och gick försiktigt in i vardagsrummet. Parkettgolvet knarrade lätt under hans frottéstrumpor. Buketten med de röda rosorna som stått i glasvasen på soffbordet sedan förra veckan hade vissnat och det klara morgonljuset som vräkte in i lägenheten avslöjade med en brutal tydlighet att fönstren behövde putsas. Glasen var täckta av stora smutsränder garnerade med fågelskit.

”Rigmor!”

En harkling hördes genom dörrspringan till Alfs sovrum, följt av ett par försiktiga ackord på gitarr.

”Är du där, Rigmor?”

I samma stund som Matz greppade dörrhandtaget startade sången:

”Har du kvar din barnatro
ifrån hemmets lugna bo?
Kan du bedja än, som förr du alltid bad:
Gud som haver barnen kär,
se till mig som liten är.
Gamla mor då känner sig så nöjd och glad.

Barnatro, barnatro,
till himmelen du är en gyllne bro!
Barnatro, barnatro,
till himmelen du är en gyllne bro!”

Rigmor satt på sängkanten med gitarren och sjöng och spelade för full hals. När hon blev varse Matz slutade hon och såg på honom med en blick som pendlade mellan mani och frånvaro. Alf låg som vanligt med gapande mun i sängen, med två kuddar i nacken som stagade upp honom. Men det kom inga tunga pustar från lungorna, som det brukade göra. Hans insjunkna bröstkorg rörde sig inte en millimeter och pekfingret som brukade picka mot täcket i takt med hustruns andliga sånger var också alldeles still. Det plågade uttrycket i ansiktet hade försvunnit och de bekymrade dragen slätats ut. Det såg nästan ut som om den gamle mannen log.

Matz Zern hade aldrig tidigare sett en avliden människa. Ändå var han helt säker på att Alf hade somnat in för evigt. Det fanns inte det minsta lilla liv kvar i honom och den där syrliga doften som tidigare förebådat slutet var nu så stark och tydlig att den inte längre gick att dölja ens med billig parfym. Ett par pigga flugor surrade envist över hans öppna mun. Alf Hall, åttiosex år och tidigare kyrkogårdsvaktmästare från Vickleby på Öland, var så död som någon kunde bli.

Rigmor lade ifrån sig gitarren och tog upp en liten parfymflaska med pump som stod på nattduksbordet bredvid vattenglaset med Alfs löständer. Med några snabba tryck spred hon ut en ny dos av den starka parfymen, vilket bara gjorde luften i sovrummet ännu mer kväljande.

”Det luktar så instängt av karlsvett”, sa hon nervöst. ”Jag tror att vi får tvätta Alf när han har vaknat.”

Matz såg på Rigmor med sorgsen blick.

”Men han kommer nog inte att vakna”, sa han.

”Vad är det för dumheter? Det är klart han kommer att vakna!” replikerade hon med kraft.

Hon reste sig upp från sängkanten och gick mot köket.

Matz följde efter henne, mest för att han kände ett stort obehag av att befinna sig ensam med den döde i sovrummet.

”De blev lite vidbrända, men det var för att jag satt inne hos Alf och sjöng och glömde bort dem. Han blir så lugn och avslappnad när jag sjunger”, sa Rigmor mekaniskt och drog bort kökshandduken från plåten på spisen innan hon skakade ner de sorgkantade kanelbullarna i en brödkorg.

”Han är död”, viskade Matz.

Antingen hörde Rigmor inte vad han sa eller så ville hon bara inte höra det.

”Vi kanske ska ringa efter doktorn ändå? Han verkar extra trött idag. Alf behöver nog någon medicin som piggar upp honom lite.”

Matz förstod inte. Hur var det möjligt att Rigmor Hall, denna gudfruktiga lilla tant som i månader förberett både sig själv och sin döende make inför hans inträde i paradiset genom att sjunga hoppingivande andliga sånger, inte kunde ta in verkligheten när Alfs jordiska liv verkligen hade tagit slut?

”Ja, vi får ringa doktorn”, sa Matz.

”Gör du det? Så går jag in till Alf och sjunger så länge. Han tycker så mycket om det! Sen kan du väl ta med dig kaffe och koppar in i sovrummet. Det är kanske det han behöver för att vakna till ordentligt. Så tungt som han sover nu var längesen.”

Matz nickade och pressade fram ett litet leende. Rigmor log tillbaka. Hon fyllde på kaffepulver i filtret och slog på bryggaren. Därefter lade hon tre vidbrända bullar på ett litet fat och gick tillbaka mot sovrummet. Matz betraktade hennes krumma rygg när hon med stapplande steg vaggade fram över golvet i vardagsrummet. Genom ljudet från den tickande klockan hörde han hur hon ställde ner bullfatet på nattduksbordet och efter ett tag började klinka på sin gitarr igen. När hon åter sjöng var det med saligt lyrisk röst:

”Prövningar vi möta få
Och vi ofta ej förstå
Herrens vägar, när Han önskar
att vi himlen skola nå.
Sina barn Han leder här,
genom sorger och besvär.
Vi förstår Hans vägar bättre ovan där.

Ovan där randas morgonen
och därhemma samlas helgonen.
Vi ska då förtälja om vår resa här.
Vi förstår Hans vägar bättre ovan där.”

Matz gick till telefonen i vardagsrummet och ringde till Mirja på hemtjänsten. Efter fyra signaler som kändes som tolv svarade hon äntligen. Med låg röst förklarade han läget så sakligt han kunde, att han befann sig i en lägenhet tillsammans med den verklighetsförvirrade Rigmor samt hennes döde make Alf. Mirja lyssnade och sköt in små lugnande hummanden. Det märktes att hon var van vid den här typen av samtal.

”Är du helt säker på att han är död?” frågade hon.

”Ja, helt säker. Han andas inte och kroppen har börjat lukta. Det skulle inte förvåna mig om han har varit död i ett par dagar.”

”Men Rigmor har ju inte ringt eller larmat.”

”Nej, hon tror att han fortfarande lever. Hon säger att han sover djupt bara. Vad ska jag göra?”

”Ta det lugnt, Matz. Stanna hos Rigmor tills läkaren kommer. Jag ringer direkt.”

”Hon vill att jag ska dricka kaffe med henne och Alf.”

”Gör det då.”

”Men han är ju död!”

”Det går bra att dricka kaffe med döda människor. Det har jag gjort många gånger.”

”Så du ringer läkaren?”

”I samma stund som vi avslutar det här samtalet”, sa Mirja.

Hennes ord fick Matz att genast slänga på luren. Från Alfs sovrum hördes en ny andlig sång, men nu med så låg stämma att Matz inte uppfattade orden. Han gick ut i köket och ställde kaffekannan och tre koppar på en bricka. Och så lade han tre sockerbitar på fatet till den ena koppen.

När han steg in i rummet var det alldeles tyst därinne. Rigmor strök med handen över Alfs panna. Hon nickade åt Matz att ställa ner brickan bredvid fatet med de vidbrända bullarna.

”Kommer doktorn?”

”Ja, alldeles strax.”

”Bra. Vi häller upp kaffet så länge så kanske han vaknar av doften. Alf älskar ju kaffe så.”

Matz kunde inte minnas att han hade sett Alf dricka kaffe mer än en gång för över en månad sedan, då Rigmor droppat ner små teskedar i hans ständigt öppna mun.

Han nickade och fyllde kopparna.

”Glöm inte sockret. Alf älskar socker!”

Matz nickade igen, pluppade ner tre sockerbitar i Alfs kopp och rörde om.

”Det kanske ska svalna först”, sa Rigmor. ”Ta du en bulle så länge, Matz. De är ju lite vidbrända men det är mycket smör och kanel i dem. Alf vill ha dem så.”

Matz satte sig på sängkanten bredvid Rigmor, tog en tugga och kände den växa i munnen. Han var tvungen att dricka en liten slurk kaffe också för att skölja ner den.

”Goda bullar.”

Rigmor log svagt och tog upp gitarren som hon lutat mot väggen bredvid sängen.

”Nu sjunger vi lite till, tycker jag. Du också, Matz.”

”Vad är det för sång?”

”’Låt oss alla en gång mötas’. Det är Alfs favorit.”

”Jag tror inte jag kan texten.”

”Det gör ingenting, försök bara så gott du kan.”

Rigmor slog an några ackord och började sjunga. Matz nynnade med.

”Har du tänkt på
att vårt liv här
på vår jord, en gång tar slut.
Då får de som älskar Jesus
Flytta högre upp till Gud.”

Men när hon skulle klämma i med en ny vers sprack hennes röst. Hon gjorde ett försök till men det gick lika illa. Sedan var det som om luften gick ur Rigmor. Hennes axlar sjönk ihop och gitarren föll ner på golvet med ett brak. Hon såg på Matz med tårfylld blick.

”Jesus älskar väl Alf?” sa hon.

”Det gör han alldeles säkert.”

”Så han får flytta upp till Gud?”

”Absolut.”

Nu rullade tårarna tyst nerför hennes kinder.

”För han kommer inte att vakna?”

”Nej, Alf kommer inte att vakna.”

29

”På sjön skalar man inte potatisen.”

”HEJ! VAD ROLIGT att vi äntligen får träffa dig!”

Det var många detaljer som inte synkade mellan Jannes mamma Annikas ord och hennes kroppsspråk. Handslaget var så slappt att det kändes som om Carina greppade fem kalla prinskorvar och trots att rösten hade en glad klang var den lilla tillstymmelse till leende som prydde hennes smala läppar mer att likna vid en reflexartad muskelryckning. Hon var klädd i ett par vita seglarshorts och en alldeles för stor fiskartröja under den marinblåa flytvästen. Redan när de gick ombord på segelbåten, en vackert långsmal och lackdoftande farkost helt i trä som låg och guppade i den lilla småbåtshamnen nära Hammarbyslussen, började Carina ångra att hon tackat ja till Jannes förslag att följa med. Lyckligtvis gav hans pappa Sixten ett mer lättillgängligt intryck.

”Välkommen till Eleonora! Hon är en smäcker dam som står emot det mesta. Och i det här strålande försommarvädret med måttlig vind trivs hon som allra bäst!”

”Det är en riktig Mälarbåt”, sköt Janne in med både stolt och en aning viktig röst.

Sixten var betydligt äldre än sin fru. En trådsmal man i sjuttioårsåldern som tycktes ha köpt seglarromantiken rakt av. Den gamla skepparmössan, som bara hjälpligt dolde de spretande gråa hårtestarna, hade sprucken skärm och hans mungipa härbärgerade en gammal pipa som pyrde glatt i takt med hans stötvisa andning. Seglarblazern hade ett snirkligt klubbemblem på bröstfickan och seglarskorna den rätta slitningen. Likheten mellan far och son var slående. Sixten såg på något nördigt sätt trevlig ut han också. Och han hade samma faiblesse som sin son för ålderdomliga ursäkter i samband med toalettbesök.

”Jan, tar du rodret? Jag ska bara gå fram till fören och kasta vatten”, sa han i höjd med Ekerö och hoppade upp ur sittbrunnen som en vig skeppskatt.

Det var första gången som Carina hörde någon säga Jan till Janne. Hon log för sig själv. Föräldrar hade ju en benägenhet att både vårda och slåss för sina barns dopnamn. Hon mindes själv hur upprörd hennes mor hade blivit när några klasskompisar tyckte att Kacka var det optimala smeknamnet på någon som hette Carina Carlsson. ”Det betyder skit på franska!” hade hon väst.

Vädret var verkligen underbart med strålande sol och en perfekt jämn vind som gjord för segling. Det var i alla fall vad de övriga på båten påstod. Janne och Annika hade fullt upp med att hjälpa kaptenen med pipan att dra i olika linor till seglen. Carina förstod ingenting av hur saker och ting fungerade ombord, det här var hennes första riktiga seglats i livet, men hon lärde sig snabbt att ducka när Sixten ropade ”Slag!”.

”Den vill man inte ha i nacken”, log Janne och klappade med ena handen på bommen.

Carina log ansträngt tillbaka. Hon kände sig mest i vägen eller till ingen nytta alls. Det var först då de efter många slag och diskussioner om när ankaret skulle släppas lade till vid en kobbe för att brassa lunch som hon såg sin chans att involveras i familjen Ljungs göranden och låtanden.

”Jag kan skala potatisarna”, sa hon beredvilligt till Annika som såg på henne med sitt uttryckslösa ansikte.

”På sjön skalar man inte potatisen”, svarade hon avmätt. ”Det räcker att skrubba den.”

”Men då kan jag skrubba potatisen”, sa Carina.

Hon sökte ängsligt ögonkontakt med Janne, men han var upptagen med att studera sjökortet tillsammans med sin far. Det var tydligen meningen att den kvinnliga delen av besättningen skulle stå för matlagningen. Carina satte sig i solen på däck och skrubbade potatisarna i en spann med vatten från sjön medan Annika befann sig nere i det lilla köket i kajutan och skar lök och lövbiff i skivor. De skulle äta en snabbvariant på sjömansbiff. När Carina var färdig med sin syssla gick hon ner till Annika, som synade potatisarna med samma intetsägande min som tidigare.

”Jag tror jag ger dem en liten omgång till”, sa hon och började skrubba de redan färdigskrubbade rotsakerna igen.

Carina visste inte om hon skulle skratta eller gråta. Men hon fick inte mycket tid att fundera över den saken innan Annika Ljung började ansätta henne med frågor.

”Så du är kursare med Jan?”

”Ja.”

”Vad trevligt. Har du läst någonting annat än litteraturvetenskap?”

”Jag gick ett år på en folkhögskola. Skrivarlinje.”

”Jaha, vad intressant. Det är bra med skrivkurser även om en del av dem kanske inte håller så hög kvalitet. Men jag menade mer om du hade läst något på universitetsnivå tidigare.”

”Nej, det här är min första högre akademiska kurs.”

Annika tände gasspisen och inom loppet av ett par minuter sjöd potatisarna i kastrullen medan löken och köttet fräste i en stekpanna. Samtidigt redde Annika såsen i en mindre kastrull som hon sedan hällde över köttet tillsammans med en flaska öl. Hon hade full kontroll över maten. Carina kände sig överflödig. Och dessutom dum.

”Jan har redan en fil kand i drama, teater, film”, fortsatte Annika och kastade i ett par nypor krossade kryddor i den puttrande grytan. ”För honom blir kursen i litteraturvetenskap ytterligare ett ben att stå på i sin gedigna kulturutbildning.”

”Det är bra ju”, sa Carina och skruvade på sig.

Hon visste sedan tidigare att Annika var kultursekreterare i Nacka, men hade inte haft en aning om att det tydligen, eller åtminstone i det här fallet, kunde vara synonymt med kultursnobb. Hon hade själv en avliden faster som hade arbetat som kultursekreterare i Eslöv i Skåne och hon var både klok och trevlig.

”Har du gjort någonting annat också, jag menar jobbat?” fortsatte Annika.

”Ja, i butik.”

”Vad då för butik? Snabbköp?”

Nu lät hon till och med lite sarkastisk.

”Nej, jag har jobbat två år på Dekorima på Kungsgatan. En butik som säljer konstnärsmaterial.”

Det sista närmast bokstaverade hon, som en liten kulturell motattack. Annika verkade inte tycka det lät tillräckligt intressant för att fortsätta konversationen. Hon riktade istället sitt stela anlete mot kabyssens ingång där Janne och Sixten kom nerför den lilla trappan. Kultursekreteraren från Nacka höjde på båda sina smalt linjerade ögonbryn. Carina trodde att det kunde vara ett uttryck för uppskattning, men hon var inte helt säker.

”Hur går det med krubbet?” frågade Sixten och fortsatte puffa på sin ständigt glödande pipa, som om den var antänd med olympisk eld.

”Vi är snart färdiga. Carina har skrubbat potatisen”, sa Annika.

Fem minuter senare satt de allihop på däck igen och åt av sjömansbiffen.

”Välskrubbad potatis”, sa Janne och det var då Carina för första gången lade märke till den lilla blinkningen i Annikas ögonvrå mot sin son. Hon trodde inledningsvis att det kanske var ytterligare en spasm, men när samma blinkning flimrade förbi i ytterkanten av Carinas synfält då hon berättade för Sixten att hon tänkte skriva sin b-uppsats i litteratur om Moa Martinsons sociala patos var hon säker. Kärringen satt och gjorde sig lustig över henne!

”Var det något?” frågade hon Annika och log överdrivet vänligt mot henne.

Kultursekreteraren från Nacka såg för ett ögonblick lite orolig ut, men hittade snart sin liknöjda min igen.

”Nej, vad menar du?” frågade hon oskyldigt.

”Jag tyckte att du blinkade”, sa Carina och kände direkt att hon hade gett sig ut på väldigt djupt vatten.

”Jaha? Jag fick bara någonting i ögat.”

”Jag ... jag trodde att du ville säga något”, sa Carina och kände hur rodnaden spred sig över hela ansiktet.

”Inte alls. Fortsätt du, snälla”, sa Annika och lyckades till och med framkalla den där muskelryckningen i mungipan som påminde om ett leende. ”Men en sak undrar jag faktiskt lite över.”

”Ja?”

”Om du ska skriva om Moa Martinsons sociala patos blir det väl en till omfånget väldigt lång b-uppsats? Det finns ju ett socialt patos i precis allt hon har skrivit.”

Carinas hals snörptes ihop. Hon skulle egentligen lätt ha kunnat gå i svaromål och precisera sitt ämne, som var begränsat till Moa Martinsons första statarromaner och hur det kvinnliga perspektivet gjorde henne till en nydanare av socialrealistiska skildringar. Men Carina var alldeles för torr i munnen. Och alldeles för nervös. Hon fick inte fram ett ljud.

Det blev pinsamt tyst på däck. Sixtens käkar malde som köttkvarnar och Jannes adamsäpple guppade upp och ner. Carina misstänkte att det inte bara berodde på den sega sjömansbiffens svåra seglats genom svalgets trånga kanal. Hon önskade att han hade sagt något till hennes försvar.

”Nej, om vi skulle försöka komma iväg igen”, sa Sixten till sist.

Det låg någonting flottigt över resten av segelturen, som om oset från sjömansbiffen hade letat sig in i Carinas alla porer. Janne och hon sov tillsammans längst in i ruffen och trots att det var omöjligt att inte ligga tätt i det trånga utrymmet förekom det knappt någon kärleksfull kroppskontakt dem emellan mer än den obligatoriska godnattpussen. Dagarna förflöt som menlösa krusningar på Mälaren. Jämnt och utan några ytterligare intermezzon. Alla diskussioner föreföll konstlade och tassande. Sixten, som var pensionerad konstintendent, ställde några pliktskyldiga frågor till Carina då och då och Janne höll henne i handen när de promenerade runt på Birka och lyssnade till Annikas monotona föreläsning om vikingarna och benediktinermunken Ansgar.

”Vad trevligt det var att lära känna dig, Carina”, sa Annika när de efter fyra dagar äntligen var tillbaka i den lilla småbåtshamnen bredvid Hammarbyslussen.

Carina tog hennes fem kalla prinskorvar i sin hand och tackade för att hon fått följa med. Till sist visste hon inte ifall hon hade drömt om de där blinkningarna som väckt vreden i henne men aldrig blommat ut som under gruppterapin, utan istället snabbt bedarrat och ersatts av en mjäkig besinning.

Den viktigaste frågan vågade hon inte ställa ens till sig själv:

Var befann sig Janne i allt det här?

30

”Modell? Är inte det ett fruntimmersjobb?”

NEJ, MATZ ZERN kände sig inte alldeles bekväm i sin nya frisyr. Han hade varit på innefrisören Björn Axéns salong i NK-huset och blivit permanentad för dyra pengar som modellagenturen lyckligtvis stått för. Och det var inte bara han själv som hade kritiska synpunkter på den kostsamma förvandlingen.

”Jo men ... är det inte lite så som fruntimren brukar se ut? Alltså i håret, menar jag! Annars är du hur manlig som helst”, sa Henning efter att ha druckit ur sin kaffegök.

De satt bredvid varandra i hans soffa och pratade som vanligt om den gamle mannens ungdom och den unge mannens drömmar. Pudelpermanenten gick av visuella skäl inte att komma undan, och även om Hennings omdöme smärtade en del uppskattade Matz hans ärlighet. Han försökte trösta sig med att en nittiotvåårig gubbe kanske inte var den optimala smakdomaren när det kom till moderiktiga frisyrer.

”Det är inför en modellfotografering imorgon. Det ska vara modernt och speciellt”, sa Matz och sippade på sin gök.

”Ska du bli fotograf?” frågade Henning förvånat.

”Nej, jag ska bli modell.”

”Modell? Är inte det ett fruntimmersjobb?”

Den gamle mannen såg konfunderad ut, som om han började fundera på om Matz blivit osäker i sin könsroll.

”Nej, inte nuförtiden”, skrattade Matz. ”Det är vanligt med manliga fotomodeller också. Jag tänker satsa på det.”

”Skulle du inte bli popstjärna?”

”Det kanske jag blir också, lite senare. Men jag börjar som modell och ser vart det leder mig.”

Henning nickade och lät en bit mandelkubb smälta i munnen. Det var svårt att tugga ordentligt med tandprotesen.

”Det blir säkert bra, Matz”, sa han uppmuntrande och klappade sin hemsamarit på axeln.

Matz gillade verkligen Henning. Inte bara för att hans krav var så modesta utan minst lika mycket för att han var en klok man som visste mycket om den del av livet och döden som Matz själv inte var så familjär med.

”Jag har haft svårt för att somna den senaste tiden”, anförtrodde Matz honom. ”Jag tänker på Rigmor och Alf, hur sorgligt det var när han dog.”

”Vad menar du?” frågade Henning.

”Att han bara låg där stendöd hur länge som helst och att Rigmor trodde att han levde.”

Henning tog av sina glasögon och kliade sig med ena skalmen på flinten.

”Hon Rigmor kanske behövde den tiden, för att vänja sig vid att gubben hennes somnat in för evigt. Av det du har berättat för mig låter det som om han fick en lycklig död. Kan man försvinna från den här jorden på ett bättre sätt än med sin älskade bredvid sig, till toner och sång med himmelsk klang?"

"Nej, det är klart. Men tänk på stackars Rigmor. Hur ska hon klara sig nu, i sin sorg?"

"Har hon inga barn?"

"Jo, hon har en son och en dotter och flera barnbarn och till och med några barnbarnsbarn, tror jag. Hon är hos sin son nu förresten, han bor i Kalmar."

"Då har hon ju folk som tar hand om henne", sa Henning. "Och även om man råkar vara ensam går det att fortsätta leva med sin sorg. Det har jag gjort i snart tio år nu, efter Lovisa. Till sist förvandlas den där saknaden och sorgen till ett sällskap. Man fyller den med minnen, lägger till vissa saker och händelser och drar ifrån andra. Lovisa är alltid med mig. När jag tittar på teve undrar jag vad hon tycker om programmet och när jag tar en kaffegök brukar jag försöka lura henne att det bara är kaffe i koppen. Jag pratar med henne flera gånger om dagen. Nu har jag blivit för gammal och orkeslös för att besöka hennes grav, men det gör ingenting. Hon sitter härinne."

Henning klappade sig själv på bröstkorgen, i höjd med hjärtat. Sedan såg han på Matz med sin pillemariska blick bakom glasögonen och log brett.

"Är det imorgon du ska bli fotomodell?" frågade han och tittade på sitt armbandsur.

"Ja, imorgon förmiddag."

"Då tycker jag att du ska gå hem nu."

"Redan?"

"Ja, så att du får din skönhetssömn, grabben."

Det pirrade av nervös förväntan i Matz mage när han på tisdagsmorgonen den 21 juni ringde på porttelefonen till Stockholm Models på Linnégatan. En lika massiv som ovanlig sommarhetta på över trettio grader hade lagt sig som en syreslukande ostkupa över staden, vilket fick svetten att rinna nerför Matz rygg. Speciellt som han hade klätt sig i sin cirkusuniformsjacka inför fotograferingen. Han skulle ju ha på sig ett plagg som speglade hans personlighet. Även om det säkert fanns några som menade att jackan tillsammans med den pudellockiga permanenten fick honom att se ut som en clown, hade Matz själv mer och mer förlikat sig med frisyren. Han tyckte rent av att den var lite läcker på det där drömskt modellsnygga viset, sagoaktigt bortom verkligheten.

En behagligt sval röst i porttelefonen hälsade honom välkommen upp på fjärde våningen och när Matz efter hissturen steg in i modellagenturens lokal möttes han av en ännu behagligare svalka. Det kändes lika skönt som att stiga in i mejeriavdelningen på Ica efter en svettig dag på stranden. Ett luftkonditioneringsaggregat som stod precis innanför dörren susade lätt och mittemot befann sig en skallig kvinnlig skyltdocka klädd i en spetsunderklänning, en alldeles för stor herrkavaj med uppkavlade ärmar och en fjäderboa runt halsen.

”Välkommen”, sa en snygg tjej i receptionen och log varmt mot honom.

Annars var allting så svalt och skönt och coolt som man bara kunde önska sig under den rådande värmeböljan. Matz hade slutat svettas och tittade förundrat på den avancerade kaffeautomaten som stod placerad lite längre in i den vitmålade vestibulen med schackrutigt golv och matchande svarta lädersoffor.

"Ta gärna en kopp kaffe och slå dig ner så länge så kommer Marianne snart och hämtar dig", sa tjejen i receptionen och fortsatte att le. "Vill du hellre ha ett glas kallt porlande vatten tar du det i maskinen bredvid."

Ur inbyggda högtalare i taket strömmade Blondies "Hearth of Glass", som trots att den hade ett par år på nacken kändes supermodern och helt rätt i den här miljön, konstaterade Matz.

Han gick fram till kaffeautomaten och studerade nyfiket alla de olika alternativ som apparaten erbjöd. Till sist tryckte han på en knapp som det stod *Wiener Melange* på. Ett surrande ljud ledsagade den varma vätskan ner i pappersmuggen som automatiskt hade matats fram. Efter tio sekunder pep det till som en signal på att drycken var klar. Rena rama rymden. Matz tog muggen och satte sig varsamt ner i en av sofforna. Med en andäktig armrörelse förde han muggen till sin mun, blåste försiktigt och tog en liten tår. Det smakade gudomligt, i en perfekt blandning av kaffe och choklad.

Som det bästa från två världar, tänkte han och slöt tillfälligt ögonen i ren njutning. Det här var himmelriket. Till och med tobaksröken som sipprade ut genom en öppen dörr på andra sidan receptionen kändes fräsch och luktade mentol.

"Matz!"

Mariannes glada tillrop fick honom att rycka till.

"Så häftig du är i håret! Det här kommer Bernard att gilla. Och vilken tuff jacka! Den borde du ta på dig nästa gång du går till caféet. Tack för senast, förresten. För champagnen och dansen."

"Nöjet var helt på min sida", sa Matz och kindpussade Marianne på det där sättet som han hade lärt sig att man skulle göra.

Champagnen som han bjudit Jacob Dahlin och resten av gänget runt bordet på vid sitt senaste Café Opera-besök hade kostat en mindre förmögenhet som tvingat Matz till ett riskabelt högt uttag hos tanten Carlsson. Men nu skulle hon snart få tillbaka alla sina stålar. Ett riktigt modelljobb skulle ge inkomster som mer än väl täckte hela lånebeloppet.

"Vi går in till mig först, det är några papper du ska skriva på. Sen väntar Bernard i studion", sa Marianne och ledde honom genom en liten korridor till hennes rum.

Matz fick fylla i ett par formulär med namn, personuppgifter och kroppsmått samt svara skriftligt på några frågor om sina intressen och mål. Marianne ögnade igenom svaren och log.

"Så du vill bli popstjärna?" frågade hon roat.

"Ja, fast det får gärna vänta lite. Först vill jag se vad jag kan göra som modell", sa Matz och slogs av att det kanske lät opassande skrytsamt att ha så högtflygande planer. "Men det är alltså bara en dröm", skyndade han sig att tillägga.

Den stora vita studion badade i ljus. I ett hörn av lokalen fanns sminket, där ännu en snygg tjej med blont tuperat hår och rosa topp till sina tajta svarta läderbyxor stod och blandade foundation på en liten porslinspalett. På hyllan under den breda spegeln stod små burkar och tuber med smink i alla möjliga och omöjliga former och kulörer uppradade bredvid borstar, kammar och hårvax av olika slag. Matz såg sig förundrat omkring. Det var alltså här man skapade magi. Fotostativ, ljusskärmar, bakgrundsfonder, strålkastare och silverfärgade paraplyer var utplacerade på fotoscenen i ett virrvarr som ändå såg ordnat ut. Från taket hängde draperier och gigantiska spotlights med justerbara skärmar. Och allt det här bara för honom, åtminstone just nu.

”Hej och välkommen. Det är jag som är Bernard”, sa fotografen med fransk brytning och sträckte fram sin finlemmade hand för att hälsa.

”Matz”, sa Matz. ”Tack för att jag fick komma.”

”Och tack för att du har fixat håret. Det är verkligen helt *parfait*!” berömde Bernard, som av en händelse själv råkade ha en frisyr liknande Matz.

Bernards markerade ansiktsdrag skvallrade om att han nog närmade sig fyrtiostrecket, men i övrigt påminde han nästan om en tonåring med sitt krusade ljusa hår, de slitna jeansen med hög midja, skärpet som matchade den vita t-shirten med Supermantrycket på och de blågula Lejonskorna. Han gav Matz en hel del instruktioner om vad han skulle tänka på under fotograferingen och berömde liksom Marianne hans cirkusjacka.

”Vi börjar med den på, fast jag vill att du tar av dig din t-tröja under så att man ser ditt nakna bröst och din mage. Fina rutor förresten, tränar du?”

”Nej, inte så mycket. Det är naturligt”, sa Matz.

Bernard log innan han spände ögonen i sin nya modell.

”För att det här ska bli riktigt bra måste du äga rummet. *Comprends*?”

Matz nickade och flackade en aning med blicken.

”Det där duger inte!” inskärpte Bernard. ”Du måste ha ögonkontakt med kameran *tout le temps*! Suga in den med din blick. Äta upp den! Äga den! Det är du som är tigern därute, ingen annan. *Comprends*?”

Den här gången nickade Matz utan att flacka med blicken. Han kände hur adrenalinet började pumpa i kroppen samtidigt som Bernards ord ringde i hans öron. Han tänkte på det hela tiden under sminkningen, så starkt och intensivt att han till och med glömde bort att flirta med den söta tjejen. Han skulle äta upp kameran. Han bad till Gud att han skulle äta upp kameran med hjälp av sina oemotståndliga djupblåa ögon.

Och det fanns tydligen någon däruppe som hörde honom. Någon ovan där, bakom pärleporten, som Rigmor skulle ha uttryckt det. Eller så var han bara en fenomenal naturbegåvning när det kom till modellfotografering. Han agerade som om han aldrig hade gjort annat. Som han ägde! Bernards kamera rasslade som en kassaapparat i julhandeln när han fyrade av den ur olika vinklar och Matz följde vartenda klick med sin blick. Han stod, satt, låg, gick, ålade sig, kråmade sig, åmade sig, blängde, putade, lutade, fräste och log utan att för en endaste liten bråkdel av en sekund glömma bort att det var han som ägde kameran. Han som åt upp den med sin blick. Ivrigt påhejad av Bernards upprepade *”Bien!”*.

Aldrig förr hade Matz Zern känt sig så säker och bekväm men ändå laddad som den här tisdagsförmiddagen i juni 1983. Han insåg att han verkligen var som gjord för yrket när han klädde på sig och klädde av sig och sminkade om och poserade med självklarheten hos en rutinerad fotomodell. När sessionen var slut kände han nästan en sorg, så roligt och berikande hade det varit.

”Du var alldeles lysande, Matz! Lysande!” berömde Marianne som tittat in i studion ett par gånger under fotograferingen.

Bernard instämde.

”Det är inte ofta man plåtar en debutant med din talang. Ska bli väldigt spännande att framkalla bilderna.”

Marianne lade sin hand på Matz axel och tryckte till.

”Nu är du modell på riktigt. Och nu ska jag bjuda dig på lunch. Vad sägs om Riche?”

31

"Är det inte dags för dig att klippa navelsträngen?"

"MAMMA OCH PAPPA hälsar så gott. De tyckte att du var jättetrevlig."

Jannes röst i telefonen lät burkig och långt borta. Kanske stod han bara i en telefonkiosk, men det lät som om han talade på länk från en rymdkapsel i någon av de yttre galaxerna. Dessutom var det han sa så utomjordiskt overkligt att Carina först trodde det var ett dåligt skämt. Men tydligen inte.

"De undrar om du har lust att följa med oss på en lite längre segeltur senare i sommar. En vecka, tio dagar ute i skärgården i början av augusti, när jag har kommit tillbaka från min tågluffning."

"Det låter ju trevligt. Måste bara kolla mitt schema först", sa Carina.

"Vilket schema? Kursen börjar ju inte igen förrän i september."

"Mitt arbetsschema. De ringde från Dekorima och undrade om jag kunde hoppa in som sommarvikarie några veckor. Och jag sa ja."

Tur att Janne inte kunde se hennes ansikte. Carina rodnade åt sin egen vita lögn. Sant var att hennes chef hade hört av sig och frågat om hon kunde täcka upp för en semester, men det rörde sig bara om två veckor i juli. Hela augusti skulle hon vara ledig. Grejen var bara den att hon verkligen inte hade någon lust att dela Mälarbåtens begränsade utrymme med Nackas kultursekreterare i en hel vecka till. Om det bara varit Janne och hans pappa Sixten som hon skulle kampera ihop med hade hon tackat ja direkt.

"Det visste jag inte, att du skulle jobba i sommar", sa Janne i kort ton.

"Jag behöver stålarna. CSN-lånet räcker inte riktigt till."

Nu ljög hon igen. I kombination med det som fanns kvar av arvet efter hennes pappa var studielånet tillräckligt stort för att hon skulle klara sig åtminstone året ut utan att behöva ägna sig åt något extraknäck. Men erbjudandet från Dekorima hade ändå varit välkommet. Hon hade ingen lust att gå och skrota hela sommaren. Även om hon kunde fylla den lediga tiden med förberedande studier inför nästa termins b-uppsats kände hon faktiskt för att jobba lite. Det brukade vara en så skön och avslappnad stämning i butiken i city under den här tiden på året, med sommarslöa turister och naturinspirerade hobbykonstnärer som huvudsakliga kunder. Dessutom hade Iva åkt till sina föräldrars sommarhus på Pulahalvön i Kroatien tillsammans med Martin och skulle stanna där i drygt en månad, så hon hade inte direkt någon annan att hänga med i Stockholm. Janne skulle som sagt ut och tågluffa, tillsammans med sin Hemingwayantagonist Anders och med Adrian, av alla. Det var fortfarande ett mysterium för Carina, och satt som en tagg i hjärtat, att Janne tillbringade så mycket tid tillsammans med den viktigpettern. Det eldade på hennes svartsjuka och irritation. Istället för att fråga henne om de skulle åka någonstans ihop hade han prioriterat en narcissistisk amatörpoet med dåligt ölsinne.

"Okej", sa Janne. "Om du har så ont om stålar föreslår jag att jag bjuder dig på något gott ikväll, hemma hos mig. En liten avskedsmiddag innan jag reser."

"Jag vet inte ..."

"Vad då vet inte? Kan du eller kan du inte?"

Carina försökte svälja den antydan till illamående som smugit sig på henne. Skulle hon också svälja sin stolthet?

"Jo, men jag kan nog."

"Nog?"

"Fan, vad du märker ord!"

Hennes utbrott var behärskat. Men det var ändå ett litet utbrott.

"Vad är det med dig, Carina? Varför är du så tvär?"

"Jag är inte tvär, jag är bara trött. Det har varit mycket med min mor och så ..."

"Vad är det med din mamma?"

"Jag har dåligt samvete för henne. Hon har inga vänner och sitter mest ensam i sin lägenhet."

"Du är ju där ofta."

"Inte tillräckligt ofta."

Trots det burkiga ljudet i telefonen uppfattade Carina att Janne suckade.

"Är det inte dags för dig att klippa navelsträngen?"

”Vad menar du med det?”

”Du är ju fastbunden vid din mamma. Varför ska du gå dit när hon inte uppskattar dina besök?”

”Vad vet du om det? Det gör hon visst!”

”Så du kommer inte ikväll?” frågade Janne med sin burkröst.

”Och vad fan har det med saken att göra?”

”Var inte så jävla förbannad! Jag ringde och frågade dig om du ville följa med ut och segla, i all välmening. Och så blir du sur och arg och börjar prata om din mamma. Det känns inte som om du har någon lust att komma till mig ikväll.”

”Du menar att du inte har någon lust att jag kommer? Och förresten borde du följa ditt eget råd.”

”Vad då?”

”Klipp navelsträngen”, väste Carina.

”Vad snackar du om?”

”Du kan ju inte själv göra någonting utan din mamma. Måste ut och segla med henne stup i kvarten. Och när du inte gör det sitter du fast i Adrian. Så klipp navelsträngen!”

Ett bestämt klick hördes. Det burkiga ljudet försvann och ersattes av en entonig signal. Janne hade slängt på luren. Samtalet var över.

Klippa navelsträngen? Vad i helvete menade han med det?! Det var väl inte så konstigt att Carina kände ett ansvar för sin handikappade mor? Hon var ju den enda som Birgit träffade, förutom den där hemsamariten Matte, då. Han som hon hade misstänkt för stöld på förmodligen falska grunder.

Femtiolappen som Carina placerat under den fula bronsstatyn med en liten flik synlig hade legat kvar där i ett par veckor nu, trots att Matte besökt modern vid åtskilliga tillfällen under den tiden.

Jag får sluta vara så misstänksam mot andra människor, tänkte Carina när hon torkat svettpärlorna ur pannan efter den långa promenaden i rekordvärme från Skanstull till Birgits lägenhet på Reimersholme. På vägen längs med Årstaviken hade människor suttit och pustat i skuggan under träd eller i skydd av parasollerna på de få uteserveringar som hade öppet. De som inte plaskade lojt vid badplatsen nedanför Tantolunden, vill säga. Till och med fåglarna hade tagit siesta. Det vanliga skriet av måsar hade ersatts av dunkande sommardisco och hårdrock från en och annan bergsprängare. Upplevelsen tedde sig smått surrealistisk för att förekomma på de här breddgraderna. Stockholm var så dallrande hett för tillfället att man säkert skulle kunna steka ägg på bilarnas solplågade motorhuvar längs med Bergsunds strand.

Carina stack nyckeln i moderns dörrlås och öppnade försiktigt. Det ovana ljudet av en sjungande mansröst kompad av ett inte alldeles tonsäkert gitarrspel fick henne att studsa till.

"There is a house in New Orleans
They call the Rising Sun
And it's been the ruin of many a poor boy
And God I know I'm one"

Carina smög in i hallen och ställde sig en meter från den öppna köksdörren och tittade förundrat på scenen som utspelade sig framför hennes ögon. Vid köksbordet satt som vanligt hennes mor, men den här gången inte böjd över ett korsord. Istället hade hon lutat sig tillbaka mot stolsryggen med ett skevt leende på sina sneda och för dagen rödmålade läppar. Och inte nog med det. Carina trodde nästan att hon drömde när hon noterade den perfekta flätan i Birgits nacke och rouget på hennes kinder.

Mittemot henne på andra sidan bordet satt en pudellockig ung man vänd mot det öppna fönstret så att man inte kunde se hans ansikte. Han hade pappas gamla ostämda gitarr i knät som han spelade energiskt på samtidigt som han sjöng med en stämma som inte riktigt lyckades pricka tonerna.

”My mother was a tailor
She sewed my new blue jeans
My father was a gamblin' man
Down in New Orleans”

Trots den tvivelaktiga kvaliteten på framförandet såg Birgit ut att njuta i fulla drag. Men så hade hon heller aldrig visat några musikaliska talanger. Hon var så uppslukad av sången att hon inte lade märke till sin dotter förrän hon hade tagit två steg in i köket.

”Vad gör du här?” frågade modern med en blandning av överraskning och besvikelse i rösten.

Den unge mannen slutade genast spela och vände sig om mot Carina. När han fick syn på henne spärrade han upp sina djupblå ögon i total förvåning. Det gjorde även Carina. För trots den fula frisyren gick det inte att ta miste på vem han var. Skåningen! Den dryge skåningen som korsat hennes väg vid ett par pinsamma tillfällen i krogmiljöer.

”Är det du som är Matte?” frågade Carina.

”Ja, jag heter Matz men Birgit kallar mig för Matte”, svarade han lite generat.

”Han påminner så om en gammal klasskamrat jag hade i folkskolan som hette Matte”, sköt Birgit in. ”Och spela och sjunga kan han också, precis som den andre Matte.”

”Vad har du gjort med håret, mor?” frågade Carina.

”Det ser du väl!? Jag har fått en fläta. Matte har gjort den.”

”Är det han som har sminkat dig också?”

”Javisst, det är Matte! Han ska bli modell.”

32

”Är det därför du har krullat till ditt hår?”

DEN MYSTISKA SVARTKLÄDDA skönheten såg intensivt på Matz med sina gnistrande kolbitar till ögon. Han var mer än chockad. Hur liten fick världen egentligen lov att vara? Carina, dottern som Birgit pratat en del om på sistone, var alltså identisk med kvinnan han gjort bort sig inför vid två tillfällen! Och som han tänkt på mycket mer än han ville erkänna.

”Vi får väl hälsa på varandra igen”, sa Matz lite ängsligt och sträckte fram sin högerhand.

”Igen? Känner ni varandra?” frågade Birgit misstänksamt.

”Vi har träffats ett par gånger ute på stan bara”, sa Carina defensivt. ”Gemensamma bekanta.”

Matz tog försiktigt Carinas hand och försökte betrakta henne utan att stirra. Hon var klädd i svarta jeans och en helsvart t-shirt. Håret var uppsatt med en klämma i nacken. Det klädde henne och gav full rättvisa åt de vackra ansiktsdragen. Men Carinas mun hade ännu inte visat några tecken på glädje. Tvärtom såg hon sur ut.

”Jaså, har du några bekanta, Carina?” sa Birgit sarkastiskt.

Trots tanten Carlssons ständigt återkommande giftigheter hade Matz faktiskt börjat gilla henne mer och mer. De senaste veckorna hade hon öppnat upp sig lite och dessutom visat att hon i någon mån uppskattade honom. Det var inte så att hon strödde lovord omkring sig precis, men hon var mindre irriterad och mer intresserad av att konversera honom. Dessutom var Birgit, när man hade skrapat bort hennes tjocka ytlager av kolerisk tvärhet, en ganska rolig tant. Hon hade till och med skrattat när han i ett plötsligt infall härmat Jeanettes gälla röst, och det var tanten Carlsson själv som föreslagit att han skulle spela en låt på hennes döde makes gamla gitarr då han nämnt för henne att han hade planer på att slå sig fram i musikbranschen. Och när han idag berättat för henne att han varit på modellfotografering hade de börjat prata om smink och utseende. Riktigt hur det hade gått till kunde Matz inte rekonstruera i tanken, men det hela hade i alla fall mynnat ut i att han hade gett tanten makeup med hjälp av hennes uttorkade gamla sminkburkar och läppstift vid det lilla sminkbordet med en spricka i spegeln. Det som stod i ett hörn av sovrummet, som en relikt över ett annat liv i en annan tid. Och med de krossade drömmar som fanns däremellan.

Matz hade till och med flätat hennes hår, en talang som han förvärvat under ett kortare förhållande med en väldigt hårfager flicka.

Med tanke på den positiva förändring som Birgit genomgått kändes det extra kymigt att ha norpat åt sig så mycket av hennes kontanter. Matz hade tänkt göra en avbetalning idag och lägga tillbaka en del av lånet under några av de pryttlar och prydnadssaker där han en gång tagit dem. Men det enda han hade fått som belöning för fotograferingen för två veckor sedan var ett löfte om en plats i Stockholm Models kommande modellkatalog. Marianne hade förklarat att de stora pengarna trillade in först när han kontrakterades av externa reklambyråer för professionella uppdrag. Och det kunde dröja lite eftersom det rådde stiltje på marknaden nu i semestertider. Matz hade motvilligt svalt besvikelsen och insett att hans tillvaro som hemsamarit nog fick fortgå ytterligare ett par månader, eftersom han inte hade några planer på att sluta gå på Café Opera nu när han höll på att bli vip-gäst där. Det kostade att ligga på topp och därför fick även avbetalningsplanen till tanten Carlsson läggas på is ett tag till.

”Matz ska bli fotomodell”, sa Birgit plötsligt. ”Som extraknäck, alltså.”

Det fanns något besvärjelselikt i hennes röst. Som om hon ville försäkra sig om att han inte skulle sluta jobba hos henne. Matz log vänligt. Han kände sig nästan rörd av tantens ord.

”Är det därför du har krullat till ditt hår?” frågade Carina.

Nu drog hon faktiskt på munnen. Men hennes leende var mer hånfullt än vänligt.

”Det är inte min stil egentligen, men modellagenturen ville ha det så”, sa Matz.

”Det är inget större fel på din frisyr. Jag har sett många karlar med mycket fulare frisyrer i mina dagar”, sa Birgit och Matz förstod att det var ämnat som ännu en komplimang.

”De konstgjorda lockarna rätar ut sig efter ett tag”, sa han. ”Då får jag tillbaka mitt naturliga fall.”

Carina såg på honom med ett roat uttryck i ansiktet. Han blev inte klok på om hon försökte vara vänlig eller om hon drev med honom.

"Jag ska kanske damma lite och städa toaletten. Det är ju det jag har betalt för. Jag brukar inte sitta här och spela gitarr och sjunga", sa han och log urskuldande. "Det är bara andra gången det händer."

Birgit grimaserade med sitt till hälften förlamade ansikte.

"Städa kan du väl göra nästa gång? Spela en låt till istället."

Eftersom Matz inte kunde några fler välkomnade han Carinas inlägg:

"Men det är väl bra att du får städat lite, mor? Jag kan också hjälpa till. Om jag dammar så kan du ta toaletten, Matte."

Matz hajade till när Carina kallade honom för Matte. Trots att han aldrig haft det smeknamnet innan han träffade Birgit lät det familjärt på något vis. Speciellt eftersom Carina log när hon uttalade det. Utan ironi dessutom, vad Matz kunde utläsa.

"Jaja", muttrade Birgit. "Men först ska vi väl i alla fall dricka en kopp kaffe? Har du med dig några bakelser?"

"Tyvärr, mor. Inte den här gången", sa Carina.

Birgit gav sin dotter ett irriterat ögonkast.

"Jag bad dig ju att köpa med bakelser sist du var här! Har du glömt det?"

"Det gjorde du inte, mor", protesterade Carina milt.

"Det gjorde jag visst!"

"Jag kan göra några syltkakor istället", sköt Matz snabbt in. "De där med vispgrädde du vet, Birgit."

Tantens ilskna uppsyn mildrades en aning.

"Okej, i brist på annat. De smakar ju inte så dumt."

Matz gav sig genast i kast med att tillverka sina "kakor". Han vispade grädde som han smetade ut på några mariekex och toppade med hallonsylt. Under tiden bryggde Carina kaffe och sedan satt de alla tre runt köksbordet och fikade.

"De var faktiskt riktigt goda", berömde Carina och det lät som om hon menade vad hon sa. "Det där modelluppdraget du har, är det nytt?" frågade hon.

"Ja, jag har precis börjat. Någon riktig portfolio har jag inte ännu, men fotona de tog till katalogen blev i alla fall bra. Eller jag menar, det tycker jag nog i alla fall."

Matz kände sig dum och osäker. Han pladdrade på för mycket, av ren nervositet. Att berömma sitt eget utseende inför en tjej var inte särskilt smart. Han brukade inte behöva framhäva sig själv med ord, men den här gången var annorlunda. Det var som om Carina hade ett övertag efter deras tidigare möten.

"Har du bilderna med dig?" frågade hon.

"Nej", sa Matz och tackade sin lyckliga stjärna för att fotona låg i ett kuvert på nattduksbordet hemma i hans lägenhet, så att han inte riskerade fler pinsamheter i Carinas sällskap.

Hon log och reste sig upp, plockade undan kaffekoppar och tallrikar och tog fram dammvippan som fanns i städskåpet i köket.

"Då tar du toaletten, Matte?" sa hon.

"Absolut!"

Han skyndade sig ut i badrummet och gav sig i kast med

sin uppgift. Jämfört med grovstädningen av Seths toalett var det här rena lyxjobbet. Matz skrubbade handfatet och toalettstolen med svamp innan han sköljde av dem och avslutade med att svabba golvet och putsa badrumsspegeln. Det luktade gott av rengöringsmedel i det kaklade rummet. Matz betraktade sig själv i spegeln och konstaterade att permanenten tyvärr var lite för hållbar. Två veckor efter besöket i frisersalongen var lockarna alltjämt osedvanligt krulliga. Det skulle säkert behövas minst ett par veckor till innan han återfick sin gamla look som han trivdes bättre i.

Och som Carina nog också gillar mer, tänkte han. Det var någonting som fick Matz att börja tråna efter henne på riktigt, och han var rätt säker på att det inte bara berodde på att hon verkade vara en svårraggad ung kvinna. Dessutom hade hon redan en pojkvän. Sådant brukade visserligen inte hindra honom från att stöta på tjejer, men i det här fallet hade han ju redan ett antal misslyckade försök som tyngande barlast. Hur skulle han bära sig åt för att ordna en dejt med henne? Matz såg på sitt armbandsur och konstaterade att han snart var tvungen att gå vidare till nästa pensionär. Kanske kunde han tänka ut en smart strategi för att närma sig Carina till nästa gång? Nu kände de ju varandra till namn åtminstone och hade hunnit växla några ord utan katastrofalt utfall.

Han tog av sig gummihandskarna, tvättade sina händer och gick in i köket och sa hej då till Birgit.

”Du kommer väl som vanligt i övermorgon?” frågade hon.

”Självklart!”

Carina anslöt sig till dem med dammvippan i hand. Hennes leende hade försvunnit och ersatts av den där mystiska utstrålningen som Matz hade så svårt för att tyda. Tyckte hon att han var en ytlig fjant eller fanns det en antydan till intresse från hennes sida?

"Hej då, Carina", sa han och tog henne i hand. "Vi ses förhoppningsvis snart igen."

Hon höll kvar hans hand och såg honom i ögonen.

"Du har inte tid att stanna en liten stund till?"

Matz hjärta slog en volt.

"Jovisst, några minuter till kanske."

"Bra, för det är en sak jag måste fråga dig om."

33

"Hur mycket pengar har du snott?"

HAN SÅG FÖRVÄNTANSFULL ut när hon bad honom stanna, som om han trodde att hon stötte på honom. Carina ryste till inombords. Denne Matte, eller Matz som han själv sa, var ingenting annat än en ulv i permanentad fåraklädsel!

"Slå dig ner", sa hon med så samlad röst hon förmådde och pekade på stolen vid köksbordet, där han nyss suttit och briljerat med sina nödlösningar till syltkakor.

Det förväntansfulla i hans blick mattades av och ersattes av något rådvillt.

"Jobbet som fotomodell, är det bra betalt?" frågade hon med neutral röst.

Nu lyste hans osäkerhet igenom. Han slickade sig om läpparna. Tydligen torr i munnen.

"Det kan bli rätt mycket stålar om man kommer igång ordentligt. Fast jag är ju bara i början", sa han och log ängsligt.

Carina sneglade på Birgit. Hon såg både förvirrad och irriterad ut, men sa ännu inget.

"Vad tjänar en hemsamarit då?"

"Tja, inte så överdrivet mycket. Men jag gillar jobbet."

”Vad är bäst?”

”Ja ... att man får arbeta med människor, av kött och blod.”

Nu tittade han snabbt på Birgit med sitt falska leende. Måtte hon hålla snattran ett litet tag till så att jag får avsluta det här, tänkte Carina.

Hon var själv jättenervös och torr i munnen. Men det fanns ingen reträttväg nu. Hon hade kommit till den punkt då allting måste upp till ytan.

”Men räcker lönen till för att leva på?”

”Vad gör du?” frågade Birgit vresigt. ”Håller du polisförhör? Matte har väl inga skyldigheter att redovisa sina inkomster för dig?”

Carina såg inte åt moderns håll. Hon ville svälja men det fanns ingen saliv i svalget som kunde hjälpa henne med det. Och hon hade ingen kraft kvar för att dra ut på plågan längre. Hennes ögon försökte fånga Matz blick, som flackade. Men till sist tittade han på henne, med skamsen uppsyn.

”Du har tagit pengar från mor”, sa hon.

”Vad svamlar du om?” protesterade Birgit. ”Det här har vi ju redan pratat om, det är rena rama fantasierna i din hjärna!”

Birgit var så upprörd att hon skakade i kroppen. Carina övervägde om hon skulle avvakta moderns anfall men bestämde sig för att köra loppet fullt ut på en gång.

”Jo, han har verkligen stulit från dig, mor. Jag har misstänkt det länge eftersom så mycket pengar försvunnit härifrån, även om du sagt att du köpt cigaretter och annat för dem. Så för en tid sen lade jag en femtiolapp under den tunga bronsstatyn i vardagsrummet. Nu är sedeln borta och jag vet att du själv inte har tagit den eftersom du aldrig skulle orka lyfta statyn. Alltså finns det bara en person som kan ha gjort det och det är Matte.”

”Har du sprungit och rotat bland mina grejer nu igen? Du tror väl ändå inte att Matte är en tjuv?” frågade Birgit, men den här gången mer svävande än upprört.

”Sluta ljuga för dig själv, mor! Du har ingen som helst koll på dina pengar, men det har alldeles tydligt han.”

Carina vände sig mot Matz med ögon som glödde av ilska.

”Hur mycket pengar har du snott?”

Matz slickade sig åter om munnen.

”Jag kan förklara”, sa han spakt.

”Gör det då.”

Med darrande händer plockade han upp en smutsig hopvikt papperslapp ur sin bakficka och vecklade ut den framför Carina.

”Det är oförsvarligt, jag vet. Men jag har skrivit upp allt och har tänkt betala tillbaka allting. Jag lovar ...”

Carina studerade lappen med en stigande känsla av overklighet. Högst upp fanns en rubrik som löd ”LÅN HOS TOKIGA TANTEN” och sedan följde en lång lista med platsangivelser och belopp. ”Under vattenkannan 20 kr + 50 kr, bakom kaffeburken 35 kr + 100 kr + 50 kr, bokhyllan 150 kr + 20 kr, fågelburen 80 kr + 30 kr, badrumsskåpet 120 kr + 20 kr + 10 kr, myntlådan 100 kr + 50 kr + 100 kr, under porslinsbysten 20 kr + 50 kr, fruktkorgen i köket 40 kr + 10 kr, i skafferiet 100 kr + 20 kr, i skoputslådan 50 kr ...”

Trots att allting var nedplitat med små bokstäver räckte inte A4-arkets framsida till. Listan fortsatte även en bra bit ner på baksidan. Hon försökte göra ett snabbt överslag. Matz hade norpat åt sig minst 2 500 kronor av hennes mor!

”Hur i helvete kan du sno från en hjälplös, handikappad kvinna?”

”Jag vet inte ...”

”Du vet inte? Vad har du gjort med alla pengar? Knarkar du?”

Matz såg fullständigt förintad ut.

”Jag har skaffat en egen lägenhet och var tvungen att betala hyra i förskott. Pengarna räckte inte till.”

”Men de räckte till för att köpa vin på Röda Rummet och bjuda mig på?”

”Har han bjudit dig på vin?” frågade Birgit.

”Jag visste inte att du var Birgits dotter då”, sa Matz. ”Det är ingen ursäkt, men jag hade faktiskt tänkt betala tillbaka allting. Annars hade jag ju inte skrivit upp det.”

Där har den korpen ändå en liten poäng, tänkte Carina. Men hon litade inte på honom för fem öre. Matz vände sig mot Birgit med skuld i blicken.

”Kan du någonsin förlåta mig? Jag ska betala tillbaka allting!”

”Låt mig se”, sa Birgit och sträckte sig efter lappen.

”Nej, mor. Jag ordnar det här”, sa Carina.

”Hit med lappen!” utbrast Birgit och innan Carina hunnit reagera hade hon norpat åt sig den.

Det blev tyst i köket, sånär som på undulaten Puttes malplacerade glada kvitter. Birgit Carlsson hade tagit på sig sina glasögon och studerade noggrant listan. När hon var klar tog hon av sig sina brillor igen och såg på Matz med ögon som tårades.

”Tokig tant?”

”Jag menade inte så ... det var bara någonting jag skrev. Förlåt mig.”

Birgit började hulka och vagga fram och tillbaka med överkroppen.

”Förlåt”, snyftade hon. ”Jag skulle inte ha lagt ut mina pengar sådär. Kan du någonsin förlåta din virriga gamla mamma?”

Carina lade en hand på sin mors arm.

”Det här är inte ditt fel. Men nu ska du slippa ha honom snokande här längre. Jag tänker ringa hemtjänsten direkt och berätta om stölderna.”

”Snälla, ge mig en sista chans att ställa allt tillrätta! Jag går på semester i två veckor imorgon. Efter det får jag nästa lön plus semesterersättning och då betalar jag tillbaka allting. Rubbet! Ring inte Mirja, då får jag sparken!”

Carina övervägde alternativen. Ifall hon meddelade Matz chef om vad som hänt skulle han säkert få kicken på stört. Och då fanns det en risk för att modern aldrig skulle få tillbaka sina pengar.

”Tycker du inte själv att du har förtjänat att få sparken?”

Innan Matz hunnit svara avlossade Birgit en av sina beryktade kanonader:

”Fan jävla fitta, kuk och fitta!” skrek hon.

”Såja mor, såja.”

”Låt honom betala först”, hulkade Birgit. ”Jag förstår inte

hur jag kunde lita på honom. Det är hjärnan som ställer till det, förlåt mig gumman. Jag tycker han ska betala tillbaka först."

Carina gav Matz ett mordiskt ögonkast.

"Då säger vi så. Du har dina två veckor på dig. Första måndagen efter din semester prick klockan ett ska du vara här med pengarna. Har du förstått?"

Han sa ingenting men nickade frenetiskt. Vilken ynklig figur.

34

"Jag bjuder på Lakritspuck även om du förlorar."

STOCKHOLMSSOMMAREN VAR PLÅGSAMT het. Och Matz Zern var pank som en kyrkråtta. Han hade egentligen tänkt åka ner till Skåne under sin två veckor långa semester, men eftersom han saknade pengar och dessutom kände en sådan skam över sitt agerande hade han varken lust att be sina föräldrar om ett resebidrag eller ett tillfälligt lån. Nu fick han stå sitt kast och ägna sig åt gratisaktiviteter i huvudstaden istället, i väntan på nästa lön. Att besöka Café Opera var inte att tänka på längre och eftersom Martin var i Kroatien med Iva hade han inte heller något sällskap. Det slog honom hur ensam han var i Stockholm. För bara ett par veckor sedan hade livet lekt och framtiden sett mer ljus ut än någonsin. Nu var all optimism som bortblåst. Matz hade till och med slutat hoppas på det där kommande modelljobbet. Han hade inte hört ett knyst från Marianne och även om hon sagt att uppdragen kunde dröja lite fanns det inga som helst garantier för att de verkligen skulle droppa ner så småningom. I modellbranschen rådde ju en mördande konkurrens. Vad hade han inbillat sig? Att han skulle slå världen med häpnad enbart med hjälp av sin vackra nuna? Och hur vacker var den egentligen, när man tittade lite närmare? Om ansiktet speglade själen hade han för närvarande ingenting att komma med på den fronten.

Den tryckande solen bakade hans redan brunbrända kropp. Trots att Matz svettades som en galärslav hade han inte ens vett och ork att söka sig till skuggan under träden. Det var rätt åt honom, att ligga här på den ankskitsbombarderade gräsmattan vid Tantolunden och låtsas att han firade semester. Han såg sig lojt omkring och konstaterade att de flesta andra som befann sig vid den lilla slänten ner mot Årstaviken hade sällskap. Bredvid honom låg ett ungt par under en parasoll och stereolyssnade med varsitt par hörlurar ur en gul Sony Walkman. Precis en sådan som Matz skulle ha köpt om han haft råd. Nu hade han inte ens pengar till en glass.

Matz blundade och försökte frammana en melodi i sitt inre. Men det enda som dök upp i skallen var den gamla sommarplågan ”Mitt sommarlov” med Anita Hegerland från hans barndom. Höll han kanske på att bli galen? I så fall fick han försöka trösta sig med att han inte var ensam om det. Det verkade nästan som om hela Stockholm hade fått solsting. Ute i skärgården jagade marinens grodmän ryska ubåtar som var förvillande lika minkar på de gryniga fotografierna och Dagens Nyheter hade till och med observerat bubblor från en misstänkt undervattensfarkost vid Hammarbyslussen – som senare visade sig härstamma från fjärtande fiskar.

”Solar du?”

Matz ryckte till vid ljudet av den välbekanta rösten. Han öppnade ögonen och möttes av Stures skelande blick mellan de utstående öronen som stack fram under kepsen.

”Hej Sture. Vad gör du här?”

”Vad tror du?” sa den senige lille mannen och höll upp sin minigolfklubba i ena handen och plastväskan med golfbollar i den andra.

”Men du brukar väl aldrig gå hit ensam?”

Trots värmen var Sture klädd i sin vanliga tunna täckjacka och sina fläckiga gabardinbyxor med skarpa pressveck.

”Nej, men idag har jag gjort det. Ska vi gå en match?” frågade han förväntansfullt.

Matz satte sig upp och torkade av sin svettiga kropp med handduken.

”Jag vet inte, jag har semester”, sa han och log tillkämpat.

”Du kan få tjugo slag i handikapp”, kontrade Sture. ”Och jag bjuder på Lakritspuck även om du förlorar.”

Det var ett frestande erbjudande.

”Okej, men då får du pröjsa för spelet också. Jag har inte en spänn.”

Sture tog upp sin portmonnä ur fickan och räknade noggrant innehållet.

”Det ska nog gå. Jag har fortfarande lite pengar kvar.”

Varför inte, tänkte Matz. Om jag ska svettas ihjäl kan jag lika gärna göra det med en golfklubba i handen.

De gick bort till den lilla rödmålade kiosken vid golfbanan och löste biljett. Matz, endast iklädd sina badshorts och ett par sandaler av plast, fick låna en klubba och Sture köpte även en Zingo som de delade broderligt på. Redan efter fem hål hade Sture plockat in åtta av de slag som han gett i handikapp.

"Du är för bra för mig", suckade Matz.

"Eller så är du för dålig för mig", skrockade Sture.

"Hur går det med min ersättare under semestern?"

"Den där Glenn? Det stinker hembränt ur käften på honom! Jag skickar iväg honom direkt efter att han lämnat min lunchlåda."

"Och du måste betala för maten nu när jag inte kommer med fru Isakssons låda?"

Sture nickade samtidigt som han letade efter rätt boll i sin väska inför nästa hål.

"Men jag har en hundralapp kvar som jag gömt undan för Egon. Så att jag kan spela lite bangolf ibland. När det stinker som värst av hembränt i lägenheten!"

Matz slog ut på hål nummer sex. Bollen kom inte ens förbi det första hindret.

"Du ska inte slå så hårt! Smek bollen", instruerade Sture.

Matz begrundade hans ord. Det där med att smeka hade han själv alltid varit bra på när det kom till kvinnor. Men nu hade han inte varit nära en kvinna på månader. Till och med Jeanette hade slutat göra sina inviter på morgonmötena, vilket i och för sig inte var så konstigt då han avvisat dem alla. Och de hemliga drömmarna om den mystiska svartklädda skönheten var också borta. Det fanns ingen förtrollning kvar ens i illusionen längre, sedan det visat sig att hon inte bara var Birgits dotter utan också Birgits rosenrasande dotter.

När spelet var slut hade Matz förlorat hela sitt handikapp och ytterligare fem slag mot Sture. Men Lakritspucken efteråt smakade svalt och gott. Trots den ojämna kampen och den stickande solen hade Matz uppskattat stunden med Sture. Som en liten paus från verkligheten.

”Ska vi spela imorgon igen?” frågade Sture och slickade febrilt på sin Boccia för att förhindra den smälta glassen och chokladöverdraget från att kladda ner hans hand mer än nödvändigt.

”Men vad säger Egon om det?”

Stures skelande blick svartnade. Han kliade sig på näsan och skickade iväg en spottloska.

”Den jäveln har semester. Han är i sin sommarstuga utanför Norrtälje. Den ligger i skogen så att han kan bränna sin sprit ifred.”

Matz betraktade Sture som vaggade fram och tillbaka med överkroppen. Han var verkligen en udda figur med en hel del tomtar på loftet. Men han var anmärkningsvärd nog också det närmaste Matz kom en vän i Stockholm just nu.

”Jo, men det kan vi göra, Sture. Ska vi ses här klockan två imorgon eftermiddag?”

Sture sprack upp i ett leende som blottade hans gulnade tandrad med sina flitigt förekommande luckor.

”Fast du får lova mig en sak först”, sa Matz.

”Vad då?”

”Att jag får trettio slag i handikapp!”

Sture fnittrade nöjt. Och även om skrattet inte smittade av sig på Matz gjorde det åtminstone att den tryckande luften blev en liten smula lättare att andas.

35

”Lånade? Är det inte en väldigt förskönande omskrivning för stal?”

VECKORNA PÅ DEKORIMA blev inte alls så bra som Carina inbillat sig. Nog för att hon gillade när det var sparsamt med kunder i butiken men den här sommaren var det i princip inga kunder alls. Dagarna hade masat sig fram i ett lusigt tempo som var lika outhärdligt som värmen. Den dallrande hettan höll till och med turisterna på avstånd från butikerna i city. De satt hellre på uteserveringarna ute på Djurgården eller strosade runt i de trånga och skuggiga gränderna i Gamla stan. På tal om Gamla stan hade Janne återvänt från tågluffningen till sin lägenhet i nämnda stadsdel. Men redan imorgon skulle han ut och segla med sina föräldrar och även om hon träffat honom och de druckit en flaska fredsvin tillsammans efter deras senaste gräl var Carina glad för att hon stått fast vid att inte följa med familjen Ljung ut i skärgården igen. Och det var inte bara på grund av Jannes mamma. Hon behövdes i stan imorgon. I god tid innan klockan ett skulle hon vara i moderns lägenhet på Reimersholme för att försäkra sig om att allt var som det skulle inför den där tjuvaktige hemsamariten Mattes besök. Och om han inte dök upp tänkte Carina omgående ringa till Mirja på hemtjänsten och avslöja de systematiska stölderna för henne.

Måndagen var extra klibbig så hon cyklade ut till modern, eftersom det var det bästa sättet att framkalla lite svalkande fläkt. Det låg åska i luften, men det hade det å andra sidan gjort i ett par dagar nu utan att det efterlängtade regnet kommit. Det hade till och med mullrat i fjärran utan något resultat, som om vädergudarna ville retas lite med alla överhettade stockholmare. När Carina klockan kvart i ett parkerade cykeln utanför huset på Anders Reimers väg började hon genast eftersvettas. Det där med att cykla var kanske inte den ultimata idén ändå.

”Som du ser ut! Har du bastat?!” utbrast Birgit när Carina gjorde entré i köket.

”Hej på dig, du också.”

”Har du med dig bakelserna?” frågade modern, som hade vikt ihop en tidning som hon viftade med framför sitt upphettade ansikte.

”Det är för varmt för att dricka kaffe och äta bakelse. Men jag kan springa ner och köpa lite glass sen när hemsamariten har varit här och lämnat tillbaka pengarna”, sa Carina.

Hon ville inte ta hans namn i sin mun ens, så upprörd var hon var över hans tilltag.

”Glass är för småbarn”, klagade Birgit. ”Jag vill ha Budapestbakelse!”

Den antydan till resonabelt beteende som modern uppvisat innan Carina avslöjade Matz var borta. Nu var hon samma gamla trilskande kärring igen med den väl inarbetade föresatsen att göra tillvaron så outhärdlig som möjligt för sin omgivning.

”Hon den där parfymstinkande bimbon har varit här igen och ställt till allt för mig. Jag står inte ut!”

”Jag ska försöka ordna en ny hemsamarit efter sommaren, mor. Det går inte nu i semestertider.”

Trots att köksfönstret stod öppet på vid gavel fortsatte Birgit vifta med tidningen som en solfjäder. Hon hade bytt ut sina mjukisbyxor och träningsoverallsjackan mot en sliten och ärmlös klänning med urblekt blomstermönster. Doften av gammal armsvett vittnade om att hon inte fått hjälp med att duscha de senaste veckorna.

Nu ringde det på dörren. Carina tittade nervöst på sitt armbandsur. Klockan var prick ett.

Hon gick till hallen med bultande hjärta och kinder som var rödflammiga av mer än värmen. Öppnade försiktigt dörren, som om den vore försåtsminerad.

Matte var också lite rödaktig i nyllet, åtminstone i den del av ansiktet som Carina kunde skymta bakom en stor bukett av sensommarblommor. Av alla de sorter som formerats runt en praktfull solros kände Carina igen höstanemon, ringblommor och luktärter. Frågan var om han köpt dem i en blomsteraffär eller norpat åt sig dem i någons trädgård.

”Jag har med något till Birgit”, sa han.

”Det hoppas jag.”

”Alltså, jag menar utöver pengarna jag är skyldig.”

”Ser det”, sa Carina. ”Fin bukett.”

Hon tänkte först fråga var han köpt den men lät bli. De gick in till Birgit i köket. Carina satte sig mittemot sin mor medan Matz stod en meter ifrån. Birgit bevärdigade honom inte med en blick. Hon tände en cigarett och fortsatte vifta med tidningen framför ansiktet.

Matz harklade sig och sträckte fram buketten.

”Jag vill be tusen gånger om ursäkt för att jag lånade pengar av dig utan att fråga”, inledde han.

”Lånade? Är det inte en väldigt förskönande omskrivning för stal?” frågade Carina syrligt.

Matz stod skamset kvar med buketten i hand. Det var nästan så att Carina började tycka lite synd om honom. Men bara nästan.

”Var har du pengarna?” frågade hon.

”Javisst ja, självklart!”

Han gav buketten till Carina och tog upp en plastficka ur sin axelväska. I den låg listan han skrivit upp alla sina uttag på, men med den nedsättande rubriken överstruken, samt en bunt sedlar.

”Det är sammanlagt 2 650 kronor. Räkna dem gärna och jämför med listan”, sa han.

Carina nickade. Hon kontrollräknade pengarna två gånger och bockade av samtliga belopp på listan. Allting stämde på kronan.

”Okej”, sa hon. ”Nu när du har betalt tillbaka det du stulit kan du kanske hjälpa till lite. Mor behöver duscha men det sköter jag om. Vi får hitta någonting annat till dig. Vad tycker du han ska göra?” frågade Carina Birgit.

Modern kastade en föraktfull blick på Matz innan hon såg på Carina med illmariga ögon.

"Jag tycker att han ska städa balkongen. Det är en massa fågelskit på den. Räckena också! Ordentligt!"

"Visst!" sa Matz snabbt. "Jag ska göra den riktigt ren och fin."

Det fanns någonting både patetiskt och rörande över den pudeln, tänkte Carina. Han skulle förmodligen göra vad som helst för att bli förlåten sina fräcka stölder. Hon visste, och det gjorde Birgit med, att balkongrengöring med rotborste inte tillhörde de "basala behov", som ingick i en hemsamarits arbetsuppgifter. Men hon visste samtidigt att Matz inte skulle knysta ett ord om det till Mirja. Och det skänkte en sorts tillfredsställelse som kanske inte var av det ädla slaget precis, men som ändå kändes bra.

"Då säger vi så", sa Carina.

Under en del muttrande ledsagade hon modern in i det alldeles för trånga badrummet. Men när hon ville hjälpa henne av med kläderna protesterade Birgit vilt.

"Jag är väl ingen barnunge, heller!? Jag kan klä av mig själv!"

Det tog säkert tre gånger längre tid än om Carina gjort det men till slut stod Birgit där i all sin sårbara nakenhet under de svalkande duschstrålarna. Hennes kropp som en gång i tiden varit så vacker med kurvorna på de rätta ställena hade på bara några år transformerats till en formlös och skrynklig köttmassa med bristningar i huden och stora åderbråck som ringlade sig nerför vader och smalben som feta daggmaskar.

”Jag kan skrubba dig på ryggen”, sa Carina och började direkt med det utan att invänta moderns godkännande.

Protesterna uteblev märkligt nog och efter en kvart i duschen var Birgit ren och luktade gott. Carina svepte in henne i ett stort badlakan och sa åt modern att sätta sig på toalettstolen. Även det gick förvånansvärt smärtfritt, liksom den därpå följande pedikyren. Men när hon ville klippa även naglarna på händerna stötte hon på patrull.

”Inte de! Jag kanske får lust att sätta på lite nagellack nån gång och då får de inte vara för korta. Det ser så konstigt ut.”

”Jag förstår, då låter vi dem vara”, sa Carina och övergick istället åt att kamma ut moderns långa, nytvättade hår innan hon hjälpte henne på med rena kläder.

Att Birgit börjat bry sig en smula om sitt utseende gladde henne. Det fick man väl ändå ge den skojaren Matte ett erkännande för. Helt genomusel var han nog inte. Det vittnade även den välstädade balkongen om.

”Det blev ju fint, eller hur mor?” frågade Carina när hon och modern inspekterade Mattes jobb.

”Jovars”, muttrade Birgit. ”Det är i alla fall lite bättre än innan.”

Carina sneglade på Matz. Hon noterade att moderns ord hade en mildrande effekt på hans bekymrade ansiktsdrag. Det var som om han hade fått syndernas förlåtelse efter en bikt. En svettdroppe ringlade sig nerför hans panna innan den fastnade i ögonbrynet.

”Då betraktar vi det som har hänt som en icke-händelse, tills vidare”, sa Carina med så formell röst hon förmådde. ”Det är nog bäst att du går samtidigt som jag, så att mor får lugna sig lite och slippa vara ensam här med dig. När är det meningen att du ska komma hit igen enligt ditt schema?"

"I övermorgon", sa Matz. "Om Birgit går med på det, vill säga."

Carina såg på sin mors nollställda ansikte. Den slappa högra kinden som hängde ner över ena mungipan och det tårade ögat ovanför var bara en frukt av hennes handikapp och avslöjade ingenting om vad hon innerst inne kände.

"Du får tänka på det till imorgon, hur du vill ha det mor", sa Carina och gav henne en stel kram.

"Ska du redan gå?" frågade Birgit besviket.

"Jag måste, tyvärr. Ska hjälpa till med en inventering på Dekorima", ljög hon.

"Då går jag väl också", sa Matz. "Jag ska bara ställa blommorna i vatten."

Han hastade in i köket och rotade vant reda på en vas i ett av köksskåpen som han fyllde med vatten och ställde buketten i. Han har säkert vispat runt med sina kladdiga fingrar där i jakt på pengar många gånger, tänkte Carina. Men hon kände sig ganska säker på att det inte skulle ske igen.

"Hej då, Birgit", sa Matz och den här gången såg Birgit åtminstone på honom, om än med uttryckslösa ögon.

Carina stängde ytterdörren efter dem. De hade sällskap nerför trapporna. Det kändes märkligt och obekvämt.

"Jag ringer dig imorgon och berättar hur mor vill ha det, om du ska fortsätta komma hit eller om vi kan byta till någon annan hemsamarit snabbt", sa hon.

Innan Carina hunnit reagera hade Matz tagit hennes hand i sin och tryckt till.

”Jag vill verkligen tacka dig för att du gav mig en chans. Jag är ingen tjuv, jag hade hela tiden tänkt betala tillbaka det jag tog”, sa han och tittade på henne med troskyldiga ögon.

”Jag hör av mig”, sa Carina, krånglade sig ur hans grepp och låste upp cykeln. Hon nickade kort och trampade iväg. Av någon anledning vände hon sig om precis innan en högersväng skulle ta henne utom synhåll för den permanentade hemsamariten.

Han stod kvar.

Och han tittade efter henne.

36

”Så du tycker att jag är en tokig tant?”

MATZ HANN UPPFATTA hennes flyktiga ögonkast, under en kort sekund precis innan hon svängde till höger på sin cykel och försvann ur hans synfält. Hans innersta tankar var motstridiga. Det kändes bra att han hade betalat tillbaka alla pengar till Birgit men dåligt att hon fortfarande verkade arg på honom. Hon hade ju inte ens tagit emot sommarbuketten som han offrat nästan en hundring på i blomsteraffären.

Det kändes bra att Birgits dotter Carina hade sagt att hon nu betraktade det som hänt som en icke-händelse, men dåligt eftersom han betvivlade att hon verkligen menade det. Om han i just den stunden hade fått önska sig en enda liten sak, något som på intet sätt kunde uppfattas som för mycket begärt, skulle det vara att Carina Carlsson nästa gång de träffades, om de nu skulle göra det, inte drog undan sin hand så snabbt. Matz tog ett djupt andetag utan att känna någon egentlig lindring. Luften var så kvav att han fick en klaustrofobisk känsla av att befinna sig i någon av sina pensionärers små städskrubbar där syret höll på att ta slut. Inte ens när han som grabb var på en semesterresa med sina föräldrar på ett tryckande varmt Mallorca hade han upplevt värmen så påtagligt som den här sommaren i Stockholm. Kanske var det just för att det i sig var så overkligt med tropisk hetta i Sverige som den slog med en sådan kraft. Matz såg på sin klocka och konstaterade att det var ett par minuter kvar till hans nästa besök, hos änkan Rigmor som var tillbaka i sin lägenhet igen efter Alfs död. Hon behövde nog allt sällskap hon kunde få.

”Matte!”

Rösten kom ovanifrån och var så svag att han först trodde att han hörselhallucinerade i värmen. Men när han tittade upp längs med den putsade husfasaden såg han Birgit Carlssons huvud sticka ut genom köksfönstret på fjärde våningen.

”Kom upp igen, Matte!” knarrade hon.

”Varför?” ropade han tillbaka.

”Kom! En minut bara!”

Matz såg på sin klocka igen. Han hade egentligen inte tid, men Rigmor kunde nog vänta lite. Det här kändes viktigt. Han rusade så snabbt uppför trapporna att hans svettcirklar under armarna växte ytterligare i diameter. Med andan i halsen låste han upp och hastade in i köket till Birgit.

”Sätt dig”, sa hon.

”Jag är hemskt ledsen, men jag har inte så mycket tid. Jag ...”

”Fan i helvete! Sitt ner!” röt Birgit.

Hon lät som en sårad lejonhona med stämbandsinflammation. Matz kände sig som ett offerlamm inför slakt. Med darrande ben slog han sig ner mittemot Birgit för att ta emot den nådastöt som tanten aldrig hann utdela när hennes dotter var här.

”Så du tycker att jag är en tokig tant?”

”Nej ... det var bara något jag ... jag skrev”, stakade sig Matz.

”Vet du vad?” frågade Birgit med sträng blick och en liten rännil av saliv i ena mungipan. ”Du har rätt! Jag är fan ta mig en tokig tant ibland! Men det betyder inte att man får låna mina pengar utan att be om lov.”

”Verkligen inte. Jag ber tusen gånger om ursäkt.”

”Tusen gånger? Då får du allt börja nu om du vill bli klar innan det mörknar!”

Matz såg osäkert på Birgit. Hon tände en cigarett och blåste ut röken med en tung pust.

”Du kunde väl ha frågat mig?”

”Om vad då?”

”Om pengarna! Jag hade gärna lånat ut lite om du bara frågat mig!”

”Förlåt.”

”Men du har rätt i att jag är en tokig kärring. Det är hjärnskadan som ställt till allt. Jag är en tokig och elak kärring.”

En tår rann nerför Birgits kind. Matz var osäker på om den kom sig av att hon var ledsen eller om det bara var ansiktsförlamningens fel.

”Du är inte tokig”, sa han.

Hon såg på honom med det där leendet som alltid var snett.

”Behöver du låna mer pengar?”

Matz var på vippen att säga ja, men kom till sans i sista sekunden.

”Nej, Birgit. Jag ska aldrig mer låna pengar av dig.”

”Okej, men du måste lova mig en sak.”

”Vad då?”

”Att du kommer hit i övermorgon igen.”

”Så du vill att jag ska fortsätta hos dig?”

”Jag står inte ut med det där parfymstinkande våpet!”

Tänk ändå vad ett vältajmat litet utbrott kan göra för att rensa luften. På lätta fötter studsade Matz nerför trapporna och kom ut på gatan precis i den stund då molnen över Stockholm släppte ifrån sig sina första droppar regn på över en månad. En blixt som nästan bländade honom följdes av en öronbedövande åskknall och inom loppet av en minut öppnade himlen sina slussar på vid gavel. Matz sträckte ut armarna och såg upp mot skyn med ett barnsligt leende på läpparna innan han öppnade munnen och lät vattnet strila bort hans törst. I rännstenarna på Reimersholmes sluttande gator bildades snabbt små forsande bäckar som lika raskt växte i omfång. Efter ett tag slutade Matz försöka hoppa över dem. Det var ändå dömt att misslyckas och helt onödigt. När han kom fram till huset där Rigmor bodde var han så blöt som en människa kan bli. Den permanentade frisyren var misstänkt lik ett dränkt marsvin.

”Nej men käre nån, då!” utbrast Rigmor när hon öppnade lägenhetsdörren och fick syn på Matz. ”Du kommer att bli förkyld om du inte får av dig de där våta kläderna.”

Matz stod kvar i trapphuset och log mot änkan. Hennes kinder hade fått tillbaka sin rosighet. Och Rigmors ögon utstrålade samma livslust som han hade sett hos henne så många gånger förr, innan Alf gick bort.

”Gå in i badrummet så ska jag hämta något torrt som du kan ta på dig!”

Fem minuter senare satt Matz i Alfs gamla men nytvättade morgonrock och drack kaffe och åt kanelbullar utan sorgkant med Rigmor i hennes trivsamma kök.

”Jag måste tacka dig, Matz. Utan dig vet jag inte vad jag hade tagit mig till”, sa hon och doppade sin bulle i kaffekoppen.

”Det var ingenting”, sa Matz.

”Jo, si det var det! Du var så lugn och fin när Alf låg död där i sängen. Och jag har tänkt att det nog var ganska bra att vi sjöng de där sångerna trots att själen redan hade lämnat hans kropp. Så att den liksom fick lite extra skjuts upp i himlen.”

Matz lade sin hand på Rigmors. Den var tunn och ådrig men varm och livfull.

”Hur var begravningen?” frågade han.

”Sorglig fast väldigt fin. Hela kyrkan i Vickleby var full och prästen talade så varmt om honom, trots att det är många år sen Alf jobbade där. Och så sjöng kyrkokören 'Låt oss alla en gång mötas'.”

”Alfs favoritsång?”

”Ja, Alfs favoritsång.”

Rigmor torkade bort en tår ur ögonvrån med en bomullsnäsduk innan hon reste sig upp från sin stol.

”Jag har en sak till dig”, sa hon och vaggade iväg på sina hjulbenta apostlahästar i riktning mot sovrummet. När hon kom tillbaka hade hon ett fint gammalt fickur i handen. ”Det här ska du ha”, sa hon bestämt och räckte över klockan till Matz.

”Men snälla Rigmor, jag kan inte ta emot den.”

”Varför inte?”

”Dels för att det är alldeles för mycket, dels för att jag faktiskt inte får lov att ta emot några gåvor i jobbet.”

”Jag insisterar.”

”Vad tror du dina barn skulle säga om de får reda på det?”

”De har redan fått reda på det. Och de tycker precis som jag att du är värd den här klockan! Du tog hand om mig när jag behövde det som mest och stannade kvar efter det att doktorn hade gått. Jag har berättat allt för min son och han vill att du ska ha klockan. Jag är säker på att Alf också vill det.”

Matz strök med fingrarna över det nötta fickuret med en liten buckla på baksidan. Varsamt öppnade han locket och betraktade den vackra urtavlan och de sirligt utformade visarna.

”Den går som en klocka”, sa Rigmor och log. ”Du måste bara vrida upp den ett par gånger om dan.”

”Men jag kan inte ta emot en så värdefull gåva, Rigmor. Om min chef får reda på det blir hon inte glad.”

”Hon behöver ju inte få reda på det! Och du ska veta att jag blir mycket glad om du tar klockan.”

Matz vred upp uret och lyssnade på dess taktfasta tickande. Tiden stod aldrig still. Alf var död men hans klocka levde vidare. Och med den kanske en liten bit av honom också.

”Tusen tack”, sa han.

37

"Vad är det här för jävla gubbtext?"

SOMMAREN VAR ÖVER och kanske även romansen med Janne. Den som hade börjat så lovande men sedan hamnat i tomgångsläge och till och med drabbats av flera motorstopp. Deras försök till försoning bar ett valhänt signum och inbegrep mest telefonsamtal och en eller annan fika ute på Frescati. De sågs alltmer sällan och när de gjorde det fanns det inte längre något som riktigt kittlade. Mer något som skavde. Carina ville ändå inte ge upp helt. Janne hade lovat vara hennes bollplank till det första utkastet inför b-uppsatsen, som hon skulle presentera för docenten om en vecka. Och när hon satt i mörkret bredvid honom nere i källaren på Kungliga biblioteket, och vevade sig igenom mikrofilmerna på jakt efter recensionerna av Moa Martinsons statarromaner, värmde det ändå lite i magtrakterna. Den museala doften av gamla böcker och det dova surret från projektorerna förhöjde känslan. I alla fall för en liten stund.

"Jag tycker att du ska anlägga ett lite mer kritiskt perspektiv på hennes skrivande, som här", sa Janne och pekade på mikrofilmsläsarens bildskärm där en anmälan i Svenska

Dagbladet från 1933 av Moa Martinsons debutroman ”Kvinnor och äppelträd” projicerades.

Carina läste den uppförstorade texten, som var skriven av den sedermera ständige sekreteraren i Svenska Akademien, Anders Österling. När hon kom till slutet var hon riktigt irriterad.

> *”... ett försök att med kvinnlig frenesi överbjuda vad yngre manliga kollegor ha presenterat av realistisk ruskighet från land och stad. På sitt sätt har författarinnan lyckats. Hon genomför sin avsikt med en hart när kväljande konsekvens. Man kan säga att underlivssynpunkten dominerar.”*

”Vad är det här för jävla gubbtext?” frågade hon med så hög röst att en äldre herre som satt vid mikrofilmsläsaren bredvid dem blängde surt.

”Inte så högt!” viskväste Janne. ”Jag menar bara att man inte ska falla i socialpornografisk trans över allt som Moa Martinson skriver. Man måste kunna analysera hennes texter från olika perspektiv.”

Carina tog hans ord som ett personligt påhopp. Kanske var hon överkänslig, och visst var det bra för balansens skull att Janne hittat anmälan. Men sättet som han presenterat den på var direkt kväljande, för att använda recensentens ord. Som om det vore en upphöjd kulturgärning att med några snärtiga formuleringar förminska en kvinnlig författares realistiska beskrivning av barnafödandets våndor i Fattigsverige. Carina försökte skaka av sig sin irritation, men den satt fortfarande i när de lämnade Kungliga biblioteket och gick ut bland träden i Humlegården med sina vackert gulnande bladverk.

”Ska vi fika på Sturekatten?” frågade Janne.

”En annan gång. Jag måste hem till min mor.”

Janne ryckte på axlarna, men hans försök att verka som om han struntade i vilket varade bara några sekunder.

”Du var ju där igår! Måste du besöka henne varenda dag?”

”Ja, det måste jag.”

”Varför?”

”Därför!”

När hon steg in i moderns lägenhet på Anders Reimers väg satt Matz redan där, mittemot Birgit vid köksbordet. Hans sommarsolbränna var borta och de permanentade lockarna hade rätats ut. Nu återstod det som han så fåfängt själv hade kallat för hårets ”naturliga fall”, och även om det tog emot lite fick Carina erkänna att han klädde bäst i sin egen look. Dessutom hade han en slående positiv inverkan på Birgit. Moderns vresighet hade mildrats på nytt och könsorden åter blivit färre. Birgit tyckte om sin hemsamarit, det rådde det inga tvivel om, och med tanke på hennes oförmåga att just tycka om var det ett anmärkningsvärt ställningstagande. Pengarna som han stulit men betalat tillbaka pratade de överhuvudtaget inte om längre. Moderns ilskna ögonkast hade i det närmaste upphört helt och Puttes bur var för det mesta ren och snygg.

”Har du med dig Budapestbakelserna?”

Birgits röst fylldes med förväntan istället för den gamla

vanliga krävande irritationen. Matz hade dukat bordet med kaffekoppar, assietter och små tårtgafflar från de vid det här laget extremt välputsade silverbesticken. Om det inte vore för lukten av gamla fimpar och det alltjämt kaotiska "ordningssystemet" av ständigt växande tidningshögar skulle man nästan kunna använda ett ord som trivsamt.

Carina höll upp kartongen med bakelser och fick ett snett men gillande leende av sin mor.

"Jag sätter på kaffet", sa Matz och log han också.

"Matte ska bli modell", sa Birgit.

"Det vet jag", replikerade Carina och undrade om modern höll på att bli smått senil också. "Har du fått några uppdrag än?" frågade hon Matz och log även hon.

Det var ju ett jävla leende här hela tiden, tänkte Carina självkritiskt men behöll mungiporna i sitt uppåtsträvande läge.

Matz såg ut som om han försökte komma på ett bra svar när han bryggde kaffet.

"Inte än, men det är på gång. Om en vecka eller så är det nog dags."

"Kul! Vad är det för uppdrag?" frågade Carina.

Det var både njutbart och plågsamt att se hur han försökte slingra sig fram med sina små vita lögner. Inte fan hade han några modelljobb på gång. Åtminstone inte på den här sidan årsskiftet.

"Det är hemligt än så länge, innan kontraktet är påskrivet."

"Spännande", sa Carina.

Matz hällde upp kaffe i kopparna.

"Mycket spännande", tyckte Birgit.

”Vilka fina bakelser!” utbrast Matz och proppade munnen full.

Antagligen för att slippa säga något mer på ett tag. Carina bestämde sig för att sluta med tortyren och bytte spår.

”Ska du hem till Sture idag igen?”

Matz hade nämnt den lille knotige minigolfspelaren för henne vid ett tidigare besök. Och även om det säkert rådde sekretess i hans jobb hade hon uppskattat hans engagemang för sina klienter. Det fanns någonting sympatiskt hos skåningen under hans självupptagna yta.

”Ja, efter det här ska jag träffa Sture. Vi smiter nog iväg och spelar lite minigolf, trots att hans sura släkting förbjudit oss.”

”Det gör ni rätt i”, sa Carina. ”Bra att du står upp för honom.”

Birgit satt tyst och mumsade på sin Budapestbakelse. Men man kunde se på hennes ögon och skeva minspel att hon noterade allt som blev sagt.

”Ja, Sture älskar verkligen att spela minigolf. Det är liksom det enda som han tycker riktigt mycket om”, sa Matz.

Han samlade ihop ett knippe av sina långa lockar och kilade fast dem bakom ena örat. Sedan såg han på Carina så länge att hon vek undan blicken. Hennes puls steg och det retade henne. Hon befarade att genansen som vanligt snart även skulle synas på hennes kinder. Tänk om han fick för sig att hon fallit för hans fåfänga poserande? Carina reste sig upp. Hon gick bort till diskbänken med sin tallrik och ställde sig med ryggen mot köksbordet så att han inte kunde se hennes ansikte.

”Vad gör du?” frågade Birgit.

”Jag sköljer bara av min assiett.”

”Men du har ju inte ätit upp bakelsen! Tyckte du inte om den?”

”Jo, men jag är mätt.”

Det blev tyst. Pinsamt tyst. Carina vred om kranen till kallt och placerade sina handleder under det rinnande vattnet. Kylan hade en dämpande effekt på hennes varma rodnad. Hon torkade sig om händerna med kökshandduken och vände sig om med ett någorlunda kontrollerat leende på läpparna. Då levererades nästa pinsamhet.

”Hur är det, Carina? Har du någon pojkvän nuförtiden?” frågade Birgit.

”Varför undrar du det?” fick Carina fram i en enda utandning innan hon tvingades fylla lungorna med luft igen.

”Varför ska du alltid undra så mycket över vad jag undrar över? Svara bara på min fråga! Är du ihop med någon?”

Carina insåg att hon inte kunde vända ryggen åt de andra en gång till.

”Nej”, svarade hon, bara för att det kändes som det bästa att säga av två onda ting.

”Och du då, Matte? Har du någon flickvän?” fortsatte Birgit målmedvetet.

”Nej”, svarade han och skrattade oförskämt avslappnat.

”Bra!” utbrast Birgit. ”Då kan ju ni två bli ett par!”

38

”Hört talas om Coca-Cola Light?”

PÅ VÄGEN TILL Stures lägenhet bara ett kvarter därifrån kunde Matz inte låta bli att le åt Birgits föreställning vid köksbordet. Visst framstod det som smått galet att agera kopplerska, men det var på sätt och vis ändå ett ganska gulligt förhör. Tanten Carlsson ville tydligen att hennes dotter skulle bli hans flickvän. Och det var en önskan som han nog skulle kunna tillgodose om det bara hängde på honom. Carina var speciell. En tjej så annorlunda mot alla andra som han hittills träffat. Trulig men ändå söt, blyg men med skinn på näsan, smart utan att paradera med det, vacker även när hon blev förbannad och varm när hon försökte spela kall. Det syntes på de röda kinderna om inte annat.

Dessutom var den fientlighet hon tidigare visat gentemot Matz försvunnen. Hennes försök att reta honom med modelljobbet var i och för sig lite jobbiga, men han uppfattade dem inte som taskiga. Och när han såg henne djupt i ögonen, ända tills hon vek undan med blicken, fick han fjärilar i magen. Höll han på att bli kär på riktigt?

Matz ringde på Stures dörr, fortfarande med hjärnan uppfylld av Carina Carlsson. Han skulle snart komma på andra tankar.

”Försvinn era jävlar! Försvinn med er jävla hembrända sprit!”

Den ilskna rösten kom nerifrån, genom det öppna brevinkastet, och tillhörde tveklöst hans minigolfspelande vän.

”Ta det lugnt, Sture! Det är bara jag, Matz.”

En stickande lukt av klor sipprade ut i trapphuset.

”Har du också bränt sprit, din jävel?!” ryade Sture tillbaka.

Han måste ha varit med om någonting rejält uppskakande, tänkte Matz. Annars skulle han aldrig ha brusat upp så mot honom. Det hade inte hänt en enda gång efter deras första tveksamma möte för över ett halvår sedan.

”Nej, jag har inte bränt sprit, jag lovar”, fortsatte Matz den ryggovänliga konversationen genom brevinkastet.

”Du luktar ju hembränt!” replikerade Sture innan han började jämra och oja sig som den värsta krösamajan.

När brevinkastet slog igen med en smäll och jämret övergick i en gråtattack blev Matz riktigt orolig.

”Öppna Sture, så hjälper jag dig att tvätta bort lukten av hembränt! Bara öppna, snälla du, så ska vi fixa det här!”

Gråt igen, och sedan dova hulkningar, innan det efterlängtade ljudet av nyckeln som vreds om i sjutillhållarlåset. Med ett knarr öppnades dörren. Matz fick en smärre chock när Sture uppenbarade sig för honom. Ögonen var svullna av gråt och klor och ur både munnen och näsan rann det snor och saliv. Käkarna malde som på en idisslande ko. Hans rygg var ännu mer krum än den brukade vara och de vita knogarna på Stures högerhand vittnade om ett järnhårt grepp om rotborsten.

”Såja, Sture. Låt mig komma in så ska jag fixa allting.”

”Lukten också?” snörvlade Sture.

”Ja, lukten också.”

Lägenheten såg ut och luktade som om den blivit utsatt för ett anfall med kemiska stridsvapen. Blommorna som Matz hade hjälpt Sture att få viss fason på slokade ledsamt i fönstret och parkettgolvet var så nedslitet av Stures hysteriska skrubbande att trossbotten syntes på ett par ställen. Flera av de små porslinsfigurerna av olika djur som brukade pryda hans bokhylla låg sönderslagna på golvet och hötorgstavlan med den gråtande pojken som hängde över soffan såg urblekt och suddig ut, som om klorångorna angripit oljefärgen. Luften var svår att andas, vilket i kombination med den entoniga sjöväderrapporten som flödade ut ur transistorradion i köket gav hela scenen en apokalyptisk framtoning.

”Vad är det som har hänt?” frågade Matz och lade sina händer på Stures sluttande axlar.

”Grannarna bränner hembränt så att det stinker”, hulkade han och darrade i hela kroppen.

”Och när började det stinka?”

”Igår kväll, när Egon hade gått.”

Den jäveln, tänkte Matz.

”Vad gjorde Egon här?”

”Han bränner sprit!”

”Jo, det vet jag att du har sagt. Men vad gjorde han här? Sa han något speciellt till dig?”

”Han sa att jag inte skulle få mer pengar till mat eftersom jag bara spelar bangolf för dem.”

Sture satte sig i soffan och vaggade fram och tillbaka med

överkroppen. Matz öppnade balkongdörren för att få in lite frisk luft och slog sig sedan ner bredvid honom.

"Sa Egon något mer?"

"Han sa att du inte skulle få komma hit fler gånger. Det sa han! Och sen började grannarna bränna sprit, det kom upp genom avloppet i badrummet! Och stanken satte sig överallt och den sitter kvar fast jag har skrubbat hela tiden!"

"Har du inte sovit i natt?"

"Nej, hur fan skulle jag hinna med det? Jag har skrubbat bort skit hela natten och dagen men ändå stinker det hembränt som fan!"

"Lyssna på mig noga nu, Sture. Vi låter balkongdörren stå öppen ett tag så ska du se att stanken försvinner. Sen får du inte tro på allt som Egon säger. Jag ska visst fortsätta här och du ska visst fortsätta spela minigolf med mig."

"Säkert?"

"Ja, alldeles säkert", sa Matz.

Han ljög, hur gärna han än ville intala sig att det var sant. Som god man åt Sture hade Egon mycket att säga till om. Och om han fick nys om det där med fru Isakssons gamla matlådor fanns en realistisk risk för att Matz skulle sparkas från jobbet.

"Du har väl inte berättat för Egon om matlådorna?"

Sture tittade upp på Matz med sina skelande ögon och skakade bestämt på huvudet.

"Nej, jag har inte sagt nåt! Men den jäveln bränner sprit! Han har fan inte nåt att göra med min mat! Han bränner sprit! Bestämmer han över min mat? Gör han det?"

"Nej, Sture. Du bestämmer själv över din mat."

Det tog Matz ytterligare en halvtimme att lugna Sture och sedan en halvtimme till att få den paranoide och utsjasade mannen i säng. För en gångs skull fick han jobba över som hemsamarit och klockan hann bli halv åtta på kvällen innan han äntligen var hemma i ettan utan varmvatten på Kungsholmen. Drömmen om ett ångande hett bad stannade vid en dröm. Det fick bli en kopp hett te istället och lite hög musik på stereon. De danska Jamohögtalarna i jakaranda höll fortfarande stånd mot hans överdrivna rattande på volymvredet och ”Just can't get enough” med Depeche Mode lät bättre men också mer tvetydig än på länge. Nej, hans hjärna kunde nog inte få tillräckligt av Carina för tillfället. Han längtade redan till nästa besök hos tanten Carlsson, med förhoppningen att hennes dotter också skulle dyka upp. Hon hade haft en viss vana att göra det de senaste veckorna, sedan luften rensats efter hans stölder. Å andra sidan hade han fått mer än nog av Stures elake kusin Egon, trots att han bara träffat honom en gång. Fanns det ingenting man kunde göra för att befria Sture från denne plågoande? Problemet var gubbfans roll som god man, det förstod Matz. Som sådan hade Egon fullständig kontroll över Stures sjukpension och eftersom de redan fuskat undan lite pengar till minigolfspelandet hade han också ett övertag beträffande trovärdigheten. Minsta lilla klagomål på Egons översitteri skulle han kunna returnera med mördande kraft. Vad hade en utvecklingsstörd gubbe och hans slöfock till hemsamarit att sätta emot i ett sådant läge?

Det var den typen av bryderier som hade sänkt Matz humör rejält när telefonen ringde. Från sin strategiska plats i den lilla lägenhetens enda fåtölj behövdes inga fjärrkontroller för att manövrera stereon och telefonen. Allt fanns inom räckhåll. Han gäspade stort, skruvade ner volymen och sträckte sig efter luren.

”Hallå”, sa han trött.

”Hej Matz! Det är Marianne på Stockholm Models. Hur är läget?”

Matz piggnade till direkt, så mycket att han i ren iver reste sig upp.

”Hej! Jo tack, bara fint.”

”Det var länge sen man såg dig på caféet.”

”Ja, jag har varit i Skåne ett tag”, ljög han. ”Hos mina föräldrar.”

”Okej. Men du, nu kommer jag med goda nyheter.”

”Jaha?”

”Du har fått ditt första riktiga modelluppdrag! Det är en reklamfirma som heter Future Marketing som vill använda dig både i annonser och i en reklamfilm. Rörliga bilder, Matz, det är stort!”

Det flimrade till för Matz ögon. Han var tvungen att sätta sig ner i fåtöljen igen.

”Vad roligt”, sa han. ”Vad är det jag ska göra reklam för?”

”Nu kommer vi till det riktigt roliga. Hört talas om Coca-Cola Light?”

”Den nya, kalorifria läsken?”

”Precis! Den släpptes i Sverige i somras och är redan en megasuccé. Nu vill Coca-Cola göra en skandinavisk reklamdrive inför julen och det är här du kommer in i bilden. Det ska bli en ungdomlig kampanj med vackra nordiska ungdomar. Du har valts ut tillsammans med fyra andra modeller. Det kan bli hur stort som helst med annonspelare på stan och reklamfilm på biograferna!"

Matz tog ett djupt andetag och lade en hand över sitt bultande bröst.

"När är det?"

"Du ska provplåtas i nästa vecka. Men det ser jag som en ren formalitet! Killen på Future Marketing var helt såld på ditt utseende och jag vet ju hur bra du är framför kameran. Det kommer att gå som en dans. Och sen blir det skarpt läge en vecka därpå. Allt kommer att fotograferas här i Stockholm. De bygger upp en studio med vinterkuliss, det blir till och med konstgjorda snöflingor och en ren från Skansen!"

Det blir "Just can't get enough" i repris resten av kvällen, jublade Matz inombords.

"Inte för att pengar är allt, men hur stort är arvodet?" frågade han.

Marianne skrattade till.

"Pengar är visst allt, eller i alla fall nästan allt. Du kommer nog att dra in tio femton lakan på det här, minst."

"Femton tusen?"

"Visst, om du klarar provplåtningen. Men det gör du!"

"Ja, det gör jag!"

Just som Matz började fundera över om det ändå inte fanns en liten hake någonstans harklade sig Marianne.

"Det är bara en sak", sa hon.

"Vad då?"

"De vill inte att ditt hår ska vara permanentat. Det är lite den tidlösa stilen och skönheten de är ute efter nu. Gärna långt hår men inte krulligt. Hur är det med frissan nuförtiden?”

”Permanenten är urtvättad vid det här laget. Nu har jag bara mitt naturliga fall.”

”Härligt! Vet du vad det betyder?”

”Nej.”

Marianne bubblade av skratt, som om hon precis hade halsat ur en Moët & Chandon på Café Opera.

”Att den röda mattan är utrullad!”

39

"Var rädd om Sverige! Stoppa fonderna!"

CARINA HADE INGEN lust, men vad gör man inte för sin bästa väns skull? Därför stod hon denna tisdag den 4 oktober 1983 med Iva och Martin i en numerärt extremt underlägsen grupp av motdemonstranter som samlats i utkanten av Kungsträdgården för att protestera mot protesterna.

"Stå upp alla plebejer mot Nicolin och hans lakejer! Stå upp alla plebejer mot Nicolin och hans lakejer!"

Det var en ganska mossig och orytmisk ramsa med ganska mossiga rimord som många säkert inte ens visste vad de betydde. Men det gjorde inte så mycket eftersom den lilla gruppens röstresurser ändå inte räckte till mot den armada av människor som mobiliserats i det jättelika protesttåget mot Löntagarfonderna. Stockholms innerstad hade invaderats av tiotusentals gubbar iklädda trenchcoat och slips och tusentals tanter iklädda en och annan knytblus under kappan. Och det var inte ens en fördom, konstaterade Carina. De kom från hela Sverige och även om det var en förhållandevis städad demonstration hettade det till ordentligt ibland.

"Hoppa i Strömmen era satans kommunistyngel!" vrålade

en etterilsk herre i keps med svårtydd dialekt och ett plakat som det stod ”LRF mot Löntagarfonderna” på.

Carina gömde sig lite bakom Iva som i sin röda täckjacka och en röd flagga med uppmaningen ”Krossa SAF-väldet!” verkade vara den som väckt mannens vrede.

”Hoppa själv g-gubbe!” skrek hon tillbaka.

Som tur var sveptes kepsmannen med i den lavaström av direktörer och småföretagare som vällde fram över gator och torg. Annars höll Carina inte för uteslutet att han hade gett sig på Iva och verkligen kastat henne i plurret.

”Var rädd om Sverige! Stoppa fonderna!” skanderade demonstranterna i sin målmedvetna marsch mot riksdagshuset.

Trots Ivas eldiga orerande om att kapitalisterna ville hindra vanliga hederliga knegare från att få ens en liten skärva av storföretagens vinster, och trots att hon nästan tjatat ihjäl Carina för att få henne att ställa upp, gick det att ana en annan prioritering som toppade väninnans lista även en dag som denna. Han hette Martin och liknade allt mindre en punkare för varje gång Carina träffade honom. Klädd i en grön bylsig täckjacka och en Hammarbymössa såg han mer ut som en ordinär fotbollssupporter. Men Iva verkade ändå mer besatt av sin pojkvän än någonsin. Mellan varje litet socialistiskt stridsrop och syrligt påpekande om direktörernas fantasilösa budskap (”Heja Sverige? Är det landskamp, eller?”) lät hon sina rödmålade läppar landa med ett smack i ansiktet på Martin, som snart såg ut som om han fått någon typ av allergisk reaktion med röda utslag. Efter cirka tjugo minuter hade hon helt tappat intresset för den politiska kampen, rullat ihop sin flagga och kört näsan i halsgropen på Martin.

”Jag har något som jag m-måste berätta för dig”, sa Iva till Carina, fortfarande tätt omslingrad med sin pojkvän.

”Ska ni flytta ihop?” frågade Carina.

”Hur visste d-du det?”

”Du ser så lycklig ut. Dessutom är jag jävligt bra på att gissa.”

Martin skrattade till och gav Iva en puss i pannan.

”Om du nu är så bra på att gissa, vad finns det mer att säga om oss?”

Han lade sin hand på Ivas mage och log.

”Väntar ni barn?!”

”Jepp! Jag har en b-bulle i ugnen. Eller som S-strindberg skulle ha uttryckt saken: ’Hon är i gr-grossess!’”

Carina blev uppriktigt glad över nyheten. Om det var någon hon oförblommerat önskade fullständig lycka så var det Iva.

”Fantastiskt! När kommer barnet?”

”Om sex må-månader. Och bebisen blir minst ha-halvjugge för den är tillverkad i Kroatien!”

”Lagom till nästa vår! Bra, då hinner du ju avsluta litteraturkursen.”

”Mm. På tal om avslutad k-kurs, har du hört att Adrian har hoppat av?”

”Nej, vad säger du?”

”Han har tydligen fått jobb p-på Expressen.”

”Allvarligt? Skulle inte han bli poet?”

”J-jo, men vem fan tackar nej till ett sånt jobb. Det är

visserligen en b-borgarblaska men kultursidorna brukar stå fria från den v-värsta högerpropagandan."

"Hur fick han det då?"

"Tror hans morbror eller farbror eller nåt sånt jobbar där, och så skriver han j-ju rätt bra. Om man m-måste vara ärlig."

Så han hade alltså kontakter och en penna som tydligen kunde formulera annat än svårbegripliga dikter. Carina kände ett sting av avund. Det var ju just ett sådant jobb hon själv skulle vilja ha, som kulturskribent på en tidning som folk faktiskt läste.

"Kul för honom", sa hon.

"Jo. Men framför allt j-jävligt skönt för oss. Så att vi sli-slipper den självgode fjanten!"

Och så fyrade hon av sitt patenterade asgarv, den här gången med en sådan kraft att direktörerna i trenchcoat som paraderade förbi tittade konfunderat på röda Iva. Hon var inte sen att utnyttja deras tillfälliga förvirring.

"Hoppa nu i Strömmen med er g-gubbar!"

Dagen därpå kände sig Carina riktigt nervös när hon satt i tunnelbanevagnen på väg ut till universitetet. Det var dags för mötet med den läspande litteraturdocenten, hon skulle visa honom upplägget inför b-uppsatsen om Moa Martinson. Janne hade sagt att han skulle vara där och fungera som opponent. Docenten hade bestämt att det alltid skulle vara med en sådan på genomgångarna. Enligt den litteraturvetenskapliga fakultetens egna regler räckte det om opponenten deltog under presentationen av den färdiga uppsatsen, men med docentens vurm för kritik hade han utsträckt sin passion så mycket han kunde. Dessutom krävde han synopsis som höll ”stilistisk och innehållsmässig höjd”, vad han nu menade med det.

”Hellre lyss till den kritik som är sträng än att aldrig våga spänna sin båge”, hade han travesterat Verner von Heidenstam med ett malligt flin på läpparna under en föreläsning om uppsatsskrivande. Fantasilöst och pompöst, som vanligt.

Janne hade lovat Carina att han skulle backa upp henne under mötet. De hade till och med gått igenom de kritiska frågorna han skulle ställa och vilka svar hon skulle ge på dem. Janne, ja. Det var fint av honom att hjälpa henne, trots fnurran på tråden dem emellan. Han var rätt fin ändå. Men ganska tråkig. Det tog emot att bara tänka tanken, eftersom Carina verkligen hatade den där ytligheten som blivit den nya tidens överskrift. Man skulle vara snygg och cool och ”förändringsbenägen”. Allt det där som Janne inte var, som nog mer passade in på Matz. Hon hade tänkt alldeles för mycket på hemsamariten de senaste veckorna. Och med ett alldeles för tydligt sug i magen. Fotomodellen. Så banal och glättig men kanske med någonting mer bakom den bländande fasaden, något som kom fram i hans relation till Birgit och när han pratade engagerat om den utvecklingsstörde minigolfspelaren.

Carina såg sig om i den halvtomma vagnen. På sätet mittemot henne låg en Expressen som någon hade lämnat kvar. Hon tog upp den och började förstrött bläddra i tidningen tills hon fick upp en sida med en kolumn som pryddes av ett välbekant ansikte: Adrians! Det var minsann raskt marscherat att få en egen spalt med bildbyline och allt, tänkte Carina.

Sedan läste hon texten med stigande puls och så koncentrerat att hon höll på att missa stationen ute vid universitetet. Med Expressen i ena handen och tygpåsen i den andra kastade hon sig ut ur vagnen i precis sista stund innan dörrarna slog igen. Hon vek ihop tidningen och stoppade omsorgsfullt ner den i väskan, bredvid plastfickan med sitt synopsis. När hon tagit rulltrappan upp från underjorden smet hon in på Pressbyrån och handlade ett paket Right och en ask tändstickor. Hon brukade inte köpa egna cigg, men idag var ett nervöst undantag. Carina öppnade paketet och skakade ut en tagg som det tog tre tändstickor att få fyr på i blåsten, trots att hon sökt lä bakom en stor vägg. Hon drog girigt i sig hela cigaretten innan hon slängde fimpen på marken och trampade aggressivt på den, som om det kompenserade onyttan av att inhalera tjära och nikotin. Löven dansade fram över trottoaren i små virvelvindar. Carina drog upp kragen på sin svarta kappa, borrade ner huvudet mellan axlarna och började gå i riktning mot universitetsbyggnaderna. Hon funderade på om Janne skulle ha baskern på sig inomhus idag. Och om hon skulle följa med honom hem efter mötet.

”Har du inga andra, lite svårare och mer intelligenta frågor?”

Docenten började låta sådär stroppigt irriterad som bara han kunde, inte enbart när han tilltalade Carina utan även när han ansatte Janne. Opponentens frågor var alldeles för snälla för hans smak.

Janne satt och kliade sig nervöst i sitt hår. Han hade haft

baskern på sig men tagit av den redan efter ett par minuter inne i docentens lilla kontorsrum, som dominerades av de väggfasta bokhyllorna som var fyllda till bristningsgränsen med litteraturvetenskapliga verk och avhandlingar. Nu hade de suttit härinne i snart en halvtimme och luften började ta slut. Docenten greppade sin pipa som låg i ett askfat på skrivbordet och stoppade den omsorgsfullt med tobak från ett paket Greve Hamilton. När han puffat ut ett rejält rökmoln och låtit det sprida sig som en slöja över gästernas huvuden tittade han uppfordrande på Janne.

”Du måste slå ner på oklarheter och direkta felaktigheter. På alla plan! Hon är här för att lära sig något, så att hennes uppsats blir bättre än vad man kan förvänta sig av utkastet”, sa docenten och höll upp sin kopia av Carinas synopsis som om det vore gammalt tidningspapper att rensa fisk i. ”Har du inga synpunkter som utmanar lite?”

Jannes nervösa ansiktsdrag slätades ut och ersattes av något som nästan liknade ett leende.

”Det är klart att jag har mer kritiska synpunkter på både det ena och det andra. Men jag tänkte att jag inte ville försätta Carina i en situation som hon inte klarar av.”

Carina blev mållös. Hon såg på Janne att han nu tog sats för att säga något ”intelligent”. Hon kände igen den minen från hans tidigare diskussioner med andra kursare i klassen.

”Men så ska du inte tänka, Janne!” utbrast docenten och vände sig sedan mot Carina. ”För du har väl ingenting emot ordentligt motstånd, eller?”

Carina skakade osäkert på huvudet.

”Okej, kör på Janne!”

”Språket är dåligt och texten svårtydlig”, sa han och såg Carina. ”Du har till exempel inte något mellanrum mellan en del skiljetecken och de följande orden. Sånt förtar läsningen något oerhört.”

”Bra synpunkt, Janne! Såhär slarvigt får det inte gå till när du skriver uppsatsen, Carina.”

”På vilket sätt är språket dåligt?” frågade Carina och mötte Jannes blick.

Men det var som om han inte gick att nå längre. Han var utom den räddning som kanske en gång funnits. Nu ville han bara imponera på docenten.

De gick lös som två blodhundar i sin iver att hetsa ihjäl räven. Carina gav upp efter en kulkärve av försåtliga frågor som spände över allt från för stor användning av Tipp-Ex till banal problemanalys av Moa Martinsons sociala patos. Carina slog dövörat till och koncentrerade sig istället på att studera de båda herrarnas munrörelser. Det gjorde det hela ännu mer surrealistiskt. Att sitta och titta på den där glappkäften till före detta pojkvän (jo nu var han fan i mig definitivt före detta!) och försöka förstå hur de två hade kunnat vara ett par. Att hon inte hade genomskådat honom tidigare. Att hon hade låtit sig duperas av hans inledande osäkerhet i deras relation, och felaktigt tagit hans många ”kanske” som ett tecken på ödmjukhet. När han efter att ha blivit varm i kläderna blottat sitt riktiga ansikte, som en skitnödig och ryggradslös figur som hela tiden ville visa sig smart och bildad och betydelsefull.

”Då säger vi så för den här gången”, sa till sist docenten och slickade sig om läpparna som efter ett välsmakande skrovmål. ”Du har en del att jobba med, Carina.”

Sedan vände han sig mot Janne med ett leende.

”Väldigt bra opposition. Skönt att det finns en självständigt tänkande hjärna kvar i klassen nu när Adrian har slutat. Jag hörde att han fått jobb på Expressen. Förvånar mig inte, han har en sällsynt skarp analysförmåga för sin ålder.”

”Ja, verkligen”, sa Janne och log insmickrande.

”Han har redan blivit publicerad i tidningen”, sa Carina och plockade upp sitt exemplar av Expressen ur sin tygpåse. ”Vill ni se?”

Hon bläddrade fram till uppslaget med Adrians spalt och lade den på skrivbordet framför Janne och docenten. Först tittade de intresserat men snart spred sig förvåningen över deras ansikten.

”Vilken tycker ni är hans finaste analys? Att Lasse Berghagen har dejtat Lill-Babs igen i smyg? Eller att en ung brittiska som heter Samantha Fox har vunnit en toplessfototävling i en brittisk tabloid? Hon är ju onekligen bystfager, det ser man även om hon bär bikini på det här fotot”, sa Carina och pekade på skvallerspaltens illustration med den lättklädda modellen.

De tidigare så munviga herrarna sa inte ett knyst. Janne kliade sig nervöst i håret och docenten försökte rädda situationen genom att anlägga ett ironiskt leende, vilket bara fick honom att påminna om den elake katten Måns efter ett misslyckat mobbningsförsök mot Pelle Svanslös.

”Behåll ni tidningen”, sa Carina. ”Det där är ju ett stycke väldisponerad information.”

Hon vände på klacken och lämnade rummet med rak rygg och ett sataniskt smil på läpparna.

40

”Försök inte slingra dig!”

MATZ SVÄVADE FRAM som på moln över Götgatans puckel. Såhär lätta steg var det länge sedan han haft. Provfotograferingen under förmiddagen hos Future Marketing på Hornsgatan hade gått som en dans, precis som Marianne förutspått, och om fem dagar var det skarpt läge. Då skulle han dricka Coca-Cola Light i ett fejkat snöfall inne i en varm studio och skratta och le tillsammans med de andra tre lyckligt utvalda unga modellerna samt den kraftigt överviktige man som skulle agera jultomte. Och klia en ren mellan hornen och få rejält betalt för det! Kunde livet bli så mycket bättre? Det skulle väl vara att få ihop det med Carina, men så långt ville han inte sträcka sina önskedrömmar. Han var mer än nöjd med den rådande situationen.

Coca-Cola Light, ja. Matz hade testat den nya läsken för första gången under provplåtningen idag, och även om sötman i den kändes lite artificiell tyckte han om smaken. Den smakade framgång.

Dessutom kunde han dricka obegränsade mängder utan att bekymra sig för figuren. Inte för att Matz hade några viktproblem, men fotografen hade gett honom stränga order om att hålla nere kalorierna till plåtningen i nästa vecka. Inga pizzor och inga hamburgare. Det kurrade oroväckande mycket i magen när han var framme vid Medborgarplatsen och blev varse hamburgerbaren där. Matz började bli riktigt hungrig. Men en Coca-Cola Light kunde kanske stilla den värsta hungern? Förhoppningsvis såldes mirakeldrycken även på Clock. Han skulle utan problem hinna med en liten paus därinne. Först om en timme skulle han vara hos Sture på dagens enda hemsamarituppdrag. Det skulle kosta honom lite i utebliven lön att han tagit ledigt större delen av dagen för fotograferingen, men det var det värt.

Matz gick in på Clock och ställde sig i en av de långa lunchköerna och tog fram sin Rubiks kub ur fickan. Även om han ännu inte lyckats vrida fram alla färgfält i det populära klosspusslet gillade han utmaningen. Dessutom dödade den effektivt all väntetid, som när man till exempel stod i en lång kö för att köpa kalorifri läsk.

När Matz var färdig med den gula sidan och nästan hela den röda rycktes han tillbaka till verkligheten av en röst som inte bara lät bekant utan även en smula aggressiv.

”Och vad vill *du* ha då?”

Det tog inte mer än en sekund efter det att Matz hade tittat upp och blivit varse ansiktet framför honom innan en fullkomlig ström av ögonblicksbilder på försmådda flickvänner galopperade förbi hans inre blick. Efteråt förundrades han över att man verkligen kunde översköljas av så många minnen på så kort tid. Det var ungefär sådär som man ibland hörde människor som varit väldigt nära döden berätta: att hela livet spelades upp i värsta snabbspolningstempot.

"Hej Per-Albin", sa han och insåg genast att han därmed förvärrat en redan katastrofal situation ytterligare. "Hej Tina, menar jag."

Hans attraktiva men något bedagade före detta sällskap i den böljande vattensängen på Störtloppsvägen i Västertorp hade en keps på sig som det stod Clock på. Ögonen under kepsens skärm brände som laserstrålar, innan hennes rosamålade läppar öppnades så att även den verbala vreden kunde släppas loss.

"Hur fan vågar du visa dig här, din jävla nolla?! Skitunge! Bondläpp! Skåning!"

Bortsett från att Tina använde "skåning" som ett skällsord, när hon tidigare sagt att hon gillade skåningar, var hennes reaktion fullt rimlig, tyckte Matz. Han hade utnyttjat hennes generositet, snyltat på hennes gästfrihet och nallat ur hennes barskåp som såg ut som en jordglob. Men det värsta av allt var kanske ändå sättet han gjorde slut på, genom att helt sonika rymma fältet och bara lämna en lögnaktig liten avskedsnot efter sig.

"Kryp, parasit, idiot!"

Under tiden som Tinas attack fortsatte slogs Matz av hur slarvig han varit den här i övrigt så lyckliga dagen i Stockholm. Att undvika gamla försmådda flickvänner var annars en konst han behärskat till fullo under sin snart ett år långa vistelse i huvudstaden. Till Frescati åkte han aldrig och i kvarteren runt Stureplan iakttog han alltid den största försiktighet för att inte råka springa på Birgitta, juridikstudenten som ju var den som en gång lockade upp honom hit.

Fruängen var också en förbjuden zon, där han varit inneboende hos solariemedarbetaren Maria i hennes cancersjuka mormors lägenhet. Och salongen på Hantverkargatan där hon jobbade tog han alltid en lång omväg runt. Kanske var det just hans lyckorus som gjort att han glömt bort sina säkerhetsåtgärder och stolpat in här på Clock?

”Vad vill du ha, din fjant?”

Tina hade sänkt tonläget något, vilket dock inte hindrade alla nyfikna i kön från att andäktigt följa dramat som rullades upp framför deras ögon.

”Förlåt, jag gjorde fel”, sa Matz.

”Och jag sa ’Vad vill du ha, din fjant?’.”

”Har ni Coca-Cola Light?”

Tina nickade kort och gick bort till läskmaskinen och fyllde en stor pappmugg till brädden som hon återvände till kassan med och ställde ner på disken.

”Vad kostar det?”

”Ingenting. Jag bjuder.”

Innan Matz hunnit tacka tog Tina upp muggen och kastade dess innehåll rakt i ansiktet på honom. För en stund tystnade allt sorl i lokalen innan några tonårsgrabbar i kön började skratta. Snart följdes de av andra.

”Om du behöver servetter har vi det där borta”, sa Tina och pekade på bordet med kryddor, ketchup och sugrör ovanför avfallskärlen.

Sedan torkade hon upp den läsk som spillts ut framme vid disken med en wettexduk, rättade till sin keps som hamnat lite på sniskan och log stort och påklistrat.

”Nästa, tack. Vad får det lov att vara?”

Det pris som Matz fick betala för sitt svekfulla agerande mot Tina tyckte han själv ändå var ganska lågt: en nedblött italiensk läderjacka med röda dekorationsringar på ärmarna och en sveda i näsan av den kolsyrade lemonaden som släppte först när han ringde på Stures dörr på Reimersholme. Han hade lovat gå en runda på minigolfbanan med honom idag, istället för att diska som egentligen behövdes. Sture var på bättre humör igen efter den där paranoida hembränningsattacken. Inga vansinnesvrål hördes heller inifrån lägenheten, bara ljudet av hans steg mot det nedslitna parkettgolvet. Ovanligt bestämda. Men när dörren öppnades möttes Matz av ett annat ansikte. Det glänste av fett och satt på en bastant kropp och hade elaka, stickande ögon. Det tillhörde Egon, Stures släkting och gode man.

"Jaså, där är du. Kom in, vi måste prata", sa han skarpt.

Matz svalde en klump i halsen och steg in i hallen.

Egon stängde dörren efter honom och visade Matz in i vardagsrummet med hela handen. Därinne, i den fläckiga soffan, satt Sture med axlarna mer sluttande än någonsin och nacken böjd i skam. Den storvuxne Egon ställde sig med sitt skräckinjagande ansikte på mindre än en armlängds avstånd från Matz. Hans tunga flämtande spred ut en odör av dålig andedräkt som inte ens klorlukten i lägenheten kunde mildra.

"Vad fan är det du har lurat Sture till!? Gett honom gammal mat från andra pensionärer och använt pengarna till minigolf istället! Det var sista gången, hör du det?!"

"Men jag har inte ..."

”Håll käften! Och försök inte slingra dig! Sture har berättat allt för mig. Pengarna som jag ger honom ska gå till näringsriktig mat och ingenting annat!”

Egon pekade på Sture och skakade upprört på huvudet.

”Se där vad du har ställt till med! Att utnyttja en man som inte begriper bättre, du borde skämmas ögonen ur dig! Sture ska inte ränna runt ute i samhället var eviga dag, då blir han helt snurrig i sin lilla hjärna och börjar få för sig ännu mer strunt. Och du ska göra rätt för din lön och hjälpa honom att hålla snyggt och rent i lägenheten!”

Matz övervägde situationen och alternativen. En möjlighet var förstås att genast gå därifrån och berätta allt för Mirja och hoppas att det hela skulle lösa sig på något sätt. Och om han fick sparken vore det ju inte så farligt nu när han ändå skulle tjäna massor med pengar som fotomodell. Men så såg han på Sture, och tänkte på Carinas ord om att han skulle stå upp för sin specielle vän.

”Du har fel. Jag och Sture …”

”Håll käften!”

”Om du kunde låta mig prata till punkt. Det borde jag väl få göra som anklagad för ett så skamligt brott?”

Egon tycktes inte uppfatta ironin. Han strök med handen över sin skinande flint och drog ännu ett djupt andetag åtföljt av ännu en sur dunst.

”Okej, du ska få prata till punkt. Men tro inte för ett ögonblick att du får fler chanser! Har du förstått?”

Matz nickade kort och försökte samla sig.

”Jag tycker du är oförskämd och nedlåtande mot Sture”, sa han.

”Oförskämd? Vem fan är det som är oförskämd här? Vakta din tunga, unge man!”

”Jag skulle ju få prata utan att bli avbruten. Var vi inte överens om det?”

Matz kände hur vreden växte inom honom. Mer och mer. Och till sist översteg den hans rädsla. Om det här var det sista han sa för att försvara Sture tänkte han tala ur hjärtat, utan säkerhetsbälte eller fallskärm.

”Minigolfen är bra för Sture, den gör honom glad och får honom att släppa sina tvångstankar. Men eftersom du är en så snål och elak jävel som inte förser honom med tillräckligt mycket pengar löser vi det på vårt sätt! Varför ger du honom inte lite stålar som han kan göra något roligt för också? Hans pension måste väl räcka till mer än hyra och mat?”

”Vad fan säger du!” röt Egon. ”Jag betalar alla hans fasta kostnader och det är min själ inte billigt! Du ska inte lägga dig i Stures ekonomi, den sköter jag om!”

”Och det gör du dåligt! Sture har varken telefon eller tidning och köper aldrig några nya kläder. Och ändå har han inte råd med någonting! Så dålig kan hans pension inte vara. Du lägger kanske själv beslag på den?”

Det sista blev för mycket för Egon. Han tog ett fast grepp om kragen på Matz och lyfte honom bokstavligen ett par centimeter från golvet.

”Akta dig jävligt noga! Ett lögnaktigt ord till från dig och skjortan är tom!”

Matz hängde som en marionettdocka i luften. Han började få svårt att andas och viftade desperat med armarna.

Till sist släppte Egon sitt grepp och Matz landade på golvet med en duns.

”Nu ska du ut härifrån, på stört! Och sen ringer jag din chef så att du aldrig mer får sätta din fot i Stures lägenhet! Eller träffa honom någon annanstans för den delen!”

Det flimrade för ögonen och snurrade i huvudet på Matz när han mödosamt satte sig upp. Med suddig blick försökte han fixera sin antagonist. Då hördes ett kort knastrigt ljud, ungefär som när någon sticker spaden hårt i en grushög. Det följdes av ett väldigt brak som fick det slitna parkettgolvet att skaka. När Egon föll som en fura.

Då Matz äntligen hade återfått full synförmåga såg han Sture framför sig, med kroppen skakande och en minigolfklubba i handen. Det tog ytterligare några sekunder innan han förstod vad som faktiskt hade skett. Sture Berg, minigolfspelaren som brukade använda sin klubba till att smeka små bollar i hål, hade för en gångs skull gått uteslutande på kraft. Resultatet? En väldig man som likt en klubbad oxe låg på golvet med en växande pöl av blod runt huvudet.

”Han stank av hembränt! Han skulle få bort dig härifrån! Han stank av hembränt!”

Tårarna rann nerför Stures kinder och hans krumma rygg vaggade fram och tillbaka. All hans inneboende ångest hade detonerat i en våldsam explosion som sugit kraften ur honom.

”Vad har du gjort, Sture?” utbrast Matz förfärat och kastade sig ner på golvet bredvid den livlösa kroppen.

Han satte fingrarna mot Egons hals. Kände en svag och oregelbunden puls. Tankarna virvlade runt i skallen. Tänk om gubben dör? Vad kommer att hända med Sture? Vad kommer att hända med mig? Vad är klockan? Hur städar man undan ett lik? Går det att städa undan alls?

”Han stank av hembränt!”

Stures bröl fick Matz att skärpa sina sinnen. Han rusade in i sovrummet och slet upp lakanet ur sängen. På vägen tillbaka till vardagsrummet rev han det i remsor och kastade sig sedan åter ner på golvet. Försiktigt vred han på Egons huvud och lyckades lokalisera det djupa jacket baktill på skallen där blodet fortsatte att pumpa ut. Han snurrade flera remsor mycket hårt runt huvudet så att Egon till sist nästan såg ut som en mumie. Kände på pulsen igen. Lite starkare. Mer regelbunden. Med sina sista krafter lyckades han välta runt den massiva kroppen så att Egon hamnade i framstupa sidoläge. En rutten pust lugnade Matz något. Gubben andades uppenbarligen.

”Vi får ringa efter en ambulans”, sa han till Sture.

”Men jag har ju ingen telefon!”

Matz kontrollerade Egons puls igen. Alltjämt regelbunden. Han skulle nog inte dö på ett tag i alla fall.

Sedan såg han på Sture och log tillkämpat. Tänkte på det som Carina sagt om att stå upp för honom. Vad skulle hända med Sture nu? Matz fick en plötslig idé. Tänk om vi …

Men så hejdade han sig. Det var bara fem dagar kvar till reklamfotograferingen. Fem dagar och sedan skulle livet ta en ny och underbar vändning. Men hur skulle det gå för Sture, som inte hade en enda människa utom Matz att luta sig emot? Han kunde inte svika honom, det skulle han aldrig orka leva med.

”Sture, lyssna nu noga på mig!”

”Han stinker hembränt!”

”Jag vet, men lyssna! Det är viktigt!”

Den lille mannen som släppt loss de ursinniga krafterna i sin kropp snörvlade och torkade näsan med höger handrygg.

”Vad är det?” frågade han och hulkade.

”Det här låter kanske konstigt, men jag vill att du slår mig i ansiktet. Hårt!”

”Men ...”

”Det är viktigt Sture att du slår mig, riktigt hårt! Om du gör det så kan vi fortsätta spela minigolf och fortsätta träffas.”

”Varför?”

”Jag ska förklara sen. Slå mig först i ansiktet bara, riktigt hårt!”

”Det kan jag inte.”

”Klart du kan! Tänk att jag är Egon som kallar dig för idiot!”

Sture såg alldeles villrådig ut, men det kunde inte hjälpas. De hade inte mycket tid på sig.

”Jag är Egon! Och du är en jävla idiot! Du ska fan inte spela minigolf nåt mer! Du ska stanna härinne i lägenheten i resten av ditt liv!”

Stures blick svartnade.

”Slå då, din idiot! Slå mig, din sinnesslöa idiot!”

Innan Matz hunnit kasta mer bränsle på elden slog Sture honom med våldsam kraft över munnen. Han vacklade till men återfick snart balansen. Fick blodsmak i munnen och spottade ut en röd loska på golvet. Kände med tungan att en av hörntänderna satt lös.

”Bra, Sture! Slå en gång till, det hårdaste du kan!”

”Men ...”

”Inga men! Slå nu, din idiot! Slå!”

Det andra knytnävsslaget träffade Matz över höger öga. En våg av dunkande värme sköljde över ansiktet.

”Bra Sture, bra”, sluddrade han matt och sjönk ihop som en urvriden trasa på golvet.

Sture grät och skakade förtvivlat på huvudet så att hans vingmuttrar till öron fladdrade.

”Men varför skulle jag slå dig?”

”Sätt dig här bredvid mig så ska jag förklara.”

Sture gjorde som han sa. Matz tryckte den klorluktande och snörvlande lille mannen mot sitt bröst.

”Såja Sture, det ordnar sig. Allting ordnar sig.”

41

”Och så ser jag för jävlig ut, eller hur?”

TELEFONEN RINGDE IGEN men Carina tänkte inte svara. Janne hade terroriserat henne i flera dagar nu, trots att hon gjort klart för honom att deras relation var definitivt slut. Telefonsvararen svämmade över av hans patetiska ursäkter och tillgjorda gråtattacker varvade med dumdryga tillrättavisningar och försök att psykologisera sönder henne. Skönt att resten av den här terminen var vikt åt enskilt arbete med uppsatsen, så att hon slapp möta både honom och den läspande docenten på ett tag.

Men när telefonsvararen repeterade det senaste meddelandet med högtalarfunktionen på var det en helt annan röst med ett helt annat budskap som hördes:

”Varför svarar du inte Carina? Skynda dig hit! Det har hänt Matte något förskräckligt. Han har blivit nerslagen! Du måste komma hit genast! Ta en taxi så betalar jag.”

Moderns röst lät inte bara uppbragt utan också desperat vädjande. Carina studsade upp som från en trampolin ur sin fåtölj, rusade bort till telefonen och knappade med skakande fingrar in Birgits nummer.

”Hallå!”

”Hej mor, vad är det som har hänt?” frågade hon med andan i halsen.

”Det är fruktansvärt! Någon har slagit ner Matte när han var hos den där Sture. Jag tror han är illa däran. Du måste komma hit, Carina och hjälpa mig att ta reda på hur han mår. Fan, helvete, skit!”

Tjugo minuter senare satt Carina mittemot Birgit vid köksbordet och försökte få henne att på ett begripligt sätt berätta vad hon visste. Det var inte alldeles enkelt. Modern var i upplösningstillstånd och hade svårt att få fram orden. Såhär engagerad i en annan människas väl och ve kunde hon inte minnas att hon sett henne på väldigt länge. Det närmaste Carina kom ihåg som låg i paritet med Birgits reaktion nu var när hon själv var tretton år och hade blivit påkörd av en bil utanför skolan och brutit benet. Då hade Birgit kommit springande in till skolsköterskemottagningen med andan i halsen och inte bara kramat om och tröstat henne utan också med skärpa instruerat den märkligt handlingsförlamade skolsköterskan att ringa efter en taxi istället för en ambulans, så att färden in till sjukhusets akutmottagning inte blev onödigt skrämmande för Carina. Så var det faktiskt ganska ofta på den tiden, innan pappa dog och innan Birgit själv insjuknade, att hon ömmade för Carina och ville hennes bästa. Det hade hon nästan glömt bort i den allmänna störtfloden av gnäll under senare år.

Carina plockade upp moderns cigarettpaket som låg på bordet och skakade ut två cigg. En till Birgit och en till sig själv.

”Nu försöker vi ta det lite lugnt, mor”, sa hon och tände cigaretterna. ”Vad vet du och hur har du fått reda på det?”

Birgit tog ett djupt bloss och blåste ut röken genom näsborrarna, så att hon såg ut lite som en gammal frustande drake.

”Jag hörde att det kom en ambulans med sirenerna påslagna i går eftermiddag! Och sen när jag gick för att handla cigaretter idag nere hos Omar i tobaksaffären frågade jag honom om han visste vad som hänt. Han berättade att det var Matte som själv ringt efter ambulansen i tobaksaffären, eftersom det inte fanns någon telefon hos Sture.”

Birgit avbröt sig och snyftade flera gånger, men efter tio minuter hade Carina genom moderns fragmentariska berättande ändå lyckats skapa sig en bild av gårdagens dramatik på Reimersholme. Enligt Birgit hade Matz berättat för killen i tobaksaffären att ambulansen inte var till honom utan till en annan man som först attackerat honom och därför slagits ner av Sture bakifrån – med en golfklubba!

”Men Matte är nog också illa däran!” utbrast Birgit. ”Han skulle ha kommit hit idag men istället dök Jeanette upp. Hon sa att Matte var sjuk men ville inte berätta mer, det våpet! De kallar det visst för sekretess.”

”Han är väl bara hemma och vilar sig, det måste ha varit en chockartad upplevelse för honom. Har du pratat med Sture?”

”Nej, men jag har försökt! Jag gick upp till hans lägenhet

och knackade på, men det var ingen som öppnade. Jag vet inte om han är hemma. Fan! Han kanske också är skadad? Eller så har polisen satt honom i finkan. Det var ju han som slog ner den där otäcke mannen som först misshandlat Matte."

Carina förundrades över Birgits handlingskraft och slutledningsförmåga. Efter att i åratal ha suttit här vid köksbordet och sprutat etter och könsord omkring sig var hon nu kapabel att mitt i ett känslorus ändå luska reda på både det ena och det andra.

"Om Matte är hemma måste vi prata med honom! Har du hans telefonnummer?"

Carina skakade på huvudet.

"Vi kanske ska låta honom vara ifred."

"Det var det dummaste jag hört! Fan i helvete! Har du hans telefonnummer?"

"Nej, men Iva har det nog, hon är ihop med hans kompis. Jag kan kanske försöka få tag i det genom henne", sa Carina.

"Inte kanske! Du ska!"

Carina behövde ingen längre betänketid innan hon gjorde som modern sa. Hon var själv orolig för vad som kunde ha hänt Matz. Efter ett kort samtal till Iva, som turligt nog satt hemma och pluggade, hade hon fått tag i numret. Carina ringde upp Matz, men redan efter första svarstonen i telefonen ryckte Birgit den ur dotterns hand.

"Hallå! Är det du, Matte?!"

Birgit satt med luren hårt pressad mot sitt öra och såg djupt bekymrad ut. Carina kunde inte höra vad Matz sa men förstod efter ett tag av moderns något lättade ansiktsuttryck och små hummanden att han åtminstone var fullt kontaktbar.

”Det är klart vi ska!” utbrast plötsligt Birgit. ”Vad har du för adress?”

Birgit fortsatte lyssna på Matz och började gunga lite på stolen, som om hon tog sats inför något.

”Men lyssna nu, Matte! Vi är oroliga för dig, både jag och Carina!”

Kort tystnad igen och sedan moderns påstridiga röst.

”Visst, Carina är också här! Ge mig nu din adress så kommer vi genast!”

”Polhemsgatan 4. Och låt det gå undan!”

Carina visste inte riktigt hur hon skulle förhålla sig till Birgits ordergivning när de satt i baksätet i taxin på väg till Matz lägenhet. Hon skämdes lite för den skarpa tonen men kände samtidigt en sorts stolthet. Det var inte alla som hade en halvsidesförlamad gammal mor med hennes plötsliga driv i sig. Dessutom tog chauffören orden på allvar. Han körde sicksack mellan filerna i en rasande fart över Västerbron. På mindre än tio minuter var de framme. Birgit gav honom rikligt med dricks och krånglade sig ur taxin. Väl inne i trapphuset lät hon sig inte nedslås av att fastigheten saknade hiss. Carina erbjöd henne en hjälpande hand som hon bestämt tackade nej till och tog sig sedan för egen maskin upp till tredje våningen, stödd mot räcket och med kryckan som ett extra ben.

Flåsande ringde hon på dörren. Carinas puls var också hög, och det berodde inte bara på trapporna. När Matz öppnade och visade sitt blåslagna ansikte högg det till i hennes hjärta. Vänster öga var alldeles igenmurat och munnen inramad av två köttiga fläskläppar.

”Men stackars barn som du ser ut! Vad är det för ett monster som har slagit dig?” frågade Birgit och stolpade in i den lilla ettan innan Matz ens hunnit säga välkommen.

Carina följde efter ett par steg bakom. Hon såg sig om i lägenheten och överraskades av hur mysig den var. En stor oljemålning av ett gammalt regalskepp prydde ena väggen och möblerna i ettan var genomgående av äldre årgång, patinerade men väl bevarade. En brun läderfåtölj med slitna armstöd stod i ena hörnet och bredvid den på ett litet bord spred en jordglob ett mjukt men mättat gult ljus som lyste upp en välfylld bokhylla. Den röda sovalkoven var kanske i porrigaste laget, men i kontrast till de i övrigt vita väggarna fungerade den som ett visuellt värmeelement. Det enda som bröt av mot den gammaldags stilen var stereoanläggningen med två smäckra, moderna högtalare i jakaranda ur vilka Whams radiopläga ”Young Guns Go For it” strömmade ut.

”Snälla, sätt er”, sluddrade Matz mellan fläskläpparna, skruvade ner ljudet på stereon och visade dem till ett rustikt matbord i ek med fyra stolar som upptog säkert en tredjedel av rummets yta.

”Hur mår du?” frågade Birgit när de alla slagit sig ner.

”Huvudvärk och ont i munnen. Men annars är det okej, bortsett från att jag inte ser något med vänster öga.”

Han försökte le, men det slutade i en ansträngd grimas.

”Och så ser jag för jävlig ut, eller hur?” frågade han och vände sig mot Carina.

”Det läker. Huvudsaken är att du inte har fått några allvarligare skador”, sa hon och fick hejda sig själv från att lägga en hand på hans arm.

”Berätta nu allt!” manade Birgit på.

”På ett villkor”, sa Matz. ”Att ni inte för det vidare till någon annan.”

”Det gör vi självklart inte!” sa Birgit och drog med handen över sin mun som om hon förseglade den med ett blixtlås.

”Du, också, Carina. Du måste lova att hålla det för dig själv.”

Carina tvekade en sekund innan hon nickade.

Matz började sakta och målmedvetet berätta, om hur han mötts av Stures släkting och gode man Egon vid sitt senaste besök där. Och hur denne Egon attackerat honom innan Sture slog Egon till marken med en golfklubba bakifrån. Carina lyssnade spänt med klappande hjärta och stigande oro på hur det våldsamma slaget framkallat ett mindre blodbad och försatt Egon i ett medvetslöst tillstånd, som Matz inte visste om han vaknat ur ännu.

”Egon är ett svin och Sture slog ner honom för att rädda mig. Fast det var alldeles för hårt, såklart. När Egon låg där i sitt eget blod förstod jag att Sture var riktigt illa ute. Då sa jag åt honom att han skulle ge mig några smockor i ansiktet. Allt för att kunna förklara för polisen att slaget med minigolfklubban var motiverat.”

”Hur kunde du få Sture att slå dig?” frågade Carina.

”Jag hetsade honom. Tänkte att det var hans enda möjlighet att slippa straff.”

Carina hade haft sina tvivel när det kom till Matz trovärdighet. Men den här gången var hon övertygad om att han talade sanning.

”Du måste verkligen tycka om honom.”

Matz nickade.

”Han har inte haft det lätt här i livet. Mina skador är bara ytliga och kommer att läka. Sture är sårad djupt in i själen och förtjänar inte att råka ännu värre ut på grund av en sadistisk släkting. Och det kommer kanske nya modellerbjudanden till mig senare. För det som jag egentligen skulle göra i övermorgon kan jag ju glömma med den här nunan.”

”Vilket modelljobb?”

”För Coca-Cola Light. Allt var klappat och klart med kontraktet. Men det är väl inte värt ens pappret det är skrivet på nu”, sa Matz och visade henne ett dokument som låg på bordet.

Carina ögnade snabbt igenom det. Då hade han alltså rätt! Han hade ett uppdrag på gång, som han offrat för att rädda Sture. Carina såg på Matz mörbultade ansikte och översköljdes av en varm tacksamhet. Det han gjort för sin vän var stort och vackert.

”Varför tror du att polisen kommer tro på er och inte på Egon?”

”Ord står mot ord, och vi är två mot en. Men det hänger såklart på att Sture kan hålla fast vid vår historia. Han är på förhör hos polisen nu.”

Birgit som suttit tyst under större delen av Matz berättelse gav sig nu in i diskussionen.

”Om du vill kan jag vittna och säga att jag har sett hur Egon pucklat på Sture utanför hans port flera gånger tidigare!”

”Har du det?” frågade Carina förvånat.

”Nej, men jag kan gärna säga det. För den goda sakens skull!”

”Det tror jag inte är en särskilt bra idé, mor.”

”Instämmer”, sa Matz. ”Det är redan tillräckligt invecklat som det är. Men tack för omtanken.”

”När kommer du tillbaka till mig och jobbar?” frågade Birgit.

”När allt det här har lugnat ner sig. Om det nu gör det.”

”Det är klart det gör! Då ska vi dricka kaffe och äta Budapestbakelser.”

Carina log.

”Vi kanske ska lämna Matz ifred nu, han behöver nog vila.”

”Ni får gärna stanna, men jag tror jag måste lägga mig en stund. Huvudvärken vill inte ge med sig.”

”Nej, vi går”, sa Carina och sträckte fram sin hand för att ta farväl.

Matz tittade kort på den innan han istället kramade om Carina och höll kvar henne i sin famn lite längre än hon förväntat. Carinas puls steg igen och kinderna hettade. När han släppte greppet rättade hon nervöst till sin tröja och harklade sig.

”Du har god smak”, sa hon. ”Jag menar att din lägenhet är fint möblerad och mysig.”

”Det kan jag tyvärr inte ta åt mig äran för. Jag hyrde den möblerad och har knappt ändrat på någonting härinne.”

”Men det är klart att du har god smak!” protesterade Birgit. ”Du hade ju den goda smaken att välja just den här lägenheten som är möblerad med så god smak!”

42

”Erkänner han att han slog mig?”

”HUR EXAKT GICK det till när Egon Berg attackerade dig?”

Ted Andrén liknade inte den kommissarie han var, åtminstone inte i Matz Zerns ögon. Han hade föreställt sig en lite överviktig och butter herre som med råge passerat femtioårsstrecket och som bjöd på cigaretter och kaffe under polisförhöret. Lite som Carl-Gustaf Lindstedt i ”Mannen på taket”. Istället satt det en man i trettiofemårsåldern med vältrimmad kropp mittemot honom i det sterila rummet i polishuset på Kungsholmen. Han hade ljusa slingor i håret, var klädd i en polisblå skjorta med smal svart slips och en mörkblå kavaj. Och han bjöd inte på någonting alls, den snåljåpen.

”Först knuffade han mig hårt så att jag snubblade till. Och sen när jag hade återfått balansen gav han mig ett knytnävsslag med höger hand i ansiktet som gjorde mig alldeles groggy. Då kom ett slag till, över munnen, och jag föll omkull. Hade inte Sture stoppat honom vet jag inte om jag hade suttit här idag.”

Ted Andrén gjorde en kort notering i sitt anteckningsblock, trots att bandspelaren var påslagen. Matz drog sina fuktiga handflator mot byxlåren och hoppades att kommissarien inte noterade det.

”Du menar alltså att Egon Berg misshandlade dig svårt bara för att du och Sture Berg hade spelat minigolf? Fanns det ingen annan orsak? För det låter ju som en våldsam överreaktion.”

”Jag vet, men Egon är väldigt aggressiv. Jag sa till honom rakt ut vad jag tyckte om hans stil. Han kontrollerar Sture totalt och har hand om hans bankkonto. Frågan är vad han gör med pengarna, det tycker jag ni borde undersöka”, sa Matz och försökte låta stursk.

”Överlåt du åt oss att bestämma vilka åtgärder vi vidtar i den här utredningen”, svarade den unge kommissarien syrligt. ”Varför tror du att han blev så vansinnigt arg?”

”Han uppfattade det väl som att jag uppviglade Sture att gå emot honom.”

”Gjorde du inte det?”

”Om man med uppvigla menar att ingjuta mod hos en annan människa”, svarade Matz.

”Hm, så kan man såklart också uttrycka det. Men det är en annan sak som är lite konstig”, sa Ted Andrén med ett stramt polisiärt leende på läpparna. ”Ifall Egon slog dig så hårt i ansiktet skulle man ju anta att han fått något märke eller en svullnad på händerna. Men det har han inte.”

Ted Andrén bläddrade i sitt block och stannade till på en sida, läste för sig själv ur anteckningarna och tittade sedan Matz bestämt i ögonen.

”Däremot har Sture flera sår på sin högra hand, både på knogarna och på handryggen. Hur har han fått dem? Det är inte så att det är han som har pucklat på dig också?”

”Absolut inte! Sture har alltid sår på händerna. Du vet väl att han lider av tvångstankar? Skrubbar sitt golv med klor för att bli av med lukten av hembränt. Ja, den finns ju inte där egentligen men han känner den ändå, speciellt när han mår dåligt.”

Matz vek inte undan med blicken och talade utan darr på rösten. Det var någonting i honom som manade på. Som tvingade bort hans sista tvivel och höll rädslan stången. Sture hade hållit sig strikt till deras berättelse under sitt förhör, åtminstone hade han sagt det när Matz tittade till honom i hans lägenhet igår kväll. Han hade gråtit och hulkat och skakat på huvudet och sagt att det fortfarande luktade hembränt hemma hos honom. Men han hade bedyrat att polisen inte fått någonting ur honom om hur det verkligen gått till. Efter förhöret hade han fått åka hem och Vivianne, Matz timida och snälla kollega från hemtjänsten, hade sett till att Sture fick kvällsmat och lite medmänsklig omvårdnad.

Nu stod ord mot ord. De var två och Egon var en. Matz hade hört att Egon vaknat ur sin medvetslöshet. Det var i och för sig en lättnad, men vad hade han sagt till polisen? Och vem skulle de tro på?

”Okej, vi håller väl där för nu. Men jag kommer att höra av mig igen. Hur länge är du sjukskriven?”

”Åtminstone den här veckan ut”, sa Matz och strök försiktigt över sin blåtira, som hade öppnat sig tillräckligt mycket för att han skulle kunna se en liten springa av verkligheten även med vänster öga. ”Får man fråga hur det är med Egon Berg?”

”Han är hörd”, svarade kommissarie Andrén kort.

”Erkänner han att han slog mig?” frågade Matz och lyckades uppbringa lite spelad harm i rösten.

”Det håller vi för oss själva så länge. Din misshandelsanmälan mot honom ingår naturligtvis i utredningen. Jag har ditt telefonnummer och ringer dig så fort det blir aktuellt.”

När Matz kom ut i den lite kylslagna eftermiddagsluften vände han genast sitt misshandlade ansikte mot solen som höll på att sänka sig ner bakom hustaken. Det var den strålglansen som återstod nu, en enda liten skärva av ett svagt värmande ljus. Istället för hettan från strålkastarna och fotoblixtarna i fotostudion, som en lysande reklamstjärna för en kalorifri läskedryck. Future Marketing hade redan kallat in en ersättare för honom. Matz skulle inte slå världen med häpnad den här gången heller. Ändå var det med en känsla av lätthet som han promenerade hem till sin lägenhet på Polhemsgatan.

Måndagen därpå var Matz Zern tillbaka på jobbet. Kommissarie Andrén hade ännu inte hört av sig och Matz kunde inte bestämma sig för om det var ett gott eller ett dåligt tecken. Under morgonsamlingen i möteslokalen på Reimersholme svärmade kollegerna runt honom likt arbetsbin som passar upp på sin drottning.

”Vill du ha en kopp kaffe till, Matz? Sitt du kvar så hämtar jag”, sa Vesslan och lyckades klämma fram ett för henne väldigt ovanligt ömmande litet leende.

”Idag vill jag att du tar det mycket lugnt, Matz”, sa Mirja allvarligt. ”Överansträng dig inte. Jag har pratat med alla dina pensionärer och de är införstådda med att du inte kan gå för full maskin.”

”Men väldigt glada för att du kommer tillbaka idag, speciellt Sture”, insköt Vivianne.

Till och med Jeanette, som under de senaste månaderna demonstrativt visat hur ointresserad hon var av Matz, såg på honom med något som liknade en flirtig blick.

”Det här borde tidningarna få reda på, hur utsatt jobbet som hemsamarit är”, sa Vesslan.

”Nej, det orkar jag nog inte med”, replikerade Matz kvickt och rös inombords vid tanken på att bli en riksnyhet i just det här sammanhanget. Det var inte den typen av strålkastarljus han längtade efter.

”Inte nu, förstås, men när du mår lite bättre”, lismade Vesslan.

”Nu ska vi inte pressa Matz till någonting överhuvudtaget”, inskärpte Mirja innan hon vände sig direkt till honom. ”Jag vill hemskt gärna att du kommer hit efter besöket hos Sture i eftermiddag. Bara för att se att allting är okej.”

”Visst”, sa Matz och reste sig upp. ”Jag tror jag behöver en nypa frisk luft innan jag ska vara hos Henning, så jag går så sakta nu.”

Vesslan följde honom på vägen ut och gav honom en vänskaplig klapp på ryggen.

”Om du vill ha hjälp med att bearbeta dina upplevelser finns jag här för dig. Jag har gått en facklig kurs om posttraumatisk stress.”

”Tack, men jag tror jag behöver lite tid för mig själv bara och reflektera. Kanske senare”, sa Matz.

Han kom undan med blotta förskräckelsen och promenerade iväg mot dagens första uppdrag. Det var en ren lisa att få stiga in i Henning Björkgrens ombonade lägenhet och dricka en kaffegök med den sympatiske gamle mannen. Han ställde inte fler frågor än nödvändigt om Matz demolerade ansikte och nöjde sig med de kortfattade svar han fick.

”Det kommer säkert fler modellchanser”, sa han. ”För det ska du veta, min vän, att det alltid kommer nya chanser i livet. Även när det ser som mörkast ut.”

Och sedan satte de sig framför teven och såg på ett reprisprogram från utbildningsradion om en typ av förlossningsvård som byggde på att kvinnan andades på olika sätt i olika skeden av utdrivningen. Henning följde intresserat de dokumentära bilderna, där pappan stod bredvid sängen och simultanflämtade med mamman och höll henne i handen under de massiva krystvärkarna. När barnets huvud tittade fram mellan benen spred sig ett stort leende över Hennings ansikte.

”Se där, hela tiden kommer det någon ny människa till jorden. Som har hela livet framför sig med alla sina återkommande chanser”, sa han och tog en klunk till av sin kaffegök. ”Men det där med att andas är väl inget nytt? Det hjälpte vi korna med när de kalvade på gården då jag var grabb. Pustade med och klappade kossan så att hon blev lugn när det var dags. Men lite skiljer det sig såklart. Kalvarna kom ju alltid med klövarna först. De surrade man ett rep om och sen drog man som bara sjutton i takt med kons värkar för att få ut ungen.”

Man lär sig alltid något nytt hos Henning, tänkte Matz och strök med handen över Alfs gamla fickur som han alltid bar med sig nuförtiden.

”Det var en vacker klocka. Var har du fått den ifrån?” frågade Henning.

”Det är Alfs gamla. Rigmor gav den till mig när han gick bort.”

Matz drog upp uret och räckte över det till Henning.

”Vilket fint minne du har fått av honom. Ser du hur livaktigt visarna rör sig framåt? Allting går runt, allting fortsätter. Och det kommer alltid nya chanser i livet.”

Matz hade svårt att hålla tillbaka tårarna när Sture öppnade dörren och såg på honom med sin skelande blick. Det syntes att han också hade gråtit, såvida det inte var kloret som irriterade ögonen.

”Ska vi inte öppna fönstret lite”, föreslog Matz.

”Jo, så att vi får vädrat ut lukten av hembränt”, svarade Sture, men utan den där desperationen i rösten.

Matz slog upp fönstret på vid gavel och lade en arm om hans axlar.

”Du ska se att allt ordnar sig. Har du hört nåt från Egon?”

”Nej.”

”Han är vaken”, sa Matz. ”Nu är det du och jag mot honom. Glöm inte det, Sture. Vi måste hålla fast vid vår historia att det var han som slog ner mig först!”

Sture nickade.

”På ett sätt var det ju nästan det. Han skulle ju slå dig, eller hur? Visst var det så?”

Matz grepp om Stures axlar hårdnade och han såg honom vänligt men bestämt i ögonen.

”Visst var det så! Och glöm aldrig att det är du och jag, Sture. Du och jag, vi är två. Egon är bara en, vad han än säger.”

”Ska vi spela bangolf imorgon?” frågade Sture med plötsligt hopp i rösten.

”Ja, det ska vi. Vi ska spela bangolf imorgon!”

När Matz kom tillbaka till hemtjänstens mötesrum efter sitt besök hos Sture gapade lokalen tom. Han gick bort i korridoren och knackade på Mirjas dörr.

”Kom in!” ropade hon på sin klingande finlandssvenska.

Matz öppnade dörren och hejade.

”Är det du, Matz! Hur mår du? Har det gått bra idag?”

Han slog sig ner i fåtöljen som stod bredvid Mirjas skrivbord och log. Det stramade fortfarande i ansiktet när han gjorde det.

”Jodå, de var så snälla allihop. Det känns skönt att vara igång igen.”

”Och Sture, hur var det med honom?”

”Lite nojig men ändå helt okej. Han vill spela minigolf med mig imorgon.”

Mirja skrattade till kort innan hennes ansikte blev allvarligt igen.

”Hoppas nu bara att den där släktingen till honom som överföll dig får sitt rättmätiga straff. Fast det är klart, han fick ju lite vad han förtjänade när Sture slog ner honom.”

Om du bara visste, tänkte Matz.

”Just det!” utbrast Mirja och började rota på sitt skrivbord efter någonting. Hon hittade vad hon sökte och räckte över en lapp till Matz. "En polis som hette Ted någonting har ringt och frågat efter dig. Han bad dig ringa tillbaka, numret står på lappen. Det är väl något med din anmälan."

Matz hals snörptes åt och han fick svårt att andas. Han lutade sig framåt med huvudet mellan knäna och tog ett djupt andetag.

"Hur är det fatt?" frågade Mirja oroligt. "Är du svimfärdig?"

"Det är lugnt, jag får såna här attacker av huvudvärken ibland bara", flåsade han. "Men enligt doktorn är det inget farligt."

Matz fick uppbåda alla sina krafter för att försöka se så kry ut som möjligt.

"Är du säker? Jag ska inte ringa sjukhuset?"

"Nej, det är ingen fara. Jag klarar mig."

"Okej, men stanna kvar här en stund innan du går så att jag ser att allt är bra med dig. Du kan ju ringa den där Ted från min telefon. Jag går ut så länge så att du får prata i lugn och ro."

Hon reste sig och sa åt honom att sätta sig på hennes plats vid skrivbordet. Först när han gjort det utan att visa några fler svimningssymptom lämnade hon rummet. Matz vecklade upp lappen med telefonnumret som han knycklat ihop i sin svettiga högerhand. Han blåste upp bröstkorgen och lät luften sakta pysa ut ur lungorna. Sedan ringde han.

"Ted Andrén", svarade kommissarien redan efter den första signalen.

"Hej, det här är Matz Zern."

”Bra att du ringde. Jag tänkte fråga dig lite om din misshandelsanmälan mot Egon Berg.”

”Jaha?”

”Det har nämligen tillstött en komplikation. Berg har inget som helst minne av händelsen i Stures lägenhet. Han kommer varken ihåg slagen mot dig eller slaget han själv fick i huvudet.”

Matz lyckades kväva ett glädjerop och harklade sig.

”Okej, vad innebär det?”

”Det försvårar utredningen om skuldfrågan”, sa Ted Andrén med knastertorr röst. ”Först tänkte jag att det bara var någonting Egon Berg kastade ur sig för att rädda sitt eget skinn, men det finns läkarintyg på att slaget han fick mot hjässan har orsakat en skada som påverkar hans minnesförmåga. Och eftersom vi inte har några fler uppgifter att gå på har åklagaren meddelat att det inte blir något åtal mot Sture Berg. Det går inte att utesluta att det våld som han använde när han slog Egon med golfklubban var försvarligt i den rådande situationen. Därmed faller det under nödvärnsrätten.”

Matz lät orden sjunka in. Deras plan hade gått i lås! Det hade kostat honom ett misshandlat ansikte och en försutten chans att slå världen med häpnad. Men planen hade gått i lås!

”När det kommer till din misshandelsanmälan mot Egon Berg ligger den kvar. Såvida gärningsmannen inte bedöms vara oförmögen att genomföra en rättegång och svara på frågor. Han är tydligen ganska illa däran.”

”Trist. Vad händer nu då?” frågade Matz.

”Ingenting tills vidare. Jag hör av mig när vi vet mer om Egon Bergs tillstånd. Tack för att du ringde.”

Efter samtalet satt Matz länge kvar vid Mirjas skrivbord med luren i handen. Till sist lade han försiktigt tillbaka den i klykan och njöt av känslan när all den oro som tyngt honom sakta lättade från axlarna och försvann.

43

”Vi har med oss Budapestbakelser.”

DE HADE STÄMT träff utanför Gunnarssons konditori på Götgatan. När Carina kom dit fem minuter före avtalad tid stod Matz redan där och rökte en cigarett. Av hans blåtira återstod inte mer än en violett rand under ögat och läpparna hade helt återfått sitt normala utseende. Han kunde le utan att grimasera. Det klädde honom.

”Så det är alltså här man hittar stans bästa Budapestbakelser?” frågade Matz och kisade mot solen.

”Det är i alla fall de som mor tycker bäst om. Med mycket grädde på.”

Det var en sådan där härligt klar höstlördag i Stockholm med knastrigt torr luft och noll sekundmeter vind. En sådan som man kände att man var tvungen att ta extra mycket vara på. Från tunnelbanestationen intill konditoriet släntrade helglediga stockholmare ut med avslappnade leenden i ett behagligt tempo, befriade från den vardagsjäkt som brukade prägla deras ansikten i veckorna.

”Så du bor här i närheten?” frågade Matz och drog nervöst med handen genom sitt långa hår.

Det var en annan sida hos honom som han inte visat tidigare, att han blev generad när han pratade med henne. Det klädde honom också.

”Uppför trapporna där bara och sen är man på Allhelgonagatan”, svarade Carina.

”Mysigt område.”

”Jadå.”

”Trivs du i din lägenhet?”

”För det mesta, utom när min granne spelar ett nytt program som heter ”Seniorpuls” på Radio Stockholm. Lövtunna väggar och fullt ös med Charlie Norman och Alice Babs. Inte helt optimalt när man ska plugga.”

Matz skratt gjorde henne varm i hjärtat. De hade träffats hemma hos Birgit allt oftare den senaste tiden, Carina hade haft en viss benägenhet att dyka upp hos sin mor när hemsamariten var på besök. Men det här var första gången som de hade någonting som liknade en egen dejt. På programmet stod en promenad hela vägen till Birgits lägenhet på Reimersholme. Mor skulle allt vara med på ett hörn hon också, och det kändes plötsligt alldeles rätt. Budapestbakelser och kaffe vid köksbordet med den nötta vaxduken med sina många glödhål från alla Birgits fimpar som missat askfatet. Ibland var livet just så bra som man bestämde sig för att det skulle vara. Genom Matz hade Carina hittat fram till någonting hos sin mor som hon längtade efter att utforska ännu mer.

”Jag kan bära kartongen”, sa han chevalereskt när Carina hade betalat för bakelserna inne på konditoriet.

De gick ner till promenadstråket vid vattnet bakom Eriksdalsbadet och fortsatte i sakta mak längs med Årstaviken i riktning mot Hornstull. Solen stod i zenit och värmde deras ansikten. Carina tog på sig sina solglasögon och tänkte att Docent Död hade rätt när de sjöng att bakom dem kunde man vara sig själv. Hålla kvar blicken lite längre. Slippa känna sig blottad.

”Har allting ordnat sig för Sture nu då?” frågade hon.

”Det får man väl säga. Hans elaka släkting är i alla fall helt ute ur leken. Hjärnskadan Egon fick pajade inte bara närminnet. Han har fått svårt med siffror och bokstäver också.”

”Otäckt ändå”, sa Carina.

Matz stannade till och tittade ut över vattnet och ett svanpar som majestätiskt gled förbi på den spegelblanka ytan.

”Jo, klart det är hemskt på ett sätt. Men han var ett riktigt as och snodde verkligen Sture på pengar. Det har visat sig nu, när han har fått en ny god man. Genom åren gjorde Egon massor av uttag på Stures konto som han själv lade beslag på. Då kan jag tycka att han ändå har fått vad han förtjänar. Tänk på hur han har plågat Sture år ut och år in och förbjudit honom hans enda riktiga nöje bara för att sko sig själv.”

”Blir det ingen rättegång mot Egon då?”

”Förmodligen inte, han anses inte kunna stå till svars för sina handlingar eftersom han ingenting minns. Det är något med juridiken som jag inte begriper, men det är ändå rätt skönt. Jag har ingen lust att stå i en domstol och vittna mot honom under ed.”

”Det förstår jag. Och du kommer att fortsätta som Stures hemsamarit?”

”Ja, åtminstone tills vidare. Det lär bli en hel del minigolf framöver.”

Matz satte försiktigt ner kartongen med bakelserna på marken och plockade upp en flat sten som han med en snärtig handrörelse skickade ut över Årstaviken. Stenen studsade säkert tio gånger på ytan innan den till slut sjönk en bra bit ut från strandkanten.

”Wow! Det där har du gjort förut!”

”Ja, det är kanske det jag ska satsa på för att slå igenom, VM i kasta macka.”

Carina skrattade och tog av sig sina handskar. Solen och promenaden gjorde henne varm både på utsidan och insidan. Det var så skönt att bara kryssa sig fram bland alla lördagsflanörer med och utan barnvagn och inte känna några krav. Med Matz vid sin sida. Han var annorlunda nu mot förr, inte så självupptagen och fåfäng längre. Frågade Carina vad hon höll på med och nickade intresserat när hon berättade om sin uppsats. Att han egentligen nog var måttligt intresserad av Moa Martinsons statarromaner gjorde henne ingenting. Matz många frågor tydde ju i så fall på att det var Carinas person som engagerade honom.

Ta inte ut någonting i förskott nu bara, försökte hon intala sig men slog snart undan alla pessimistiska tankar och förbehåll. Carina tänkte njuta fullt ut av den här ovanligt angenäma lördagen. Hon hade så roligt och kände sig så väl till mods i Matz sällskap att tiden bara gick utan att hon reflekterade över den. Helt plötsligt var de framme vid Anders Reimers väg, rosiga om kinderna efter den långa promenaden och lite småhungriga båda två.

”Nu ska det smaka gott med de här”, sa Matz och höll upp kartongen med bakelserna som han lyckats transportera hela vägen dit utan några synliga fraktskador.

De gick uppför trapporna till Birgits lägenhet. Carina knackade kort innan hon satte nyckeln i låset och vred om. Undulaten Putte hälsade dem välkomna med sitt kvitter som hördes ända ut i hallen samtidigt som doften av nybryggt kaffe slog emot dem.

”Hej mor, det är jag och Matz bara! Vi har med oss Budapestbakelserna.”

Birgit svarade inte direkt. Hon sitter väl koncentrerat böjd över ett korsord som vanligt, tänkte Carina och hängde av sig sin kappa på klädhängaren i hallen och tog av skorna. Matz följde hennes exempel och tillsammans gick de in i köket. Birgit satt mycket riktigt på sin stol, men snett tillbakalutad och med munnen öppen som om hon sov djupt. Carina kände genast att det var någonting som inte stämde.

”Hur är det mor?” ropade hon och rusade fram till Birgit och lade sina handflator på hennes axlar. ”Mor, vakna nu! Vi har med oss Budapestbakelser!”

Hon ruskade om Birgit, försiktigt men efterhand alltmer kraftfullt.

”Hon har kanske fått en stroke!” ropade Carina till Matz som genast kom till undsättning.

”Jag bär in henne i sängen”, sa han och tog ett stadigt grepp om Birgits lealösa kropp.

Matz stånkade av ansträngning under den korta vägen in till sovrummet. Hennes armar och ben dinglade slappt i luften. Han lade varsamt ner henne på sängen och försökte hitta hennes halspuls.

”Lever hon?”

”Jag känner ingen puls, försök du.”

Carina satte sig på sängkanten och höll ett finger mot Birgits handled. Hon visste redan då att det var lönlöst. Det fanns ingen puls kvar att registrera i moderns kropp. Blodet hade slutat strömma runt i hennes trånga ådror. Hon var död. Och ändå:

”Vi måste ringa 90 000!”

”Det fixar jag”, svarade Matz och sprang ut i vardagsrummet där en av lägenhetens två telefoner fanns.

Tårarna började tränga fram i Carinas ögon. Hon hörde Matz prata med larmoperatören i korta allvarliga meningar. Efter ett tag rann allting ihop till ett porlande flöde av ord som hon inte längre kunde urskilja. De fanns där bara som en diffus ljudmatta i bakgrunden. Carina grät tyst och betraktade sin mor där hon låg på rygg i sängen. Trots att munnen var öppen och kinderna hängde ner mer än någonsin var hon vacker på något vis. Flätan som Matz hjälpt henne med häromdagen tittade fram bakom nacken och hennes läppar var rödmålade. Hon hade till och med tagit på sig rena mjukisbyxor och en blus som såg nystruken ut. Som om hon gjort sig extra fin inför deras besök innan hon satte på kaffebryggaren.

Carina tog sin mors hand i sin och tryckte den ömt. Den var fortfarande varm och de ytliga ådrorna på handryggen var ännu blodfyllda.

”Det kommer en ambulans snart.”

Matz röst var nu så nära att den nådde fram. Carina kände hans hand på sin rygg. Mjuka tröstande strykningar. Ingen hets, inga rop och inga falska förhoppningar. De förstod båda två vad klockan var slagen.

”Hon är död”, sa Carina.

”Ja.”

”Vad gör vi nu?”

”Väntar på ambulansen”, sa Matz.

”Tänk så skört livet är ändå. För en timme sen levde hon förmodligen, satt och målade sina läppar vid sminkbordet och gjorde sig fin.”

Carina snörvlade och torkade bort tårarna med handryggen.

”Nu finns hon inte längre. Nu är hon borta, och vi kan inte göra någonting åt det.”

Matz satte sig bredvid Carina och tog hennes hand.

”Det låter kanske dumt, men jag tror faktiskt att det finns en sak som vi kan göra.”

”Vad då?”

”Äta Budapestbakelserna och dricka kaffet, härinne i sovrummet med Birgit. Innan ambulansen kommer.”

Carina såg undrande på honom med sina rödgråtna ögon.

”Vi kan väl inte dricka kaffe med en död människa?”

”Jo, det går. Jag trodde inte heller att det var möjligt tidigare, men jag har lärt mig i mitt jobb att det faktiskt går. Vi kan dricka kaffe med Birgit fast hon är död. Jag tror hon skulle uppskatta det.”

44

”Vad bra att hon får med sig sin penna.”

DET VAR EN enkel kista tillverkad av obehandlade spånplattor. Men det syntes inte under bårtäcket med guldbroderier som täckte den. Kistan flankerades på båda sidorna av fyra stora golvstakar med brinnande stearinljus och på locket stod ett inramat fotografi av Birgit Carlsson. Det visade en leende kvinna i halvlångt brunt hår med pigga bruna ögon. Så som hon såg ut innan sjukdomen förlamade halva ansiktet. Carina hade valt det, liksom bårtäcket. Det skulle ju vara en enkel begravning. Och billig. Arvet efter Birgit tillät inga extravaganser, men en fin blomsterkrans med texten ”Farväl Mor” hade hon kostat på sig.

”Nu börjar det”, viskade Carina.

Hon satt bredvid Matz på den främsta bänkraden i Högalidskyrkan med tårblanka ögon och lyssnade på organistens inledningsmusik. Det fanns inget upptryckt ceremoniprogram men hon hade skrivit ner aktens alla punkter på en lapp som de delade. Den startade med Adagio i a-moll av Johan Sebastian Bach. Matz tyckte om musiken. Den var sorglig men innehöll också någonting hoppfullt. Någonting vackert och odödligt. Som att allting går vidare och att det finns en fortsättning. Inte nödvändigtvis i himlen men absolut här på jorden.

Den unge prästen med det markerade adamsäpplet såg på dem med ett gråtmilt leende.

Efter Bach sjöng de en psalm. Härlig är jorden. Det var bara musiken som hördes även här, trots prästens försök att tränga igenom de maffiga orgeltonerna. Matz såg på Carina. Hon läste i psalmboken och rörde på läpparna. Torkade sig i ögonen med en näsduk. Lutade sig lätt mot honom som om hon behövde stöd för att inte falla samman.

Utöver prästen var det bara de två i kyrkan. Carina hade bjudit in tre släktingar, men de hade alla anmält förhinder. På ett sätt var det nog bra, tänkte Matz, så att hon slapp försöka vara trevlig mot människor hon i realiteten inte kände eller hade haft kontakt med på mycket länge.

Egentligen skulle begravningsakten ha hållits i det mindre kapellet intill kyrkan. Men det var under renovering så det fick bli härinne under Högalidskyrkans höga välvda tak istället.

”Vi har samlats idag för att ta avsked av Birgit Carlsson. Hon var en älskad mor som lämnar ett stort tomrum efter sig.”

Den unge prästens griftetal ekade ödsligt mot kyrkans råa tegelväggar. Han försökte vara personlig. Pratade lite om hennes jobb i skoaffären, lite om hennes roll som mor och lite om hennes sjukdom.

”Ett av Birgit Carlssons stora fritidsintressen var att lösa korsord. Hon fortsatte med det livet ut även om orden blev svårare och svårare att lista ut för henne. Hon tyckte också mycket om sin undulat Putte som höll henne sällskap vid köksbordet. Men mest av allt älskade hon sin dotter Carina. De två stod varandra väldigt nära och träffades varje vecka."

Carina torkade sig i ögonen igen. Hennes underläpp darrade lätt. Matz lade sin hand över hennes rygg och strök den mjukt, så som han gjort vid Birgits dödsbädd.

Resten av akten förflöt stillsamt och i enlighet med Svenska kyrkans ordning. De sjöng en psalm till och bad en bön innan prästen överlät Birgit till den sista vilan med tre skovlar jord som han formade till ett kors på kistlocket.

"Av jord är du kommen. Jord ska du åter bli."

När de skulle gå fram till kistan för att ta ett sista farväl böjde Carina sig först ner och plockade upp en tidning ur handväskan som stod på golvet. En Dagens Nyheter med det svåra söndagskrysset. Matz och Carina hade ägnat två sena kvällar åt att avsluta korsordet som Birgit påbörjat. Med hjälp av ett lexikon och massor av svart kaffe. Nu var det färdigt, varenda liten ruta hade fyllts i med rätt bokstav. Det stämde på pricken med lösningen som presenterades söndagen därpå i DN. De hade ju kunnat göra det enkelt för sig och kopierat facit rakt av. Men Carina hade propsat på att de skulle klura ut det på egen hand och med utgångspunkt från moderns inledning. Inget fusk.

Matz tog Carina under armen när de gick fram till kistan. De stod alldeles stilla med sänkta huvuden. Carina viskade någonting till sin mor som Matz inte kunna höra innan hon först lade sin ena hand på kistlocket och sedan tidningen med korsordet uppslaget och Birgits blyertspenna.

"Vad bra att hon får med sig sin penna", viskade Matz. "Om hon får lust att lösa fler korsord nån gång."

När begravningsakten var slut och de tackat prästen gick Matz och Carina ut i den kylslagna novemberluften. Det hade redan kommit lite snö och mer var på gång. Stora svarta moln tornade upp sig på himlen och SMHI hade varnat för kraftigt snöfall senare under eftermiddagen. Carina krängde en stickad mössa över huvudet och burrade ihop sig som en frusen sparv under kappan. Matz snurrade sin halsduk ett extra varv innan han drog upp kragen och satte på sig handskarna.

Utan att säga någonting till varandra gick de upp på Hornsgatan och började gå i riktning mot Mariatorget. Sida vid sida i armkrok, i enad pakt mot den vassa motvinden.

”Jag lärde aldrig känna henne riktigt”, sa plötsligt Carina.

”Hur menar du?”

”Det är så många saker som jag skulle vilja fråga henne om som jag aldrig kommer att få svar på nu. Och så mycket jag skulle vilja säga som aldrig blev sagt.”

”Vad då?”

”Som att jag verkligen älskar henne, trots allt som varit. Jag sa aldrig det, att jag älskar henne.”

”Det tror jag hon förstod ändå.”

Carina kurade ihop sig ännu mer mot kylan.

”Efter sjukdomen blev det som en kil mellan oss. Vi fick så svårt för att prata med varandra och det berodde inte bara på mor. Jag hade också taggarna utåt hela tiden. Släppte inte in henne i mitt liv längre. Det var först under de sista månaderna som det hände något positivt i vår relation. Vi närmade oss varandra igen. Och så går hon bara och dör. Det är inte rättvist!”

”Livet är inte rättvist”, sa Matz. ”Men det kommer alltid nya chanser. Nya tillfällen. Birgit är död men lever i dig.”

”Tror du på sånt?”

Matz nickade.

”Du kan fortsätta prata med henne. Hon kommer att lyssna och du kommer att få fler svar. Minnen är också ett sorts liv.”

Carina såg på Matz och log.

”Du låter ju som värsta filosofen. Var har du lärt dig alla dina vackra ord?”

”Kanske lite hos Birgit. Och hos Sture och Rigmor och Henning. Och när jag har varit med dig. Jag är helt säker på att det är du som har lockat fram mina allra vackraste ord.”

Carina lät handen glida nerför Matz arm tills hon fann hans hand. Hon tryckte den hårt.

”Följer du med hem på lite gravöl?” frågade hon.

Han log och tryckte hennes hand hårt tillbaka.

”Jag följer dig vart som helst, Carina. Vart som helst.”

Torremolinos maj 2016

45

"Bryt!"

HON HADE ALDRIG varit särskilt förtjust i solnedgångar på badstränder. Tyckte att de för det mesta var våldsamt överreklamerade och sällan stämde överens med resekatalogernas retuscherade lockbilder. Men just den här var verkligen vacker på riktigt. En orange glödande sol som långsamt sänkte sig ner mot det turkosfärgade havet långt därute vid horisonten, med de blåskimrande bergsformationerna i väster som fond.

De mjukt böljande vågorna slog mot Carinas rygg och tvingade henne att ta armarna till hjälp för att inte tappa balansen. Vattnet var lite svalt men skönt och stranden hade börjat avfolkas. De flesta som ville avnjuta solnedgången hade masat sig upp till strandbarerna innanför muren mot vägen för att följa skådespelet därifrån.

Men Matz satt kvar på sin handduk bredvid de långa raderna av tomma strandstolar och parasoller. Hon såg att han tittade efter henne samtidigt som han pratade i telefon. Den där kraftige inspelningsledaren för det norska filmteamet skrek till honom med sin bullriga röst. Hon kunde inte höra vad, men av hans gestikulerande att döma var han mycket irriterad. Matz höll sin mobiltelefon mot bröstet och ropade någonting tillbaka som hon inte heller uppfattade. Det var först när Carina hade kommit upp på land och en bit bort från strandkantens brus som hon kunde höra delar av den hektiska konversationen.

”Hva er det som er så jävla viktigt?!” vrålade den väldige inspelningsledaren.

”Slutet, jag måste se hur det här slutar!” svarade Matz.

Inspelningsledaren slog uppgivet ut med händerna. Med sitt rödflammiga ansikte och sin tältlika hawaiiskjorta som hängde ner över bermudashortsen såg han ut som en amerikansk charterturist som varit ute i solen alldeles för länge.

Han stod mitt i scenen bland riggade kameror och skärmar. De andra modellerna var redan på plats. Två lite yngre män och två lite äldre. Samtliga klädda i badshorts och ett par av dem även med uppknäppta skjortor. Det vilar något krampaktigt över det hela, tänkte Carina. Som ett fåfängt försök att hålla fast vid den flyende ungdomen. Men hon uppskattade ändå att Dressmann så sällan blandade in unga kvinnor i sina reklamfilmer. Dessutom hyste hon en viss tacksamhet mot den norska herrklädeskedjan. Matz fick fortfarande en del uppdrag därifrån trots att han lagt på sig lite. Hans ansikte räddade honom alltjämt, även om modelljobben blivit färre mer åren.

De behövde pengarna som han drog in. Hennes lön från bokförlagets marknadsavdelning var visserligen helt okej, men det kostade på att ha både lägenhet i Stockholm och sommarhus i Skåne. Dessutom stack de till Lill-Birgit lite stålar ibland. Dotterns tillvaro som frilansande skådespelare var ingen dans på rosor precis, även om hon redan fått ett par mindre biroller på film och hade ett kontrakt med Stadsteatern på gång inför hösten.

Carina tittade på Matz som nu bara hade ögon för henne. Hon fick fortfarande den där pirrande känslan i magen när han betraktade henne på det viset.

”Skynda dig hit!” ropade han och öppnade sin famn.

Hon skrattade när han lade armarna om hennes våta kropp och tryckte den tätt intill sig.

”Nu blir ju din skjorta alldeles blöt.”

”Det är det värt! Jag är så glad att du följde med mig på den här resan. Och att du inte är en sjöjungfru.”

”Vad snackar du om?”

”Glöm det. Det var bara en av mina sjuka fantasier, du vet.”

Matz ville inte släppa greppet men till sist lyckades hon tråckla sig ur hans famn.

”Du har alldeles för många sjuka fantasier i ditt lilla huvud.”

”Erkänner. Men jag är ändå glad för att du inte är en sjöjungfru.”

”Fast han verkar inte särskilt glad just nu”, sa Carina och pekade bort mot inspelningsledaren.

”Vegard? Har alldeles för lätt för att brusa upp, tyvärr. Men det är egentligen en trevlig kille.”

”Då tycker jag du ska springa bort till honom nu. Tror det skulle vara bra för Vegards blodtryck. Och för dina chanser att få fler jobb.”

Matz gav henne en puss på kinden och lufsade nonchalant iväg över sanden i riktning mot inspelningsplatsen. Den unge regissören i basebollkeps hade också dykt upp nu och stod med armarna i kors och väntade på sin saknade aktör. När Matz anslutit sig uppstod någon typ av diskussion mellan Vegard och en kvinna i filmteamet. Hon rusade in i ett tält och kom snart tillbaka med en ny torr skjorta till Matz.

Carina satte sig på en av de tomma strandstolarna och torkade sig med Matz handduk. Hennes Matz. Hennes man som en gång ville slå världen med häpnad och som nu alltså livnärde sig som lätt grånad modell för en klädkedja med uttalad gubbfaktor.

Minnena från hur allting började sköljde över henne som en våg. Hur han satt där ung, snutfager och nypermanentad vid moderns köksbord på Reimersholme och berättade om sina framtidsplaner. Det var en tid som hade format dem båda. Eller rättare sagt alla tre. Carina, Matz och Birgit.

En sak hade Carina lärt sig och det var att ingenting blev riktigt som man tänkt sig. Men det kunde bli ganska bra ändå. Kanske rent av bättre. Man kunde hanka sig fram som manlig modell utan att slå världen med häpnad och man kunde jobba med litteratur utan att själv skriva några banbrytande romaner eller doktorera på Moa Martinson.

Livet är här och nu och livet är också alla minnen. Det hade tagit tid för henne att inse att det inte bara var något man sa på begravningar utan att det verkligen stämde. På riktigt. Vissa frågor får sina svar medan andra alltid kommer att sväva vidare som osaliga andar i tankevärlden. Det är ingenting man kan göra någonting åt och när man väl har förstått det blir längtan efter svaren mindre påtaglig.

Nu hade solen sänkt sig till hälften ner under horisonten. Carina tittade bort mot inspelningsplatsen igen där det rådde en koncentrerad aktivitet. Fem män i siluett mot en solnedgång. Fotografen följde dem spänt med kameran när de sakta gick in mot stranden från havet med vattnet upp till knäna. Ett flyktigt ögonblick som skulle fångas på film och sälja badshorts och skjortor till mindre moderiktiga män.

”Bryt!”

Regissörens röst skar genom luften. Vegard kliade sig frenetiskt i huvudet, som om hans hårbotten hade invaderats av hungriga löss. Filmteamet började plocka ihop sina grejer och modellerna samlades runt regissören som inte såg lika cool ut längre. Han gestikulerade med armarna och trampade oroligt runt i sanden. Fem minuter senare var Matz tillbaka hos Carina.

”Hur gick det?” frågade hon.

”Inte alldeles perfekt. Lasse tittade åt fel håll två gånger.”

”Så det var inte ditt fel den här gången?” frågade hon.

Han skakade på huvudet.

”Med min rutin blir det sällan fel”, sa han och log ironiskt.

”Vad händer nu då?”

”Vi går väl och tar ett glas kallt vitt vin i baren”, sa Matz.

”Men vad händer med inspelningen, menar jag.”

”Solen går ner imorgon också.”

”Det kommer alltid en ny chans?”

”Ja, det kommer alltid en ny chans.”

LÄS MER

Extramaterial om boken och författaren

”Är du Matz Zern?”

När jag är ute på bibliotek och i andra litteratursammanhang för att prata om mina böcker får jag ofta frågor om det jag skriver grundar sig på verkliga händelser. Några undrar om jag kanske till och med är identisk med någon av mina huvudkaraktärer. Många misstänkte till exempel att jag var den trygghetsknarkande medelåldersmannen Göran Borg i min Indiensvit som inleddes med *Delhis vackraste händer*, och redan är det en hel del som frågat om inte karaktären Matz Zern i den här berättelsen i själva verket är en ung version av Mikael Bergstrand.

På ett sätt är det väldigt enkelt att svara nej på den frågan. Mina hjältar och antihjältar är alla fiktiva skapelser. Men om man ska vara helt ärlig är det kanske ändå bäst att svara nja. Jag har nämligen alltid låtit mig inspireras av människor jag mött och upplevelser jag haft när jag skriver mina romaner. Jag kan låna utseendedrag från en specifik människa och para det med en annan persons karaktär för att sedan krydda med egna referenser och drömmar, lägga till ett rejält mått med fantasi och till sist en nypa oförutsägbarhet. Och väldigt ofta landar jag i någonting som någonstans bär ett litet spår av mig själv.

Vi kan ta just den här boken, *Den sorglöse hemsamariten*, som exempel. Skåningen Matz Zern jobbar som hemsamarit i Stockholm under tidigt åttiotal. Det gjorde jag själv också, när jag som ung man flyttade upp från Malmö till huvudstaden för att upptäcka ”världen”. Men där slutar våra likheter. Jag var inte hälften så snygg som Matz Zern i min ungdom och tack och lov inte heller ens hälften så plågsamt självupptagen som han.

Däremot läste jag litteraturvetenskap på universitetet precis som den andra huvudkaraktären Carina Carlsson och genomled precis som hon en och annan tröttsam session i gruppterapi, den tidens stora modenyck inom den psykoterapeutiska behandlingen. För att nämna en lite skamsen detalj kan jag också bekänna att Carinas förste pojkvän Janne har lånat sin ålderdomliga klädsel av mig. Jag lovar och svär, jag bar ibland precis som han basker och galoscher i början av åttiotalet. Hoppas det är preskriberat vid det här laget.

Men mest av allt har jag nog i den här berättelsen inspirerats av alla de pensionärer som jag mötte på Reimersholme under mina knappt två år som hemsamarit där. På den tiden hade hemtjänstpersonalen till skillnad från idag gott om tid att sitta ner och prata med gamlingarna och dricka kaffe och äta mandelkubbar och få höra de mest fängslande och ofta dramatiska berättelserna om deras egna liv. Jag minns fortfarande namnen på alla jag besökte. De var viktiga för mig och jag var viktig för dem. Många var handikappade och levde ensamma utan någon egentlig kontakt med anhöriga. På så sätt blev man deras enda länk ut till världen utanför lägenheten och det var en nyttig och karaktärsdanande roll för en ung och sorglös människa.

Jag har utifrån de erfarenheterna skapat en rad fiktiva personer som förmedlar den känsla jag fick av de verkliga människorna av kött och blod som jag då mötte. De har fått andra namn, andra adresser och delvis andra egenskaper. Men någonstans lever de ändå kvar som de fantastiska och unika personligheter de var. De är alla döda nu sedan länge men har lämnat så mycket minnen efter sig att det räckte till en hel bok. Det här är lite som min tribut till dem.

Denna bok bar jag inom mig i över trettio år innan den kom på pränt. Och just tidsperspektivet tror jag är avgörande om man ska skriva om en speciell period i historien. Det är först när vi tittar i backspegeln som vi verkligen får öga för vad som var utmärkande då. Tidigt åttiotal var en på ytan oskyldig tid då allting kändes möjligt. Det var innan Palmemordet, innan vi visste vad aids var och innan terrorn kom oss in på knutarna. Men det var också en tid som på många sätt påminner om idag. Instagram och andra sociala medier fanns inte, men den ytlighet och jakt på bekräftelse som vi brukar karaktärisera vår tid med var högst levande även då. I den utmanande klädseln med kajal och axelvaddar, i de snabba klippen på börsen och i drömmarna om att bli en kändis.

Allting var inte bättre förr men somt var. När jag idag läser om och på nära håll också upplever hur hemtjänstpersonalen stressar mellan sina ”brukare”, hur man spar in på blöjor inom åldringsvården och serverar undermålig mat till de gamla kan jag längta tillbaka till den sorglösa perioden i början av åttiotalet då vi hade lite mer tid för varandra än vi har idag.

Mikael Bergstrand

Pressröster

”Jag gillar Mikael Bergstrands underskruvade humor. Hans kärleksfulla raljerande med oförmögna män och deras tillkortakommanden. Han har en ömhet för kantstötta individer som längtar efter tillhörighet... Det är tidigt 80-tal och tidsmarkörerna kul och äkta. Jag skrattar och blir djupt berörd om vartannat.”
Kerstin Särneö, Tara

”Feelgoodroman à la Fredrik Backman, kryddat med en härlig dos nostalgi. ... En stor behållning i boken för oss som också var unga under 80-talet är alla referenser till den tiden – från pudelpermanenterna till Carola Häggkvist, politikerna, maten och movieboxarna. Nostalgin flödar över sidorna, och någonstans inser man att den där ytliga självupptagenheten man har så lätt att beskylla dagens unga för nog fanns även för 30 år sedan – fast utan sociala medier och iPhones. Även i sina tidigare romaner har Bergstrand visat prov på sin lätta penna och humoristiska stil. Med små eleganta penseldrag får han språket att flyta, det är lätt att sugas in i berättelsen.”
Cecilia Iseberg, Ystads Allehanda

”Den nya boken är liksom de tidigare hållen i en lättsam ton som aldrig blir ytlig. Historien om Matz Zern är en varm och underhållande berättelse.”
Inga Lill Högberg, På Österlen

”Trevlig feelgood med en stor dos nostalgi”
Barometern

”Jag har läst och gillar verkligen Mikael Bergstrands böcker *Delhis vackraste händer, Dimma över Darjeeling, Gurun i Pomonadalen* och *Den sorglöse hemsamariten*. Det finns så mycket liv och värme, att våga vara annorlunda och medmänsklighet i romanerna. … Jag finner *Den sorglöse hemsamariten* mycket underhållande, tänkvärd och lättläst.”
Bokbloggen Bokparet

”Igenkänningsfaktorn, för oss som var med under 80-talet, är stor … Boken är kul och ett gott hantverk.”
Alf Ehn, Skaraborgs Allehanda

”Detta är verkligen en bok för alla som var unga på 1980-talet! … *Den sorglöse hemsamariten* är en bok som växer – och det gör Matz också (som tur är). … referenserna till 80-talet är många, riktigt många. … En perfekt bok för dig som gillar detta decennium, men även för dig som gillar att läsa om någons personliga utveckling.”
Bokbloggen Endast eböcker

”Mikael Bergstrand är nåt så ovanligt som en mycket god svensk berättare. … Han har en förmåga att skriva underhållande och småroligt och karaktärerna blir levande tack vare de förtjänster och brister författaren tecknar.”
Bloggen Tofflan – the neverending story

”*Den sorglöse hemsamariten* är en uppfriskande lättsam roman, men med lite lagom svärta.”
Bokbloggen Fru E:s böcker

”Om man, som jag, tycker om Bergstrands Indientrilogi som börjar med *Delhis vackraste händer* kommer man att gilla denna också.”
Bokbloggen Ylvas läsdagbok